公認心理師の基礎と実践 8

野島一彦・繁桝算男 監修

学習・言語心理学

楠見 孝 編

遠見書房

巻頭言

心理学・臨床心理学を学ぶすべての方へ

　公認心理師法が2015年9月に公布され，2017年9月に施行されました。そして，本年度より経過措置による国家資格試験が始まります。同時に，公認心理師の養成カリキュラムが新大学1年生から始まります。

　現代日本には，3万人を割ったとは言えまだまだ高止まりの自殺，過労死，うつ病の増加，メンタルヘルス不調，ひきこもり，虐待，家庭内暴力，犯罪被害者・加害者への対応，認知症，学校における不登校，いじめ，発達障害，学級崩壊などの諸問題の複雑化，被災者への対応，人間関係の希薄化など，さまざまな問題が存在しております。それらの問題の解決のために，私たち心理学・臨床心理学に携わる者に対する社会的な期待と要請はますます強まっています。また，心理学・臨床心理学はそのような負の状況を改善するだけではなく，より健康な心と体を作るため，よりよい家庭や職場を作るため，あるいは，より公正な社会を作るため，ますます必要とされる時代になっています。

　こうした社会状況に鑑み，心理学・臨床心理学に関する専門的知識および技術をもって，国民の心の健康の保持増進に寄与する心理専門職の国家資格化がスタートします。この公認心理師の養成は喫緊の非常に大きな課題です。

　そこで，私たち監修者は，ここに『公認心理師の基礎と実践』という名を冠したテキストのシリーズを刊行し，公認心理師を育てる一助にしたいと念願しました。

　このシリーズは，大学（学部）における公認心理師養成に必要な25科目のうち，「心理演習」，「心理実習」を除く23科目に対応した23巻からなります。私たち心理学者・心理臨床家たちが長年にわたり蓄えた知識と経験を，新しい時代を作るであろう人々に伝えることは使命であると考えます。そのエッセンスがこのシリーズに凝縮しています。

　このシリーズを通して，読者の皆さんが，公認心理師に必要な知識と技術を学び，国民の心の健康の保持増進に貢献していかれるよう強く願っています。

2018年3月吉日

監修者　野島一彦・繁桝算男

はじめに

　本書は，将来，心理学の専門知識を活かして社会で活躍することや，公認心理師を目指す人が，学習と言語に関する心理学の知識と考え方を身につけるためのテキストである。また，学習と言語に関する心理学理論と方法について，学びや研究を深めたい読者にも応える内容を目指している。

　「学習・言語心理学」は，公認心理師の国家試験を受験するための学部で修得する25科目のうち，心理学の基本的理論に関する科目として，2018年度から設定された新科目である。それ以前は，「学習心理学」「言語心理学」あるいは「認知心理学」という科目の中で教えられてきた内容である。「学習心理学」と「言語心理学」が合わさって「学習・言語心理学」となった理由は，公認心理師となるために必要な科目数を多くしすぎないようにしたためである。

　こうした科目の成り立ちを踏まえて，本書は次の3つの特徴をもたせた。

　第1は，公認心理師のカリキュラムにおける「学習・言語心理学」の以下の2つの到達目標を達成できるようにした。

・経験を通して人の行動が変化する過程を説明できる。
・言語の習得における機序について概説できる。

　さらに，公認心理師試験設計表（ブループリント）の項目を網羅するとともに，教育，保健医療，福祉，産業などの実社会における実践に役立てることができる内容にしている。

　第2は，「学習心理学」と「言語心理学」の2つを併せた科目であるため，心理学の専門家育成のための専門科目としての内容と水準をもつようにし，さらに，最新の研究成果を取り入れている点である。したがって，本書は，これまでの「学習心理学」「言語心理学」「認知心理学」のテキストとしても使うことができるように，学習と言語に関わる認知心理学の重要な事項を幅広く取り上げ，その考え方と方法論を理解できるようにしている。

　第3に，従来は異なる科目であった「学習心理学」と「言語心理学」を，言語は，学習の対象であるとともに，学習を支える心的機能であるという視点から，統合的に捉えた点である。この点については，第1章において述べている。

　具体的な内容は以下の通りである。

　冒頭の「学習・言語心理学とは」（第1章）では，19世紀末の実験心理学のスタートから，学習と言語の研究がいかに展開し，認知心理学，認知科学，学習科

はじめに

学として展開してきたかを，国内外の研究の展開を踏まえて解説している。また，第 1 章は，イントロダクションとして，各章との関連づけについても述べている。ただし，はじめて心理学を学ぶ人には，全体のまとめとして，最後に読むことや，授業においてはまとめの回で取り上げることも考えられる。

本書の前半（第 2 章から第 6 章）では，学習分野を取り上げる。「学習の基礎」（第 2 章）では，生得的行動から，条件づけ，さらに，これらの教育や臨床などにおける応用について解説する。続く，「技能学習と熟達化」（第 3 章）では，技能の学習やそのための練習，仕事場などの状況における学習や熟達者になる過程について述べる。「社会的学習」（第 4 章）では，直接の刺激を受けた学習とは異なる，他者の行動の観察による学習（モデリング）を取り上げ，自分の行動をコントロールする自己調整機能について述べる。さらに，より高次な学習として，「問題解決と学習の転移」（第 5 章）を取り上げ，前半の最後には，学習された行動の目標達成や新たな学習のための「動機づけ」（第 6 章）について解説する。

本書の後半（第 7 章から第 12 章）では，言語分野を取り上げる。まず，「言語の習得」（第 7 章）とそれに続く「非言語的・前言語的コミュニケーション」（第 8 章）では，子どもの言語およびコミュニケーション能力の獲得と，言語獲得に困難を抱える子どもについて解説する。さらに，「言語使用と知識」（第 9 章）では，言語使用を支える単語などの知識や神経基盤，その障害について述べる。続く，「言語理解と産出」（第 10 章）では，文章の理解や発話や作文などの認知プロセス，「言語と推論」（第 11 章）では，推論における言語の問題，「言語，思考，文化」（第 12 章）では，言語と思考の文化的相対性と普遍性について述べる。

読者のみなさんは，本書とともに，本シリーズの『知覚・認知心理学』を併せて読むことで，認知心理学の全体像を学ぶことができる。また，『発達心理学』を読むことで，学習や言語の発達と他の発達の関連を学び，さらに，学習や言語を支える脳の神経基盤について『神経・生理心理学』を通して学んでほしい。

最後になりますが，本書の執筆を，学習や言語の心理学において，すぐれた研究活動をしている先生方に担当いただいたことを感謝申し上げます。また，編集を担当した，ちとせプレス櫻井堂雄氏にお礼申し上げます。

2019 年 6 月

楠見　孝

目　次

はじめに　5

第1章　学習・言語心理学とは　……………………………………　11
楠見　孝

Ⅰ　はじめに――心理学における学習と言語の研究　11／Ⅱ　学習・言語心理学の系譜　12／Ⅲ　人の学習の類型とその特徴　19／Ⅳ　学習観とその応用としての学習環境デザイン　21／Ⅴ　まとめ　23

第2章　学習の基礎　……………………………………………………　25
嶋崎恒雄

Ⅰ　学習とは何か　25／Ⅱ　生得的行動　26／Ⅲ　馴化と鋭敏化　27／Ⅳ　初期経験　28／Ⅴ　パヴロフ型条件づけ　28／Ⅵ　オペラント条件づけ　36／Ⅶ　社会的学習　43／Ⅷ　その他の学習　44／Ⅸ　学習の応用　45

第3章　技能学習と熟達化　……………………………………………　48
楠見　孝

Ⅰ　技能学習とは　48／Ⅱ　技能学習の段階と運動プログラム　48／Ⅲ　技能学習におけるフィードバックと運動プログラムの形成　50／Ⅳ　技能学習における練習　51／Ⅴ　熟達化と実践知　54／Ⅵ　状況的学習としての技能学習　55／Ⅶ　熟達化の段階と経験学習　56／Ⅷ　まとめ　58

第4章　社会的学習　……………………………………………………　61
渡辺弥生

Ⅰ　社会的学習とは　61／Ⅱ　社会的認知理論の根底　62／Ⅲ　「偶然」ということ　63／Ⅳ　モデリング学習　63／Ⅴ　セルフコントロール　66／Ⅵ　自己効力感　67／Ⅶ　道徳的不活性化　69

第5章　問題解決と学習の転移　………………………………………　73
鈴木宏昭

Ⅰ　問題解決とは何か　73／Ⅱ　プランと探索　74／Ⅲ　問題スキーマ　76／Ⅳ　問題理解と問題表象　77／Ⅴ　外的資源と外化　78／Ⅵ　協同による問題解決　82／Ⅶ　学習過程としての問題解決　82／Ⅷ　学習の転移　83／Ⅸ　おわりに　84

目　次

第6章　動機づけ……………………………………………… 87
後藤崇志

Ⅰ　動機づけとは　87／Ⅱ　欲求と動機づけ　87／Ⅲ　動機づけが始発・維持されるプロセス　90／Ⅳ　動機づけられた行動の遂行・制御プロセス　95／Ⅴ　本章のまとめと補遺　98

第7章　言語の習得……………………………………………… 101
小林春美

Ⅰ　はじめに　101／Ⅱ　音声の発達　101／Ⅲ　語彙の発達　104／Ⅳ　文法の発達　108／Ⅴ　語用論の発達　109／Ⅵ　言語獲得の理論　113／Ⅶ　おわりに　116

第8章　非言語的・前言語的コミュニケーション ………… 118
西尾　新

Ⅰ　身振りが言語獲得に果たす役割　118／Ⅱ　言語獲得に困難のある子どもの身振り　121／Ⅲ　表象操作に関わる身振りと情報伝達の可能性　124／Ⅳ　身体を基盤とする思考　128

第9章　言語使用と知識 ……………………………………… 131
久野雅樹

Ⅰ　心的辞書と言語知識のネットワーク　131／Ⅱ　言語のもたらすカテゴリー化　136／Ⅲ　書き言葉の処理——文字から音韻・意味へ　139／Ⅳ　語の認識における感覚・運動的成分　141／Ⅴ　脳神経系における言語機能の基盤とその障害　142

第10章　言語理解と産出 …………………………………… 148
猪原敬介

Ⅰ　言語理解　148／Ⅱ　言語産出　154

第11章　言語と推論 ………………………………………… 161
服部雅史

Ⅰ　さまざまな推論　161／Ⅱ　言語と推論の相互作用　167／Ⅲ　推論の理論　172

第12章　言語，思考，文化 ………………………………… 179
今井むつみ

Ⅰ　言語と思考の関係　179／Ⅱ　言語と認識の関係の心理学的研究の例　181／Ⅲ　言語と思考の関係の普遍性と相対性をどう考えるか　187／Ⅳ　言語と文化　189

索引　194／執筆者一覧・編者略歴　巻末

公認心理師の基礎と実践

第8巻　学習・言語心理学

第1章 学習・言語心理学とは

楠見 孝

Keywords 行動主義，新行動主義，認知科学，変形生成文法，統語論，意味論，語用論，認知言語学，社会言語学，学習観，状況的学習理論

1 はじめに——心理学における学習と言語の研究

　日常語において「学習」とは，学校などにおいて教科の知識などを習得することである。一方，心理学において，「学習」とは，経験による行動，知識，技能，態度，信念などの長期的な変化である。すなわち，学習の研究対象には，知識の学習だけでなく，毎日の経験から習得する事柄，たとえば，通学の経路，自動車の運転技能，外国人に対する態度，仕事に関する信念，さらには望ましくない習慣や嗜癖，犯罪の手口なども含まれる。このように人が学習する事柄は，他の動物と比べて，膨大であり，生涯にわたるものである。さらにこれらの学習を支えているのは，図1のような認知システム（入力系−中央系−出力系）である。その心的メカニズムとそれが遺伝や環境を土台とした学習によって，どのように形成され，発達するかを明らかにすることは重要な研究テーマである。とくに，経験や情報を入力（符号化）し，中央系で知識として保持し，出力（検索）するメカニズムは，「記憶」として研究されている。

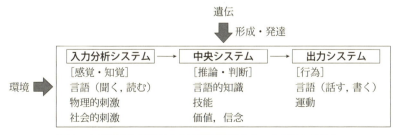

図1　人の学習と言語を支える情報処理の3つの下位システム

本書のもう1つのテーマである「言語」は，図1の入力における聞く・読む，出力における話す・書くという4つの活動に関わる。学習との関係では，言語は学習の対象であるとともに，学習を支える心的機能である。人は話を聞いたり文章を読んだり（入力）して言語を通して知識を獲得し，言語で知識を蓄積（保持）して，言語を使って推論・判断した結果を，話したり書いたりすること（出力）によって，人に伝える。心理学では，とくに，この4つの活動を支えている認知システムや知識について，具体的には，単語，文，物語，そして非言語的なコミュニケーションである身振りの理解や産出とその発達を，実験，観察などの実証的方法を用いて解明することが重要なテーマである。

本書では，こうした学習と言語の心理学について解説していく。本章では，Ⅱ節では学習と言語の心理学の研究がどのように進んできたのか，Ⅲ節では学習のおもな類型と特徴，Ⅳ節では学習観とそれが反映された言語教育などへの応用について述べる。

Ⅱ　学習・言語心理学の系譜

学習・言語心理学は，大きく学習心理学と言語心理学に分かれる。図2の左上に示すようにどちらも実験心理学を起源にしていて，左側は，学習心理学の系譜，中央は，右上の言語学からの影響も受けた言語心理学（心理言語学）の系譜である。さらに，近年は，右側の計算機科学の影響を受けて，認知心理学としての学習や言語の研究が進められている。ここでは学習と言語それぞれの心理学がどのように展開してきたかについて述べる。

1．実験心理学のはじまり──ヴント

実験心理学のはじまりは，ヴント Wundt, W.（1832-1920）が，1887年にドイツ，ライプツィヒ大学に心理学実験室を創設したときとされることが多い。ヴントは生理学，医学を学び，ヘルムホルツ Helmholtz, H. v.（1821-1894）の助手を務めて，感覚の実験的研究に従事した。その後，ヴントは，心理学を直接経験の学問として，意識内容の内観法による自己観察を重視し，意識心理学を体系化した。ここでの研究対象は，感覚と意識が主であり，高次の認知過程は別の研究法が必要と考えていた。すなわち，ヴントは，言語，芸術，社会，文化などは，実験ではなく，伝承文化に関する言語資料などに基づく解釈による研究を進めた。そして，全10巻『民族心理学』の大著をまとめた。1900年に出版された1，2

第1章 学習・言語心理学とは

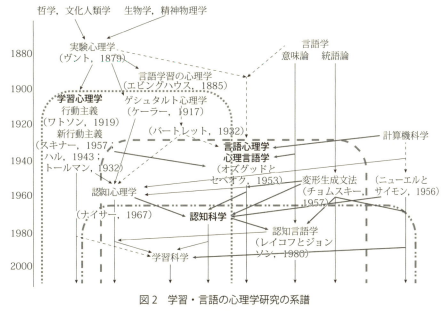

図2 学習・言語の心理学研究の系譜

（注） 矢印は影響関係，枠線は学習心理学（点線），言語心理学（破線），認知科学（2点鎖線）が含むおおまかな範囲を示す。

巻では言語を取り上げている。ヴントは，言語を，話す聞くなどの外的現象と，認知過程としての内的現象に分けた。そして，言語過程，身振り言語，音韻，意味変化などについても研究を行った（Leahey, 1980）。ヴントによる実験心理学的方法は，その後，ティチナー Titchener, E. B.（1867-1927）などの各国から集まった弟子たちを通して心理学のメインストリームの中で学習心理学などの領域で継承された。一方，民族心理学的方法に基づく言語研究は，言語の心理学研究の出発点となった。

2．学習心理学の先駆者——パヴロフとソーンダイク

学習心理学の始まりに関わる重要な研究を行った研究者として，パヴロフ Pavlov, I. P.（1849-1936）とソーンダイク Thorndike, E. L.（1874-1949）を挙げることができる（第2章参照）。

ロシアの生理学者パヴロフは，イヌを使って，条件反射（古典的条件づけ）に関する体系的研究を行った。一方，ソーンダイクは，動物を使った心理学の学習実験を行った。そして，問題箱にネコなどを入れて脱出行動を調べる試行錯誤学

習の研究に基づいて，満足状態をもたらす行動は増加するという効果の法則を提起した。これはオペラント条件づけのもととなる研究である。また，ソーンダイクは，教育心理学研究も進め，単語の使用頻度に基づく1万語，2万語，3万語の単語リストを作成した。

3．行動主義・新行動主義――ワトソンとスキナー

学習心理学は20世紀初頭の行動主義に始まる（第2章参照）。

行動主義の創始者ワトソン Watson, J. B.（1878-1958）は人の行動を刺激（S: Stimulus）と反応（R: Response）の連合によって説明した。この連合が形成されることを学習と捉えた。心理学は，刺激（S）と反応（R）という観察可能な関係に限定して，人間や動物の行動を研究すべきという主張（S－R主義）をした。これは，意識内容を扱う内観法へのアンチテーゼといえる。ここでは，研究の中心は学習となった。一方，言語は言語行動として取り上げられるが，その研究トピックは限定されていた。

新行動主義とは，ワトソンに続く，行動主義者たちの行動理論についての総称である。1930〜1940年代の学習理論として，トールマン Tolman, E. C.（1886-1959）は，行動に目的的で認知的な特性を認め（認知説），それ自体客観的に記述可能であるとした。これは目的（認知）的行動主義といわれる。そして，ラットの迷路学習を行い，行動には直接現れない潜在学習による認知地図の形成を明らかにした（第2章，第6章参照）。

一方，ハル Hull, C. L.（1884-1952）は，動因低下を媒介変数として重視する強化説を提唱し，一次的な公準系から仮説演繹法によって精緻な理論体系をつくった。

そして，1950年に入ると，スキナー Skinner, B. F.（1904-1990）は実験的行動分析を提唱した。彼は，単一のラットを被検体（単一被験体法）として，スキナー箱を用いて，経時的な実験を行い，強化のスケジュール等を見出し，オペラント条件づけに関する理論を体系化した（第2章参照）。その原理は，行動療法や行動形成，プログラム学習（Ⅳ節1項参照）など，臨床や教育などの実践において応用され，行動分析の一連の研究は現在も進められている。

なお，スキナーは1957年には，『言語行動』（*Verbal Behavior*）を出版し，言語行動をオペラント行動の一種として捉える言語学習理論を提唱し，1959年には，6項で述べるチョムスキー Chomsky, N. と論争をした。スキナーはオペラント言語行動の種類を複数挙げているが，次の2つが重要である。(a) 要求言語行

動（mands：マンド）は，要求のための言語行動（発話）を自発して，それが満たされて強化される。(b) 環境を記述，報告するための言語行動（tacts：タクト）は，受け手が読んだり聞いたりすることによって，強化される。そのほか言語学習に関わるものとしては，音声模倣行動（echoic：エコーイック）がある。他者の音声言語行動の発声をまねて繰り返す言語学習行動であり，一種の反応形成（shaping）である。これは，外国語教育において教師が模範の発声をして，学習者がまねをする場面があてはまる。

4．言語学習研究のはじまり——エビングハウスとバートレット

　言語学習の研究は，統制可能な言語的な学習材料（無意味綴り，文字，単語，記号など）を用いて，対連合学習，系列学習などの実験法によって，学習ないし記憶のメカニズムを解明する研究として展開してきた。そのはじまりは，ドイツのエビングハウス Ebbinghaus, H.（1850-1909）である。彼は，ヴントが実験的手法の適用は難しいと考えていた，記憶という高次認知過程を対象として，自分自身が実験参加者になって，無意味綴りを使って定量的研究を行った。そして，『記憶について—実験心理学への貢献』（Ebbinghaus, 1885）を出版した。ここでは，学習材料を統制したうえで，記憶を実験的に解明する手法によって，忘却曲線などの実証データを示した。エビングハウス自身は学派や弟子をつくることはなかったが，その後の言語学習研究に大きな影響を与えた。

　1930年代には，英国のバートレット Bartlett, F. C.（1886-1969）が，エビングハウスの無意味綴りを使った記憶研究から出発し，その材料のもつ限界を指摘して，物語や絵などのより日常的な材料を用いて記憶研究を進めた。そして，『想起について—実験的社会的心理学における一研究』（Bartlett, 1932）を出版した。バートレットは，特定の学派には属さず，ケンブリッジ大学で，日常場面の認知におけるスキーマ（過去の経験に基づく枠組み）の役割に注目してその社会文化的影響の解明を進めた。こうした研究は，6項で述べる認知心理学の研究に影響を与えた。

5．ゲシュタルト心理学における学習研究——ケーラー

　20世紀初頭，行動主義と対抗する立場にあったドイツを中心とするゲシュタルト心理学は，行動を支える知覚の場の構造化された全体性を重視していた。その学習の考え方の1つが，洞察によって構造を発見し理解に至る洞察学習である（第5章参照）。ここには，知覚の場の再構造化がある。たとえば，チンパンジーを使

った洞察学習の研究として，ケーラー Köhler, W.（1887-1967）の『類人猿の知恵試験』（Köhler, 1917）がある（第2章参照）。3項で述べた行動主義が，学習を刺激－反応の連合に基づいて説明したのに対して，ゲシュタルト心理学は，学習を認知構造の変化に基づいて説明をした。その後，認知心理学における学習や思考研究に影響を与えた。

6．認知革命による学習と言語研究の展開

3項で述べたように，1920年代から1950年代までは，人の行動を「刺激－反応」連合で説明する行動主義の学習心理学が主流であった。しかし，1950年代後半頃から，人の「刺激－反応」の間にある内的過程（ブラックボックス）を情報処理モデルに基づいて説明する認知心理学，さらに，言語学，哲学，脳神経科学，計算機科学などが関わる学際科学である認知科学が，しだいに盛んになってきた。これを認知革命という（Gardner, 1985）。その背景には，3つの系譜がある。

第1は，計算機科学研究の流れであり，ニューエル Newell, A. とサイモン Simon, H. A. らが，1955年から1956年にかけて数学の定理の証明に代表される人の問題解決過程を，コンピュータ言語で記述し，計算機によってはじめてシミュレートした一連の研究である。これは，人間の学習や言語を，情報処理のメカニズムとして捉える点で，人工知能，認知科学の出発点であるとともに，認知心理学の理論的，方法論的な土台となった。

第2は，実験心理学の研究の流れに連なる認知心理学の取り組みである。代表的な研究としては，ミラー（Miller, 1956）が「マジカルナンバー7±2」というタイトルで出版した研究である。これは，第1に述べた計算機科学や情報理論の影響を受けて，人間の情報処理のメカニズムとその処理容量の限界を実験的に解明する道筋を拓いた研究である。また，発達研究において発生的認識論を提唱したピアジェ Piaget, J.（1896-1980）や4項で述べたバートレットが，認知の枠組みとして提起したスキーマに関する研究は，認知における知識の構造とその役割に関わる研究の土台となった。そして，ナイサー（Neisser, 1967）の教科書『認知心理学』は認知心理学の普及に大きな役割を果たした。

第3は，言語学研究の流れであり，チョムスキーが，1957年に出版した『統辞構造論』（Chomsky, 1957）に始まる変形生成文法の研究である。変形生成文法は，言語を，人における他の認知機能とは独立したモジュール（領域固有性をもった情報処理装置）として扱った。ここでの文法は，言語の自律性や生得性，個

第1章 学習・言語心理学とは

別言語を超えた普遍性を強調した普遍文法である。その理論は，従来の構造主義言語学が産出された言語形式（言語運用）の記述・説明を重視していたのに対し，言語形式を産出する言語能力（linguistic competence）に着目した（第7章Ⅳ節参照）。その理論は，人の言語の生成的な側面を捉える重要な理論的土台として，認知心理学，認知科学に大きな影響を及ぼした。そして，言語の研究は，知識，思考，知覚などの研究と並んで，主要な研究テーマとなっている。

さらに，1990年代に入ると，人の学習に関する新しい学問領域として，学習科学（learning sciences）が成立した。これは，教授者だけでなく学習者を重視した教育心理学や認知心理学を中心に，認知科学，人工知能，教育工学，教育学などを包含した教育現場での応用を目指した学際的な研究である（たとえば，森ら，2011）。

7．言語学と心理学の相互影響による言語研究の展開

言語学には，(a) 言語の形式的構造や文法，それらを支える規則に関する統語論，(b) 言語音の体系や機能に関する音韻論，(c) 言語（語や文）の意味に関する意味論，さらに，(d) 話し手－聞き手を取り巻く状況の中での言語の利用，たとえば，発話者意図や観点に注目する語用論がある。

これらの言語学諸分野の研究は，人が実際にどのように言語を産出，理解し，コミュニケーションをしているかを，実験などによって実証的に解明する言語の心理学研究の土台となってきた。たとえば，(a) 統語論の研究は前述の6項と次の8項でも述べる変形生成文法によって大きく展開した。

(c) 意味論の研究は，心理学の語の意味，語彙，概念の研究に影響を与え，認知言語学の研究によって進展した。認知言語学は，1980年代にレイコフ Lakoff, G. らが提唱した。チョムスキーの変形生成文法とは異なり，人の言語能力が他の認知機能によって支えられていると考える。同時に，言語もまた人の他の認知機能に影響を及ぼすと考える（e.g., Lakoff et al., 1980）。認知言語学は，認知心理学さらにそれ以前のゲシュタルト心理学の理論的構成概念や知見を取り入れて理論を展開してきた。その例としては，図－地分化，概念のプロトタイプ（第9章参照），類推と写像（第5章参照），身体化認知（第8章参照）などがある。

(d) 語用論の研究は，1960年代の発話行為（発話を話者の意図と聞き手への効果という観点から行為として捉える）の研究に始まり，心理学における言語コミュニケーション，たとえば，比喩や皮肉の理解，対人配慮（敬意表現など），推論における情報の関連性などの研究に影響を与えた（第7章Ⅴ節，第11章参照）。

また，(b) 音韻論の研究は，音声発達（第7章参照）や単語の処理と心的辞書（第9章参照）などの心理学的研究に影響を与えた。

また，言語獲得研究においては，ブルーナー Bruner, J. は，大人には子どもとの相互作用を通して，言語獲得を助ける仕組みがあることを言語獲得支援システムと呼んだ。さらに，社会語用論（用法基盤言語学）的アプローチとして，トマセロ（Tomasello, 2003）らは共同注意などの社会的・コミュニケーション的側面を重視する研究を進めている（第7章，第8章参照）。さらに，ヒトが他の動物とは異なり「同種のものを自分と同じく意図をもった主体として理解する」共有志向性をもつことを手がかりに，言語の系統発生的起源を解明する比較認知科学研究を進めている。

なお，言語学の一領域である社会言語学では，言語の社会的特徴，とくに言語使用における社会環境の影響についての研究が1960年代から進められている。たとえば，社会階級やジェンダーなどによる言語使用の差異を，文化的に規定された言語使用の規範や慣習からなる言語コードとして説明している。これは，言語の発達心理学や社会心理学においても研究されている。また，第12章で述べるように，言語の習得は文化にとって適切な談話スタイル（ナラティブ）を身につけることでもある。

8．心理言語学――心理学と言語学の境界領域の展開

心理学と言語学の境界領域である心理言語学（psycholinguistics）の研究の起源は，20世紀のはじめにあり，用語としては，1930年代には使われはじめるようになった。1950年代には，オズグッドら（Osgood et al., 1953）が「心理言語学」セミナーを開催し，心理学の学習理論，言語学，情報理論からの学際的アプローチを提唱している（芳賀，1988）。オズグッド自身は，3項で述べた新行動主義の媒介理論の系譜をひく言語行動の研究として，「意味」の媒介過程説とそれに基づく意味測定法（SD法：semantic differential）を紹介している。1970年代になると6項で述べた変形生成文法の影響を受けた心理言語学が盛んになる。そして，言語の獲得，理解，生成などをテーマとして，変形生成文法の心理的実在性の検討を進めてきた（第7章参照）。さらに，1970年代後半以降には，認知心理学と密接な関連をもちながらあるいは認知心理学として，単語や概念（第9章）から文章・物語・談話（第10章）までを取り上げる研究が盛んに行われるようになってきた。言語獲得（第7章）や前言語的コミュニケーションの研究（第8章）は，発達心理学においても，研究が進められてきた。とくに，発達分野の心

理言語学を発達心理言語学ともいう。

なお，心理学の一分野としての言語の研究領域を，言語心理学（psychology of language）と呼び，心理言語学と区別することもある。しかし，心理言語学と言語心理学の明確な区別をしない場合も多い（芳賀，1988）。

近年，この領域の研究は，脳波，さらにfMRI（機能的核磁気共鳴断層画像）などの脳画像法を用いた認知神経科学や，コネクショニストモデル，言語コーパスデータやビックデータを用いた計算機科学との学際的研究が盛んになりつつある。ここで，コネクショニストモデルは，処理ユニットのネットワーク結合に基づいて規則の生成を説明するため，言語に限らない汎用的な学習メカニズムを想定している（第9章参照）。

III 人の学習の類型とその特徴

ここでは，II節で述べたこれまでの研究の展開を踏まえて，人の学習の特徴を大きく6つに分けて，言語の学習例を挙げつつ考える（楠見，2010）。

1．経験反復による学習

人の学習には，経験の反復が大きな役割を果たしている。第3章で述べるように，学校や職場や趣味における技能や知識の獲得は，意図的な経験の反復による練習（例：漢字の書き取り）と無意図的な経験の反復（例：日常生活における漢字への接触）がある。練習において，望ましい行動に報酬を随伴させる強化は，指導者がコントロール（例：言葉でほめる，褒美を与える）することもあるが，学習者自身がコントロールすることも多い（たとえば，自分自身をほめる，褒美を与える）。こうした報酬の随伴による学習の動機づけについては，第6章で述べる。

2．経験からの帰納

反復からの学習が技能や知識を蓄積するだけなのに対して，経験からの帰納は，蓄積した技能や知識，事例を類似性に基づいてカテゴリー化し，その共通性やルールを抽出する（Holland et al.,1986；楠見，2002；第9章参照）。ここでは，類似性だけでなく，時間的・空間的な近接性の情報や，共出現頻度などの統計情報も利用して，カテゴリーやパターン，規則を帰納する（例：言語の文法規則やカテゴリーの学習）。とくに，子どもが大人の発話から言語の使い方のパターンを発

見し，事物や出来事についてのカテゴリを形成する能力は，言語獲得を支えている能力である（Tomasello, 2003）。

3．既有知識領域からの類推による転移

人は豊富な経験と高次な類推の能力によって，過去の状況とまったく同じ状況でなくても過去の経験を活かして，新しい状況に対処できる（楠見，2002）。これが類推による学習である。類推は，過去経験の転移によって，新しい学習を促進させる（正の転移）。一方で，古い経験が新しい学習に干渉して妨害する（負の転移）ことも起こりうる（第5章参照）。たとえば，大人になってからの外国語の学習は，すでに学習した日本語や英語の文法や語彙の知識を利用して効率よく学習できる（正の転移）。一方ですでに学習した日本語の発音が，まったく異なる新しい外国語の発音の学習を難しくすることもある（負の転移）。

4．観察（社会的）学習

観察学習は，とくに，運動技能，態度，そして知識などの獲得に関わる。人は，意図的にモデルとなる人物を選択し，そこに注意を向け，その行動を記憶内に保持し，適切なときに，動機づけによって，実行することができる。とくに，学校や職場では，教師，先輩や仲間をモデルとし，観察することによって学ぶことは重要である（第4章参照）。これは，6項の他者との相互作用が関わる。

5．メディアによる学習

メディアによる学習は，本，新聞，テレビやインターネットなどの文字，言語音声，映像情報などに基づく間接経験による学習である。一部は観察学習に含むこともある（第4章参照）。コンピュータや携帯情報機器を活用した学習ソフト，放送やインターネットによる遠隔教育，e-Leaningは，人の学習において重要な役割を果たすようになってきている。

6．他者との相互作用

他者との相互作用による学習は，言語を通して仲間や先輩との対話や教え合い，情報のやりとりによって学ぶことである。これは，Ⅳ節で述べる状況的学習理論において重視されている学習である。学習者は，学校だけでなく，インフォーマルな学習の場である仕事や趣味のグループなどのコミュニティにおける文化的実践に参加することを通して，他者，道具などのリソースを利用し，技能や知識を

獲得していく（Brown et al., 1989）（第3章参照）。また，言語の獲得においては，相手の意図を読み理解する能力（広義の心の理論）が，他者との相互作用の中で，言語の適切な用法を獲得するために，重要な役割を果たしている（Tomasello, 2003）。

IV 学習観とその応用としての学習環境デザイン

II節で述べた研究の系譜とIII節で述べた学習の類型は，人の学習をどのように見なすかと深く関わる。さらに，その応用として，学習環境をどのようにデザインするかに影響を及ぼす。ここでは大きく3つに分けて言語の学習例に触れつつ述べる（子安ら，2016）。この3つの学習観は，歴史的には古い順に並べているが，いずれも，今日に至るまで一定の有用性をもっている。

1．行動主義的学習観

従来の学校教育は，教師が知識や技能を教え，学習者がそれらを獲得することを重視するという教授主義（instructionism）に基づいてデザインされていた。その典型は，教壇に立つ教師が多数の児童・生徒に一斉方式授業を行うことであった。ここでは，教師は知識をもち，学習者に教えることが仕事である。そして，学習者が知識（事実知識）や技能（手続き的知識）を獲得することが学習である。そのために教師は，賞罰の担い手となり，学習者の示した良い成績や行動には，ほめるなどの賞を与え，その行動の頻度が高まるようにし，悪い成績や行動には，叱るなどの罰を与えたり無視したりすることで，望ましくない行動の頻度が低下するようにした。これは学習者の内的過程を仮定しない行動主義（S-R説）的な学習理論でも，内的過程を仮定する新行動主義（S-O-R説）的学習理論でも見られた（第2章参照）。ここでは，学習者は受動的な存在で，その知識は白紙であることを想定していた。スキナーのプログラム学習の背景にある学習のデザイン原理には，(a) 学習教材におけるスモールステップで難易度が増していくような提示順序と反復，(b) 各ステップを通過するためのテスト，(c) 即時フィードバック（ほめる，ポイントを与える，正解を示す）などがある。こうした学習の原理は，学習の個別化に結びつき，算数・数学などの段階的に確実な習得を目指すドリル型のティーチングマシンや教材，学習塾などでも取り入れられている。こうした行動主義的な学習理論に基づく訓練法は，外国語学習において正しい文型を反復練習するオーディオ・リンガル法で採用されているとともに，職場での訓

練やスポーツの練習（第3章参照），リハビリテーションの現場においても重要である。

2．認知主義的学習観

認知主義的学習理論では，学習者が能動的な存在であると捉え，外界を整合的に理解しようとする内発的動機づけを重視する（第6章参照）。これはピアジェの発生的認識論や認知心理学の考え方に基づく。そして学習とは主体的学習者が，新しく入ってくる情報を既有の知識に照らして，知識や技能を能動的に獲得・構成することによって，認知システムを変容することとして捉える。知識の主体的な構成過程においては，学習者のもつ生得的・認知的な制約と既有知識の制約が，学習容易性に影響をしている。たとえば，第二言語（外国語）の習得では第一言語（母語）が影響を及ぼしている（例：日本人学習者にとっては，英語の /l/ と /r/ は区別しにくい）。これはⅢ節3項で述べた負の転移でもある。また，学習者が自身の認知過程をモニターしコントロールするメタ認知のメカニズムが，知識が未知か既知か，理解できているかどうかなどの判断を支え，さらに，広く深く学ぶことを導いている。学校では，教師は，学習者の知的好奇心を高めるように，発見学習，探究学習，問題解決型学習などの能動的な学習（active learning）を取り入れた授業やカリキュラム，教材をデザインすることが求められている。

3．状況的学習観

状況的学習理論では，学習者が，学校，コミュニティ，職場，趣味のグループなどにおける共同体の社会的実践に参加することを通して，その共同体の成員としてアイデンティティを確立していく過程として学習を捉える。そのもとになる考え方は，ロシアの心理学者ヴィゴツキー Vygotsky, L. S.（1896-1934）の影響を受けた社会構成主義の観点であり，他者との社会的相互作用によって，知識や技能が構成されることを重視する。そして，学習とは，「教える−学ぶ」といった個人の営みではなく，共同体への参加による学び合い（協働的学習）を重視している。これは社会人類学者レイヴら（Lave et al., 1991）の考え方に基づいている。ここでは，学習を支える認知活動は，個人の頭の中だけで働いているのではなく，状況において，他者や道具との間のインタラクションにおいて分散的に起こっている（分散認知）。すなわち，人は，他者，道具などの外的資源（第5章参照）を利用しつつ，知識や技能を獲得する。こうした状況的学習観は，認知心理学，認知科学，学習科学に影響を及ぼした。

状況的学習観では，教師は教授者というよりもむしろ学習環境のデザイナーとして，学習空間，コミュニティ，人工物，そして ICT（Information and Communication Technology）を活用した学習リソースなどを用意することが求められている。そして，学習者の能動的活動や学習者間のインタラクションを促進して，学習者が深い理解と省察（メタ認知によるみずからの学習状態の振り返り）に基づく学習を進め，他者や道具と協調的な関係を構築して，高い能力を発揮することを目的としている。ここには真正性の高い課題を扱うプロジェクトベース学習，仕事や社会奉仕活動などの体験学習やサービスラーニング，第二言語学習におけるコミュニカティブ・アプローチ等が含まれる。

V　まとめ

本章では，I節では，心理学における学習と言語の定義を行い，II節では，学習と言語に関する心理学の歴史的な成り立ちについて述べた。III節では，学習のおもな類型と特徴，IV節では，学習観とそれが反映された応用について述べた。

本書の前半の第2章から第6章は，学習分野，後半の第7章以降は，言語分野について，その理論と研究例，さらに応用について述べる。

人の学習において，言語の学習は，言語の運用やそれを支える知識がどのようなメカニズムで獲得されるかに関わる重要なテーマである。一方で，言語は学習を支える心理機能である。これらの点を接点として，両分野は関連をもっている。

■学習チェック表
□　学習と言語の心理学の成り立ちについて説明できる。
□　人の学習の類型とその特徴について説明できる。
□　主要な学習観とそれに基づく言語学習などへの応用について説明できる。

さらに深めるための推薦図書
　青山征彦・茂呂雄二編（2018）スタンダード学習心理学．サイエンス社．
　楠見孝編（2010）思考と言語（現代の認知心理学3）．北大路書房．
　森敏昭・岡直樹・中條和光（2011）学習心理学―理論と実践の統合をめざして．培風館．
　重野純編（2010）言語とこころ―心理言語学の世界を探検する．新曜社．
　辻幸夫編（2001）ことばの認知科学事典．大修館書店．
　渡部信一編，佐伯胖監修（2010）「学び」の認知科学事典．大修館書店．

文　献

Bartlett, F. C.（1932）*Remembering: A Study in Experimental and Social Psychology.* Cambridge University Press.（宇津木保・辻正三訳（1983）想起について―実験的社会的心理学における一研究．誠信書房．）

Brown, J. S., Collins, A. & Duguid, P.（1989）Situated cognition and the culture of learning. *Educational Researcher*, 18; 32-42.

Chomsky, N.（1957）*Syntactic Structures.* Mouton.（福井直樹・辻子美保子訳（2014）統辞構造論．岩波書店．）

Ebbinghaus, H.（1885）*Memory: A Contribution to Experimental Psychology.* Dover.（宇津木保訳，望月衛閲（1978）記憶について―実験心理学への貢献．誠信書房．）

Gardner, H.（1985）*The Mind's New Science: A History of the Cognitive Revolution.* Basic Books.（佐伯胖・海保博之監訳（1987）認知革命―知の科学の誕生と展開．産業図書．）

芳賀純（1988）言語心理学入門．有斐閣．

Holland, J. H., Holyoak, K. J., Nisbett, R. E. et al.（1986）*Induction: Processes of Inference, Learning, and Discovery.* MIT Press.（市川伸一ら訳（1991）インダクション―推論・学習・発見の統合理論へ向けて．新曜社．）

Köhler, W.（1917）*Intelligenzprüfungen an Menschenaffen.* Springer.（宮孝一訳（1962）類人猿の知恵試験．岩波書店．）

子安増生・楠見孝（2016）教育のデザイン．In：石田亨編：デザイン学概論．共立出版，pp. 165-181.

楠見孝（2002）類似性と近接性―人間の認知の特徴について．人工知能学会誌，17(1); 2-7.

楠見孝（2010）大人の学び―熟達化と市民リテラシー．In：渡部信一編，佐伯胖監修：「学び」の認知科学事典．大修館書店，pp. 250-263.

Lakoff, G. & Johnson, M.（1980）*Metaphors We Live by.* University of Chicago Press.（渡部昇一・楠瀬淳三・下谷和幸訳（1986）レトリックと人生．大修館書店．）

Lave, J. & Wenger, E.（1991）*Situated Learning.* Cambridge University Press.（佐伯胖訳（1993）状況に埋め込まれた学習―正統的周辺参加．産業図書．）

Leahey, T. H.（1980）*A History of Psychology: Main Currents in Psychological Thought.* Prentice Hall.（宇津木保訳（1986）心理学史―心理学的思想の主要な潮流．誠信書房．）

Miller, G. A.（1956）The magical number seven, plus or minus two: Some limits on our capacity for processing information. *Psychological Review*, 63(2); 81-97.

森敏昭・岡直樹・中條和光（2011）学習心理学―理論と実践の統合をめざして．培風館．

Neisser, U.（1967）*Cognitive Psychology.* Prentice Hall.（大羽蓁訳（1981）認知心理学．誠信書房．）

Osgood, C. E. & Sebeok, T. A.（1953）*Psycholinguistics: A Survey of Theory and Research Problems.* Indiana University Press.

Tomasello, M.（2003）*Constructing a Language: A Usage-Based Theory of Language Acquisition.* Harvard University Press.（辻幸夫・野村益寛・出原健一ら訳（2008）ことばをつくる―言語習得の認知言語学的アプローチ．慶應義塾大学出版会．）

第2章 学習の基礎

嶋崎恒雄

Keywords 生得的行動，馴化と鋭敏化，パヴロフ型条件づけ，条件性情動反応，オペラント条件づけ，三項随伴性，強化と弱化，好子と嫌子，社会的学習

I 学習とは何か

1．学習の定義

　私たちの行動は経験によって変化する。今日は学校に遅刻したから，翌日はもう少し早く起きるとか，試験勉強をすることによって問題が解けるようになる，梅干しを見ただけで唾液がわいてくるなどは，経験によって行動の変化する例である。これらはすべて学習の例である。

　学習とは「経験によって生ずる行動の比較的永続的な変化」のことである。学習の結果は，たとえばキーボードのブラインドタッチができるようになるとか，楽器の演奏が流暢になるなどの外部から観察できる行動を伴うものもあるが，意識や意見の変化などのように外部からは直接観察できないものもある。しかしこれらも適切な手段を用いれば，外部から観察できる行動に翻訳することができる。

　行動の変化であっても，成熟によるようなもの，たとえば赤ちゃんが歩けるようになることや，老化によるようなもの，たとえば年をとって物覚えが悪くなるようなものは学習ではない。これらは経験による変化ではないからである。また，アルコールや薬物の効果，たとえば酒を飲んで大声になるとか，疲労によって走るスピードが遅くなることや，動機づけの変化によって生じる変化，たとえば空腹の結果，活動性が高くなるなども学習ではない。これらは比較的永続的な行動の変化ではないからである。

II 生得的行動

　学習は獲得的行動，すなわち生後の経験によって生じる行動であるが，我々ヒトを含む動物には生得的要因（遺伝的要因）によって，生後の経験がなくても見られる行動がある。これを生得的行動と呼び，これが学習の生物学的基礎となる。

1. 向　　性

　サカナは集魚灯に集まるように光に向かって運動する性質がある。一方，ゴキブリは光を避けて暗い方向に移動する性質がある。運動が目指す環境によって走光性，走湿性，走流性，走風性などがある。その刺激を目指す走性を正の走性，その刺激を避ける走性を負の走性と呼ぶ。サカナは正の走光性をもち，ゴキブリは負の走光性をもっているのである。
　一方，運動そのものに方向性のないものを動性と呼ぶ。ワラジムシは乾いた場所よりも湿った場所を好む習性があるが，乾いた場所では活動性が高くなり，湿った場所では活動性が低くなるので，結果としてより湿った場所にたどり着くのである。
　走性と動性をまとめて向性と呼ぶ。向性は無脊椎動物や魚類などの比較的単純な生物によく見られる。

2. 無条件反射

　熱いものを触ると手を引っ込める。また目に光を当てると瞳孔が収縮する。これらなどは生得的行動であり，刺激に対する無条件反射と呼ばれている。また刺激に対して応答的な行動が起こることからレスポンデントと呼ばれている。一般に無条件反射は，感覚器，刺激，反射の組み合わせが特定的に決まっている。刺激によって引き起こされた反射が次の反射を引き起こすようなものを連鎖反射といい，ネコの立ち直り反射（ネコが高い所から背面を下に落下しても足から着地する）などがその例である。
　無条件反射は生物の一生を通じて観察されるが，発達の初期に限って見られるものもある。ヒトの吸啜反射（唇や頬への触刺激で生じる唇や舌で吸う反射）やバビンスキー反射（足裏の外側への摩擦刺激で生じる足の親指の屈曲反射）などはヒトの乳児期のみに見られる反射である。

3．本能的行動

　無条件反射は刺激に対する単純な筋や腺の反応やその組み合わせである。動物は餌の獲得や天敵からの逃避，配偶者の獲得のためにより複雑な生得的行動を示す。

　たとえばオスのトゲウオは繁殖期に自分の縄張りに侵入してきたオスに対しては攻撃行動を示し，メスには求愛行動を示す。どちらの行動も相手に接近することでは同じであるが，攻撃行動では相手のオスにまっすぐ接近し，相手のオスが逃げない場合は自分の赤い腹部を示す示威行動をとる。一方，メスに対してはジグザグ・ダンスと呼ばれる求愛行動を示し，自分の巣へと誘導する。これらの刺激に対する複雑な全身運動を本能的行動と呼び，複雑な行動の連鎖を固定的行動パタンと呼ぶ。本能的行動は，動物を自然環境やそれにきわめて近い環境において観察する動物行動学（エソロジー）によって研究が進められてきた。

　本能的行動は解発刺激と呼ばれる刺激によって生じる。オスのトゲウオの攻撃行動にとっては相手のオスの腹部の赤い色が解発刺激である。またメスに対する求愛行動の解発刺激は相手のふくれた腹部である。攻撃行動を起こす刺激は全体の姿が似ていなくても赤い腹部に限られている（Tinbergen, 1951）。

　刺激が本能的行動を起こすメカニズムは生得的解発機構と呼ばれており，動物が特定の内的状態，たとえば繁殖期，にあるときに限って本能的行動を引き起こす。したがってオスのトゲウオは解発刺激によっていつでも攻撃行動や求愛行動を引き起こされるわけではなく，繁殖期に限って本能的行動が発現する。

III　馴化と鋭敏化

　単一の刺激に対しても学習が生じる。これらはおもに馴化と鋭敏化と呼ばれている。

　強度の大きな刺激，たとえば大きな音を聞くと驚き反射（驚愕反射）が生じる。この反射は大きな音あるいは比較的大きな音が繰り返されるにつれて小さくなってくる。このことを馴化（慣れ）と呼ぶ。最初に大きな汽笛の音で馴化が生じても，別の大きな音，たとえばサイレンの音では再び驚愕反射が生じる。このように馴化は刺激に対して特定的である。このことを馴化の刺激特定性と呼ぶ。

　音刺激によって馴化が生じた後，音刺激の前に光刺激を提示すると，馴化した反応が復活する。このようにある刺激に対して馴化が生じた後，もとの刺激の前

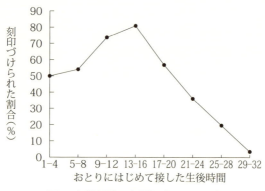

図1　初期経験の臨界期（Hess, 1958）

に別の刺激を提示すると反応が復活する現象を脱馴化と呼ぶ。

　馴化とは逆に，反射を誘発する強い刺激を繰り返して与えると反射が強くなってくる現象がある。これを鋭敏化と呼ぶ。鋭敏化は馴化と異なって，一般に刺激特定性を示さないことが知られている。

IV　初期経験

　ガンやカモのように成熟した状態で生まれてくる鳥類は，最初に出会うものが親である，という学習をする。これを刻印づけと呼ぶ。もし最初に出会ったものが人間であるならば，その人間の後ろを，あたかも親鳥に追従するような姿が見られる。

　このように発達段階のごく初期に見られる特殊な学習を初期学習あるいは初期経験と呼ぶ。図1に示すように初期経験による刻印づけはいつでも生じるかというとそうではなく，臨界期（敏感期）と呼ばれるごく短い間のみで生じる。初期経験は鳥類のみでなく，サルなどの愛着形成においても観察される。

V　パヴロフ型条件づけ

1．パヴロフ型条件づけの手続き

　パヴロフ型条件づけ（古典的条件づけ，レスポンデント条件づけとも呼ばれる）はロシアの生理学者パヴロフ（Pavlov, 1927）の行った条件反射の研究を通じて明らかになった学習の様式の1つである。空腹のイヌに餌を与えると生得

的反応として唾液の分泌（唾液反射）が生じる。一方，イヌにメトロノームの音を聞かせても唾液反射は生じない。餌は無条件に唾液反射を誘発するので無条件刺激（unconditioned stimulus：US）と，メトロノームの音は中性刺激（neutral stimulus：NS）と，誘発された唾液反射は無条件反応（unconditioned response：UR）と呼ばれる。次にメトロノームの音と餌を同時に与えることを繰り返し行うと，メトロノームの音だけで唾液反射が生じるようになる。これが条件反射であり，このときのメトロノームの音を条件刺激（conditioned stimulus：CS），メトロノームの音に誘発された唾液反射を条件反応（conditioned response：CR）と呼ぶ。パヴロフ型条件づけはCSとUSを対提示することによって，本来はCSによって誘発されないCRが誘発されるようになる過程である。また，CSとUSの対提示を（パヴロフ型条件づけの）強化（reinforcement）と呼ぶ。

　また，学習時と完全に同一でなくても類似した刺激に対してもCRが生じる。このことを刺激般化と呼ぶ。

　パヴロフ型条件づけはさまざまな動物種で見られることが明らかにされている。また我々人間の行動の中でもパヴロフ型条件づけで説明ができる行動が多い。

2．消去と自発的回復

　いったんCSによってCRが生じる，すなわち条件づけが確立した後にCSを単独で与え続けると徐々にCRが出現しなくなる。このCSの単独提示の手続きと，それに伴うCRの消失を消去と呼ぶ。また，消去の生じにくさは消去抵抗と呼ばれる。

　いったんCRが消失した後も再び弱いCRが出現することがある。この現象を自発的回復と呼ぶ。

3．拮抗条件づけ

　消去によってCRは消失するが，CRと競合するような新たな反応を条件づけすることによってもとのCRをより速く消失させることができる。これを拮抗条件づけと呼ぶ。

　最初，音と電撃を対提示すると，音に対して恐怖反応が条件づけられる。この後，音に対して餌を条件づけすると，音に対する恐怖反応が速やかに消失する。この手続きはヒトの恐怖症の治療などに用いられている。

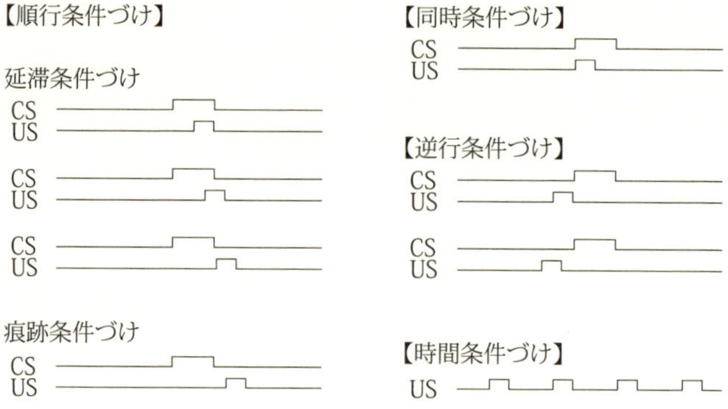

図2　条件刺激（CS）と無条件刺激（US）のさまざまな時間的関係

4．パヴロフ型条件づけに影響を及ぼす要因

①条件刺激（CS）と無条件刺激（US）の時間的関係

図2にはCSとUSのさまざまな時間的関係が示されている。メトロノームの音を聞かせてから餌を提示するようなCSの後にUSを提示する手続きを順行条件づけ，メトロノームの音と餌を同時に提示する手続きを同時条件づけ，餌を提示してからメトロノームの音を聞かせるようなUSの後にCSを提示する手続きを逆行条件づけと呼ぶ。

順行条件づけは，CSの提示中または提示直後にUSを提示する延滞条件づけと，CSの提示後しばらくしてUSを提示する痕跡条件づけに分かれる。

一般的に獲得されるCRの獲得速度や大きさは同時条件づけ，痕跡条件づけ，延滞条件づけの順に大きくなり，逆行条件づけではほとんどCRの獲得が見られない。

特殊なものとしてCSを提示しないで一定時間おきにUSを提示する手続きを時間条件づけと呼ぶ。これはUS間の時間間隔がCSとして機能すると考えられている。

②強化のスケジュール

通常の条件づけの手続きではCSとUSを毎回対提示する。これを全強化あるいは連続強化と呼ぶ。これに対しCSの後にUSを毎回は提示しない手続きがある。たとえば50％のCSにUSを提示するような強化率50％の手続きである。このような手続きのことを間歇強化と呼ぶ。

一般に連続強化の方が間歇強化に比べて CR の獲得が速く生じる。一方，消去に関しては間歇強化で形成された CR の方が，連続強化で形成された CR よりも消去抵抗が高い。

③条件刺激（CS）と無条件刺激（US）の強度
　一般に CS や US の強度が大きいほど CR の獲得は速くなり，その強度も大きくなることが知られている。

④生物的制約
　特定の CS と US の組み合わせでは CR の学習が速くその強度も大きく，別の組み合わせでは CR の学習が遅かったり強度が小さかったりすることが知られている。この現象は連合選択性と呼ばれている。
　たとえば CS が新奇な味覚刺激であり US が食物や放射線による内臓不快感や嘔吐である場合には，学習はほぼ 1 試行で急速に生じ，消去抵抗もきわめて高い。嫌悪刺激を US とする条件づけは一般に嫌悪条件づけと呼ばれる。とくにこの学習は味覚嫌悪学習と呼ばれており，ヒトを含めた動物に広く見られる現象である（Garcia et al., 1966）。
　セリグマン（Seligman, 1970）はこのような連合選択性は動物の進化の過程で生じてきたものであるとし，これを準備性（レディネス）と呼んだ。新奇な味覚と嘔吐などの組み合わせはあらかじめ準備されており素早く学習できるが，メトロノームと餌の組み合わせは準備されておらず，学習に時間が必要である。また味覚と電撃の組み合わせではいくら強化を繰り返しても学習が生じない，すなわち逆に準備されているのである。したがってパヴロフ型条件づけにおいてはすべての CS と US が均質であるわけではなく，CS と US の間の学習は生物的制約を受けているということができる。

5．条件性情動反応

　情動の喚起に伴って生じるさまざまな反応，たとえば恐怖に伴う泣くという反応や安堵に伴う身体の弛緩という反応は情動反応と呼ばれる。パヴロフ型条件づけでは情動反応を条件づけることができ，条件づけの結果 CR として生じるようになった情動反応を条件性情動反応と呼ぶ。
　ワトソンら（Watson et al., 1920）はアルバートという生後 9 カ月の乳児に次のような実験を行った。まずアルバート坊やに白ネズミ，ウサギ，イヌ，毛のつ

いていないお面，脱脂綿，燃えている新聞紙などを見せた。彼はこれらにまったく恐怖を示さなかった。それから2カ月後，アルバート坊やにかごから白ネズミを取り出し，彼が手を触れた途端に背後で鋼鉄棒をハンマーで打ち鳴らし大きな音を出した。大きな音は生得的に恐怖反応を誘発する刺激，すなわちUSである。アルバート坊やは飛び上がったり泣いたりする恐怖反応を示した。この後白ネズミと大きな音の対提示を数回行うと，アルバート坊やは白ネズミを恐れるようになった。

　この白ネズミに対する恐怖反応，すなわち条件性情動反応は1カ月以上経過してテストをしてもまだ生じており，恐怖反応はウサギ，イヌ，毛皮のコート，毛のついたお面，脱脂綿にも般化した。

　このワトソンらの恐怖の条件づけや多くの動物実験は，恐怖症と呼ばれる病的恐怖がパヴロフ型条件づけの結果である可能性を示唆し，条件づけの消去の手続きに基づいた治療法なども開発されている。

6．さまざまなパヴロフ型条件づけ

①分化条件づけ

　一方のCSにUSを対提示し，もう一方のCSにはUSを対提示しないことを繰り返すとUSを対提示した方のCSに対してCRが生じ，他方のCSに対してはCRが生じなくなる。この手続きを分化条件づけと呼ぶ。USと対提示する刺激を正刺激（CS^+），USと対にしない刺激を負刺激（CS^-）と呼ぶ。

　分化が成立するためには2つのCSが弁別できていなければならない。したがって2つのCSの類似度を変化させることによる分化条件づけを行うことによって，弁別の能力を測定することができる。

②高次条件づけ

　ある刺激CS1とUSとを対提示しCS1によってCRを誘発するように条件づけを行う。この後，別の刺激CS2とCS1との対提示を繰り返すと，CS2によってもCRが誘発されるようになる。

　第1段階として空腹のイヌにメトロノームの音（CS1）と餌（US）を対提示し，メトロノームの音（CS1）に対する唾液反射（CR）を形成する。第2段階としてに黒い正方形（CS2）とメトロノームの音（CS1）の対提示を続けると,黒い正方形（CS2）だけで唾液反射（CR）が誘発されるようになる。この手続きはすでに形成された条件反応に基づいて2次的に条件反応が形成されることから2次条件

づけと呼ばれる。またこのことから，最初のメトロノームの音をCSとした条件づけは1次条件づけであるといえる。すでに形成された条件づけをもとに新たな条件づけを形成することを高次条件づけと呼ぶ。

③感性予備条件づけ

感性予備条件づけとは2次条件づけの第1段階と第2段階の訓練の順序を逆にしたものである。まず黒い正方形（CS2）とメトロノーム（CS1）を対提示する。その後，メトロノームの音（CS1）と餌（US）の対提示を行う。こうすることによってメトロノームの音（CS1）だけでなく，黒い正方形（CS2）にもCRが生じるようになる。

④隠　　蔽

パヴロフの行った研究では，強い音と弱い光を対にして提示してから餌を提示するという複合条件づけの手続きを用いて空腹のイヌを訓練した。その後，音CSと光CSを別個にテストした。その結果，音CSに対しては強い唾液分泌（CR）が，光CSに対してはほとんど唾液分泌（CR）が見られなかった。一方，音CSと光CSを別個に餌と対提示すると，音CSも光CSも同様に強い唾液分泌（CR）が見られた。そこでパヴロフは強いCSが弱いCSを隠蔽し弱いCSとUSの連合の形成を阻害するとした。

パヴロフの発見は強いCSが弱いCSを一方的に隠蔽するという現象であるが，同じような強さのCSを用いた複合条件づけの手続きでは，どちらのCSに対しても，それを単独で提示して行った条件づけよりも小さいCRが生じる。これを2つのCSの相互隠蔽現象と呼ぶ。

⑤阻　　止

ケイミン（Kamin, 1968）の実験ではラットを用いて，まず音CSと光CSを複合提示し電撃をUSとした訓練を行った。この結果，音CSに対しても光CSに対しても同様に恐怖反応（CR）が生じた。このような複合条件づけの前に，音と光のどちらかを電撃と対提示しておくと，複合条件づけの後のテストでは，残る一方のCSに対するCRはほとんど見られなかった。つまり最初に提示されたCSが後に提示されたCSの連合が阻止されたのである。

隠蔽や阻止ではCSがUSと接近して対提示されても，条件によっては必ずしも条件づけが成立しないことが示されている。

7. 制止条件づけ

①興奮と制止の条件づけの実験

　レスコーラ（Rescorla, 1966）はイヌを被検体として制止条件づけの実験を行った。彼の実験は2段階からなっており，最初の段階では条件づけの効果を検出するための行動パタンを形成し，次の段階で条件づけを行って，最初の段階で形成した行動パタン，いわゆるベースライン反応，を用いて条件づけの効果を検出した。

　実験はシャトル箱（Solomon et al., 1953）という実験箱を用いて行われた。シャトル箱は行き来のできる2つの部屋からなり各部屋の天井にはスピーカーが，床には電撃を提示するためのグリッドが設置されている。実験の第1段階では全部の被検体がシャトル箱の部屋を行き来するベースライン反応を形成する訓練を受けた。この訓練ではイヌが片方の部屋に居続けると10秒間隔で短い電撃が床から提示される。もしもう片方の部屋に移動すると電撃の提示は30秒間先送りされる。この手続きはS–S（shock-shock）間隔10秒，R–S（response-shock）間隔30秒のシドマン型回避訓練と呼ばれている。このような条件下でイヌを訓練すると，イヌは適当な間隔で部屋の移動を繰り返すようになり，電撃の到来を避けるようになる。この移動反応がベースライン反応となるのである。

　安定したベースライン反応が獲得された後，シャトル箱の片方の部屋を用いて音CSと電撃USの条件づけの手続きが施された。被検体は3群に分けられ次のような処置を受けた。電撃の到来を予測する正の予測群ではCSに必ずUSが伴って提示された。電撃の到来ではなく到来しないことを予測する負の予測群ではCSの後には電撃は提示されず，CS以外のところで電撃が提示された。統制条件である無作為群ではCSの後にUSが提示される回数とCSの後にUSが提示されない回数が等しくされた。

　条件づけの手続きを行った後，再びシャトル箱の中に被検体を置き，ベースライン反応が安定したところで各群の被検体にCSのみを提示し，それがベースライン反応にどのように影響するかが調べられた。図3にはベースライン反応の各群の変化が示されている。縦軸は5秒ごとの反応数が，横軸にはCS提示中とCS提示前後の時間経過が示されている。電撃の到来を予測する群ではCSに条件づけられた恐怖反応のため，反応数が増加している。一方電撃が到来しないことを予測する群では恐怖の反対の「安堵」とでもいうべき情動の結果，反応数は減少している。またCSとUSの対提示と非対提示が同じようにある無作為群（統制群）

第2章　学習の基礎

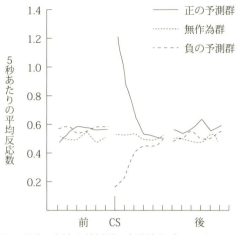

図3　興奮，制止と統制群の実験結果（Rescorla, 1966）

では条件づけの効果は見られていない。

このようにCSがUSの生起を予測する場合に生じる条件づけを興奮条件づけ（excitatory conditioning）と，また，CSがUSの非生起を予測する場合に生じる条件づけを制止条件づけ（inhibitory conditioning）と呼ぶ。このことからたとえば，パヴロフの行ったイヌの唾液分泌の条件づけは興奮条件づけであるといえる。

②制止条件づけの検出

制止条件づけの検出は一般にはきわめて困難である。CRとして唾液分泌が生じるような条件づけでは，興奮条件づけでは唾液分泌という測定可能な正の反応となって現れるが，制止条件づけでは，唾液分泌の抑制というような負の反応となって観察が不可能であるからである。制止条件づけによって制止を獲得したCS（条件性制止子）の効力をテストするためには2つのテストの方法が考えられている。

1つ目は条件性制止子（CS^-）と新たなUSを対提示して生じる学習を，新たなCS（CS0）を用いた通常の興奮条件づけを比べる方法である。この場合にCS^-の学習がCS0の学習よりも遅れたり弱かったりするとそれはCS^-が制止を獲得していると解釈される。この方法は遅滞テストと呼ばれる。

いま1つは，通常の条件づけを行った結果のCS（CS^+）のUS喚起能力を，CS^+とあらかじめ条件性制止子（CS^-）とした刺激の複合提示によるURの喚起能力と比べる方法である。この場合，複合提示のCS^-が制止を獲得していればそれが

35

対提示される CS^+ から差し引かれ，CS^+ の単独提示よりも CR が小さくなることが予測される。この方法は加算テストと呼ばれている。

ある刺激が条件性制止子であることを確認するためには，この2つのテストに合格することが必要であるとレスコーラ (Rescorla, 1969) は述べている。

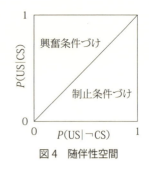

図4　随伴性空間

8．随伴性空間とパヴロフ型条件づけ

パヴロフが条件づけの現象を見出した頃は CS と US の時間的接近が条件づけにとって最も重要な条件であると考えられていた。しかし阻止の現象や制止条件づけの現象が見出されるにつれ，CS と US の時間的接近だけが条件づけを決定する要因であるとは考えられなくなってきた。それよりもむしろ，CS と US の関係（CS と US の随伴性）がより重要であると考えられるようになってきた。

図4の縦軸には CS があるときの US の条件つき確率（$P(US|CS)$）が，横軸には CS がないときの US の条件つき確率（$P(US|\neg CS)$）が示されている。このような空間を随伴性空間と呼び，対角線より左上の領域は $P(US|CS) > P(US|\neg CS)$ であり，CS が US の到来についてのシグナルになっている領域である。また対角線より右下の領域は $P(US|CS) < P(US|\neg CS)$ であり，CS が US の非到来についてのシグナルになっている領域である。対角線は $P(US|CS) = P(US|\neg CS)$ であり，CS が US の到来について何の情報ももっていない領域である。

多くのパヴロフ型条件づけの実験では随伴性空間の左上の領域では興奮条件づけが，右下の領域では制止条件づけが観察されている。また対角線の条件は「真にランダムな統制条件」（truly random control：TRC）と呼ばれ，条件づけのコントロール条件として用いられている。

Ⅵ　オペラント条件づけ

パヴロフ型条件づけは刺激への応答反応，いわゆる筋や腺の活動や情動反応などの反射を対象とした学習の様式であった。一方，オペラント条件づけは生活体の自発的行動を対象とした学習の様式である。自発的行動は環境への操作（operation）と捉えられることからオペラントと呼ばれる。また，環境に変化を生

第2章 学習の基礎

じさせる道具であるという側面を強調して道具的行動と呼ばれることもある。オペラントは我々の生活のいたるところに見出すことができる。朝，歯を磨いたり，空腹になると食事を摂ったり，期限までにレポートを完成させようと努力したり，日常の多くの行動はオペラントである。これらの多くのオペラントはオペラント条件づけ（あるいは道具的条件づけ）という枠組みでとらえることができる。オペラント条件づけはアメリカの心理学者スキナー（Skinner, 1953）によって体系化が始まり，現代では行動分析学という名前で基礎心理学，応用心理学の両面で研究が進められ，応用研究では障害児発達支援などから都市の環境整備などの幅広い分野で研究成果が活用されている。

1．オペラント条件づけの基礎

①オペラント

　生後8週齢頃までの乳児は，抱き上げて足が地面につくと，左右の足を繰り返して動かしてあたかも歩くような行動を示す。これは足が地面に触れたことによって誘発される反射であって，歩くという自発的行動ではない。一方，成人が朝，顔を洗うために洗面所に歩く行動は自発的行動である。すなわち反応を誘発する特有の外的刺激が認められないような行動が自発的行動である。

　ランチタイムになって食堂に歩いて行く行動と，自転車に乗って食堂に行く行動はそれぞれ異なる形の行動であるが，食堂へ移動するという機能としては同じである。このように同じ機能をもつ一群の自発的行動がオペラントと呼ばれる。オペラント条件づけではこのようなオペラントの変容を取り扱う。

②三項随伴性

　オペラント条件づけでは，「ある手がかりのもとで，ある行動が自発すると，ある結果が生じる」という3つの要素を最小単位として，環境とその中での行動を取り扱う。図5に示すように行動の手がかりになる刺激を弁別刺激，あるいは先行事象（antecedent event）と，手がかりによって自発された行動をオペラントと，あるオペラントの結果として生じる結果を後続事象（succeeding event）と呼ぶ。また，先行事象とオペラントとの関係を刺激性制御，オペラントと後続事象の関係を強化のスケジュールと呼ぶ。

③好子，嫌子，強化，弱化

　動物実験ではオペラント条件づけを研究する際にスキナー箱と呼ばれる実験装

図5　オペラント条件づけの三項随伴性

置が多く用いられる。スキナー箱の壁面にはラットの反応を検出するためのレバーや餌の出口，光刺激を提示するためのランプ，天井には音刺激を提示するためのスピーカーなどが設置されている。このようなスキナー箱でラットが訓練されるのは，レバーを押して餌を得ることであり，レバー押し行動が観察の対象の自発的行動となる。

　オペラント条件づけでは反応頻度の変化が測定の対象となる。そこで反応の結果として与えられて反応頻度が上昇するものを好子（強化子ともいう）と，減少するものを嫌子（罰ともいう）という。たとえばスキナー箱の中でレバーを押すたびに餌が出てくれば，レバー押しの反応頻度は上昇するであろう。これは餌が好子となっていることを示しており，好子の提示によって反応頻度を高めることを強化と呼んでいる。またこの後に，今度はレバー押しの後に弱い電撃を与えると，レバー押しの頻度は急速に減少するであろう。このとき電撃は嫌子となっている。嫌子を与えて反応頻度を減少させることは弱化（罰ともいう）と呼ばれている。

　好子と嫌子はそれらを与えた後の反応の頻度の変化のみによって同定することができる。たとえば子どもは親の注意をひくためにいたずらをするが，いたずらをした後に親が叱っても，いたずらの頻度が減少しないのは，叱ることが好子としていたずら行動に働いているからであると考えられる。

④オペラント反応の形成

　空腹のラットをいきなりスキナー箱の中に入れても，レバー押し反応は生じずに，周囲を嗅ぎまわったり，歩きまわったり，立ち上がったりする反応が見られるだけであろう。このような条件づけ前のさまざまな反応の自発頻度はオペラントレベルと呼ばれている。レバー押し反応のオペラントレベルがゼロであれば条件づけはできない。しかしヒトを含めた動物は新しい環境に適応していくために，反応の変動性をもっている。この変動性を用いて新たな反応を形成することができる。

たとえばスキナー箱の中のラットの場合，たまたまレバーの前で立ち止まったときに餌を与える。するとレバーの前での滞在時間が増えてくる。そこで反応の変動性によって前肢がたまたまレバーに触れたときに餌を与える。すると前肢をレバーに触れさせる反応の頻度が上がる。このようにして必要とする反応を引き出していく。この過程を反応形成（シェイピング）と呼び，少しずつ反応を形成することを漸次的接近という。

2．強化，弱化の正と負，消去

正とは好子や嫌子が出現することを，負とは好子や嫌子が消失することを表している。そこで強化や弱化の操作にはあわせて4種類の事態があることになる。

①正の強化，負の強化

好子とはそれが出現することによって反応の頻度を上げる刺激のことである。空腹の動物にとって食物は典型的な正の好子である。好子の出現によって反応の頻度が増加する操作を正の強化と呼ぶ。

与えられていた嫌子が消失するかまたは嫌子の到来が延期することによっても，反応の出現頻度は増加する。不快な事態から逃げる反応（逃避反応）や，不快な事態の到来を予測してそれを避ける反応（回避反応）はヒトにも動物にも多く見られる反応である。こうした学習を，逃避学習，回避学習と呼ぶ。たとえば蚊に刺されて痒くなったところを掻く行動は，掻くということによって痒みが消失し，掻く行動が維持される。このときの痒みが嫌子である。嫌子の消失によって反応の頻度が増加する操作を負の強化と呼ぶ。

正の強化，負の強化はいずれの場合も反応の頻度は上昇する。

②正の弱化，負の弱化

嫌子（罰）とはそれが出現することによって反応の頻度を下げる刺激のことである。一般に電撃や痛み刺激などの嫌悪刺激は正の嫌子として働く。嫌子の提示によって反応頻度を減少させる手続きを正の弱化と呼ぶ。

行動を制御する際に正の弱化は一般に非常に強い効果をもっているが，なるべく用いない方がよいといわれている。正の弱化は制御しようとしている反応と同時に起こっている他の多くの反応も減少させてしまうことや，一時的に反応が抑制されても，正の弱化が提示されなくなると反応がすぐに回復するなどの特徴があるからである。

与えられていた好子が消失するか，好子の到来が延期することによっても，反応の出現頻度は減少する。たとえば交通違反での罰金は，違反という反応によってお金という好子が消失する。このような好子の消失によって反応の頻度が減少する操作を負の罰（負の弱化）と呼ぶ。

③消　　去

反応に好子が提示されないと，反応は徐々に減少し，最初のオペラント水準にまで戻る。この過程を消去といい，当該のオペラントに対して好子をまったく与えないことを消去の手続きという。

3．強化のスケジュール

オペラント条件づけの研究では反応の特徴を明らかにするために，図6に示すような累積反応記録を用いる。累積反応記録の横軸は時間経過であり，縦軸は累積反応数である。また，累積反応記録の所々にある下向きの短い線は反応に好子が与えられる時点を表している。累積反応記録の曲線の勾配が急であるほど反応率が高い，すなわち単位時間あたりの反応数が多いことを示しており，累積反応記録が横軸と平行であれば，反応が生じていないことを示している。

反応とその後どのように好子が与えられるかの規則を強化スケジュールと呼ぶ。図の縦線の左側には各強化スケジュールの定常状態に特徴的な反応パタンが示されている。また右側には各反応スケジュールの反応が消去されるときのパタンが示されている。強化スケジュールは，反応のたびに好子が与えられる連続強化スケジュールと，いくつかの反応があった後に好子が与えられる部分強化スケジュールに分けられる。部分強化スケジュールには反応の頻度に注目した比率強化スケジュールと，好子の与えられる時間間隔に注目した時隔強化スケジュールに分類できる。またそれぞれの強化スケジュールには固定と変動の2つの種類がある。

①固定比率スケジュール（fixed ratio schedule：FR schedule）

この強化スケジュールでは，定められた回数の反応があった後に強化される。FR10は10回の反応のあった後に好子が提示される。現実の場面では出来高払いの賃金などがこれに相当する。このスケジュールでは強化された後に無反応の期間，すなわち強化後反応休止が見られる。この休止は要求される反応数が多いほど長くなる傾向がある。

消去するときの反応率はほぼ強化スケジュール下のそれと同じであるが，徐々

に無反応の期間が延びていく。

②変動比率スケジュール（variable ratio schedule：VR schedule）

たとえばVR10は，平均して10回に1回の反応の後に好子が提示される。VRスケジュールではいつ強化されるかわからないので高い比率での反応が続く。また消去抵抗も高い。ギャンブルや魚釣りなどはこのスケジュールで維持されていると考えられている。

③固定時隔スケジュール（fixed interval schedule：FI schedule）

この強化スケジュールでは，前の強化から一定時間経過した後の最初の反応が強化される。FI20秒では，強化を受けてから20秒未満の反応は強化されないが20秒を越えた最初の反応が

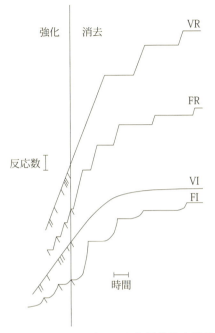

図6　強化のスケジュールと累積反応記録（Reynolds, 1968）

強化される。このスケジュールでも強化後反応休止が見られるが，次の強化が近づくほど反応率が高くなる独特の形をしている。この形はホタテ貝の殻の形に似ていることからスキャロップと呼ばれている。現実場面では，一定時間ごとに休憩のできる退屈な作業中に時計を見る行動などにあたる。

消去に入るとスキャロップの形状が残ったまま，反応休止期が増えていく。

④変動時隔スケジュール（variable interval schedule：VI schedule）

たとえばVI60秒は平均60秒に1回の反応の後に好子が与えられる。このスケジュールでは，いつ強化が来るかわからないが，むやみに反応しても強化は得られない。FIスケジュールのような強化後反応休止は見られず，反応率はさほど高くないが安定した反応が見られる。現実場面では話し中の多い相手に電話をかける行動などがこれにあたる。消去期に入ると反応率が徐々に下がりやがて反応がなくなる。

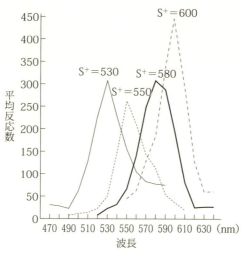

図7　オペラントの刺激般化（Guttman et al., 1956）

4．刺激性制御

　学習された反応の多くは，ある特定の状況や刺激のもとで生じる。青信号で道路を渡り赤信号で道路を渡らないという，異なる刺激で異なって形成された反応を弁別反応と呼ぶ。またその人の反応が信号の色という刺激によって制御されている。このことから，色刺激が刺激性制御をもつという。

　ある刺激のもとである反応を学習すると，それに類似した新たな刺激のもとでも同じ反応が生起する。このことを刺激般化と呼ぶ。特定の刺激に対して安定した反応が生じるようになった後，その刺激のある次元を少しずつ変化させそれぞれの刺激への反応数を測定する。図7は光のもとでのハトの反応に対して，光の周波数の次元（色）を変化させた場合の反応数を示している。縦軸に反応数，横軸に光の周波数をとると，訓練刺激（図のS^+）を反応数のピークとして，訓練刺激から離れるほど反応数が減少する曲線が得られる。この現象は刺激般化と呼ばれ，この曲線を般化勾配と呼ぶ。

　ヒトや動物が，異なる刺激のもとで異なる反応を行う弁別反応の能力や，類似の刺激に同じ反応を行う刺激般化の能力は，環境の変化に適応するための重要なメカニズムを提供している。

VII　社会的学習

　ここまで示してきた学習は，学習者自身が「なすことによって学習する」という考え方（learning-by-doing view）に立ったものであった。これに対しカナダの心理学者バンデューラ（Bandura, 1962, 1977）が唱えた社会的学習理論では学習者が他者の行動を観察するだけで，学習者が直接経験をしなくても学習が成立すると考える。社会的学習とは特定の文化や環境に所属する個体が，他個体の影響を受けて，その文化や環境の中で適切とされる習慣や価値観，行動などを学習することであり，その基礎には模倣という現象がある。社会的学習は広くヒトに見られる現象であるが，その萌芽は無脊椎動物においても観察される。

1．模倣学習

　他個体（モデル）の行動を観察するだけで同様の行動を獲得することを模倣学習と呼ぶ。学習者はモデルの行動の観察という経験によって行動が変化するので，これは学習の一形態であるといえる。
　フィオリトら（Fiorito et al., 1982）はタコを用いて模倣学習を示している。この実験ではまずモデルになるタコが赤と白の2つのボールのうちどちらか一方を攻撃するように訓練された。最初，学習者のタコに，モデルのタコがボールを攻撃する様子を4回観察させた。その後，学習者のタコに赤と白のボールを提示し，どちらのボールを攻撃するかを4回測定した。学習者のタコには実験を通じて強化も弱化も与えない。図8には赤と白の2つのボールを見せられた学習者のタコの，赤と白のボールに対する攻撃の頻度が示されている。図は，赤のボールを攻撃するモデルを見せられたタコは赤のボールを多く攻撃し，白のボールを攻撃するモデルを見せられたタコは白のボールを多く攻撃することが示されている。またモデルの観察の経験のない学習者のタコは，赤と白のボールを等しく攻撃した。
　この実験ではタコが模倣学習できることが示された。学習者のタコはモデルのタコが強化や弱化を受けるところは観察していない。もしモデルが強化や弱化を受けるところを観察したらどのようになるであろうか。この事態が観察学習（第4章Ⅲ節参照）である。

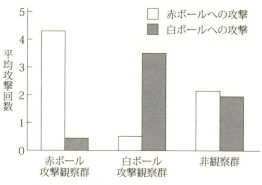

図8 タコの模倣学習（Fiorito et al., 1982）

VIII その他の学習

1．試行錯誤学習

　アメリカの心理学者ソーンダイク（Thorndike, 1898）は図9Aのような問題箱と呼ばれる装置を用いて，ネコが問題箱から脱出する時間を測定した。問題箱から脱出するには決められた手順，たとえば天井から吊るされたひもを引っ張るなど，で行動する必要がある。問題箱に入れられた空腹のネコは，最初は床をひっかいたり立ち上がったりする行動を起こすが，やがて偶然に天井のひもを引くという行動を起こして脱出に成功し，やがて問題箱に入れられてすぐに脱出できるようになった（図9B）。この過程は試行錯誤の結果，学習が成立することから試行錯誤学習と呼ばれる。

　ソーンダイクはこのことから，「望ましいものや快をもたらすものはその状況との結びつきが強まり，望ましくないものや不快をもたらすものはその状況との結びつきが弱まる」という効果の法則を唱え，刺激と反応の連合によって学習が進むと考えた。快や不快という概念は現代の学習理論では用いられないが，結果によって行動が変化するという考え方は現代のオペラント条件づけの原理として今日でも生かされている。

2．洞察学習

　ゲシュタルト心理学者ケーラー（Köhler, 1917）は檻の天井にバナナを吊し，チンパンジーがどのようにそれを手に入れるかを観察した。チンパンジーは最初は

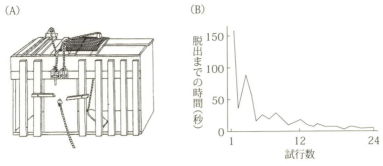

図9　ソーンダイクのネコの問題箱の実験（Thorndike, 1898）

試行錯誤を試みるが，やがて，箱を積み上げてそれを手に入れた。ケーラーの観察によると，チンパンジーは途中何もせずに，視野の中をくまなく見まわし，突然ひらめいたかのように箱を積み上げ，それに乗ってバナナを手に入れた。

これをケーラーは洞察によって学習が起こったとし，視野を見まわしているときに知覚の再体制化が起こったとした。

3．潜在学習

アメリカの心理学者トールマン（Tolman, 1948）はネズミの迷路学習で，報酬なしで迷路を探索したネズミと，報酬ありで迷路を探索したネズミの行動を比較した。いずれの群も報酬ありでテストしたところ，両群とも同じような遂行行動を示した。トールマンは報酬なしで迷路を探索したネズミは，報酬がないにもかかわらず何らかの学習をしたと考えた。

彼は報酬なしのネズミは，迷路の探索によって一種の地図，認知地図，を学習したと考えた。トールマンにとって学習とは微細な刺激と反応との連合ではなく，目的と手段の関係を知ること，すなわち環境に関する認知が成立することであるとした。

IX　学習の応用

学習の原理の応用としては，イギリスの心理学者アイゼンク Eysenck, H. J. が唱えた「人間の行動と情動とを現代の行動の原理に従ってよい方向に変える試み」という考えに始まる行動療法を挙げることができる。行動療法は，正常な行動も異常な行動も同じ行動原理，すなわちパヴロフ型条件づけやオペラント条件づけ，

によって形成されたり維持されたり消去されたりするという観点に立ち，行動と環境の相互作用の分析を行うことにより，不適応行動を修正しようとする。行動療法は現在では行動のみならず認知もその操作対象に加え，認知行動療法として広く心理臨床の場面で用いられている。

　行動療法の主要な技法の1つとして段階的エクスポージャー法（段階的暴露法）を挙げることができる。これは基本的には，たとえば不安障害の患者が不安や苦痛を克服するために，患者が恐怖や不安を抱いている対象や状況に，患者に危険を与えることなく，徐々に接近させていく方法である。患者はセラピストのもとで，さまざまな状況でどの程度不安や恐怖を感じるかを列挙した不安階層表をつくり，セラピストはそれに従って患者をその状況に暴露していく。このようなエクスポージャー法はパヴロフ型条件づけの観点からは条件刺激（CS）の単独提示，すなわち恐怖感情の消去であると考えられ，オペラント条件づけの観点からは恐怖の対象に接近していく行動のシェイピングであると考えられる。

　オペラント条件づけは行動分析学という領域の基礎をなしている。行動分析学は行動の基礎過程を扱う実験的行動分析と，応用領域を扱う応用行動分析に分かれている。

　応用行動分析は現在ではじつに広範な領域において用いられる。たとえば最近ではペットに基本的なしつけと社会性を身につけさせるため，ペットの幼稚園と称するものが随所に見られるが，そこでのトレーニング方法はオペラント条件づけの原理を応用したものがほとんどである。この他水族館でのイルカの曲芸のトレーニングなどもオペラント条件づけの原理が用いられている。またスポーツ選手への科学的なコーチングとして行動コーチングという名前で応用行動分析が用いられている。我々の日常の生活では，リハビリや生活習慣病の予防などに，また，子育て支援や特別支援教育などの場面，ビジネス場面でのパフォーマンスマネジメントでも応用行動分析から導き出された多くの手法が用いられている。

◆学習チェック
□　本能的行動について理解できた。
□　パヴロフ型条件づけの手続きについて理解できた。
□　オペラント条件づけの手続きについて理解できた。
□　好子・嫌子・強化・弱化について理解できた。

より深めるための推薦図書
　今田寛・宮田洋・賀集寛編（2016）心理学の基礎 四訂版. 培風館.

今田寛（1996）学習の心理学．培風館．
実森正子・中島定彦（2000）学習の心理―行動のメカニズムを探る．サイエンス社．

文　献

Bandura, A.（1962）*Social Learning Through Imitation.* University of Nebraska Press.
Bandura, A.（1977）*Social Learning Theory.* Prentice Hall.
Fiorito, G. & Scotto, P.（1982）Observational learning in Octopus unlgaris. *Science,* 256; 545-547.
Garcia, J., Ervin, F. R. & Koelling, R. A.（1966）Learning with prolonged delay of reinforcement. *Psychonomic Science,* 3; 121-122.
Guttman. N. & Kalish, H. I.（1956）Discriminability and stimulus generalization. *Journal of Experimental Psychology,* 51; 79-88.
Hess, E. H.（1958）"Imprinting" in animals. *Scientific American,* 198; 81-90.
Kamin, L. J.（1968）"Attention" like processes in classical conditioning. In: R. Jones (Ed.): *Miami Symposium of the Prediction of Behavior: Aversive Stimulation.* University of Miami Press, pp. 9-31.
Köhler, W.（1917）*The Mentality of Apes.* Royal Academy of Science.（宮孝一訳（1962）類人猿の知恵試験．岩波書店．）
Pavlov, I. P.（1927）*Conditioned Reflexes.* Translated by Anrep, G. V. Oxford University Press.
Rescorla, R. A.（1966）Predictability and number of pairings in Pavlovian fear conditioning. *Psychonomic Science,* 4; 383-384.
Rescorla, R. A.（1969）Pavlovian conditioned inhibition. *Psychological Bulletin,* 72; 77-94.
Reynolds, G. S.（1968）*A Primer of Operant Conditioning* (Rev. Edition). Scott, Foresman and Company.（浅野俊夫訳（1978）オペラント心理学入門―行動分析への道．サイエンス社．）
Seligman, M, E. P.（1970）On the generality of the law of learning. *Psychological Review,* 77; 406-418.
Skinner, B. F.（1953）*Science and Human Behavior.* Macmillan.
Solomon, R. L. & Wynne L. C.（1953）Traumatic avoidance learning; Acquisition in normal dogs. *Psychological Monographs,* 67 (4 whole, No. 354).
Thorndike, E. L.（1898）Animal intelligence: An experimental study of the associative processes in animals. *Psychological Review, Monograph Supplements,* 2(8).
Tinbergen, N.（1951）*The Study of Instinct.* Oxford University Press.（永野為武訳（1975）本能の研究．三共出版．）
Tolman, E. C.（1948）Cognitive maps in rats and men. *The Psychological Review,* 55; 189-209.
Watson, J. B. & Rayner, R.（1920）Conditioned emotional reactions. *Journal Experimental Psychology,* 3; 1-14.

第8巻　学習・言語心理学

第3章

技能学習と熟達化

楠見　孝

Keywords　技能学習，運動プログラム，結果の知識，よく考えられた練習，分散練習－集中練習，分習法－全習法，学習曲線，状況的学習理論，認知的徒弟制，熟達化

I　技能学習とは

　技能学習とは，知覚系（環境情報の認知）と運動系（中枢からの骨格筋のコントロール）を協応させる学習である。知覚－運動学習とも呼ばれる。たとえば，テニスをするには，飛んでくるボールを知覚して，ラケットを適切な角度と速さで振ってはじき返すという知覚系と運動系の協応が必要である。知覚系と運動系の協応ができるようになるには，練習を反復することが大事である。反復練習によって，知覚系と運動系の協応性が高まり，運動が敏速・正確・円滑に行えるようになる。このような過程を経て学習された能力を運動技能という。なお，技能には，他に，将棋やチェスなどにおける素早く的確な判断を支える認知技能，ヒヨコの雌雄を見分ける初生雛鑑別師などがもつ知覚技能がある。現実場面では，3つの技能は統合的に働いている（例：外科医が手術をする場面）。

II　技能学習の段階と運動プログラム

1．技能学習の段階

　技能（スキル）の学習は大きく3つの段階で捉えることができる（Fitts et al., 1967）。
　第1の認知段階では，課題遂行のための手続き（手順）についての基本的な知識を，熟達者，指導者から教示されたり，その動作を観察学習する段階である。この段階で得られるのは，一連の手続きや道具・装置の名称についての言語的な概念（宣言）的知識（意識的で言語化ができる知識）の学習である（例：自動

車の運転であれば，発進させるための一連の動作やギアやブレーキなどの名称や仕組み）。この段階では，目標と方略を選択し，一連の動作を，意識的・言語的に想起し，知覚系による外的環境情報と運動系の動作の協応を確認しながら1つひとつ実行するため，動作も遅く，エラーを起こすこともある。

　第2は，連合段階である。ここでは，練習を反復することによって，認知段階で形成された概念（宣言）的知識が，環境によって自動的に駆動し，個々の動作が，スムーズな一連の動作として手続き的知識（技能に関する無意識で言語化できない知識）と行為に変換することができるようになる。これは，2項で述べる運動プログラムが形成されることである。そして，Ⅲ節で述べるように練習におけるフィードバックによって，知覚系と運動系の協応の精度が高まる。

　第3の自動化段階では，一連の動作はまとまったものとして自動化され，スムーズに実行される。この段階では，1つひとつのステップに注意を向けて，意識化する必要はなくなる。一方で，各ステップを言語的に記述できなくなる。また，道具を用いた技能では，道具との一体感が生じ，身体の延長となる。

　さらに，自動化が進んで効率化が行われる段階では，状況に応じて，技能や知識を調節し，知識が再表象化される。この段階になると，各ステップを意識化できるようになる。

2．運動プログラム

　技能学習を通して獲得され，動作系列の実行を支えている表象が運動プログラムである（Schmidt, 1991）。ここでは，運動の反応の順序とタイミングがあらかじめ決定した運動プログラム（筋肉への命令セット）として蓄積されている。これは練習によって精緻化されていく。また，動作の再現性も高まる。

　運動プログラムの性質を表す現象としては，運動の要素数が多く複雑なほど，最初の反応が生じるまでの時間（潜時）が長いことがある。これは，長い系列をプログラムするのに要する時間は，短い系列よりも長く必要なためである。

　運動プログラムには，感覚フィードバックを取り入れて，柔軟な変更を想定する考え方もある。また，より一般化された運動プログラムは，運動スキーマとして，パラメタ（動作のスピードや力量）と運動結果の関数関係や，「このスキルは○○のようにやる」という抽象的知識として表象されている。また，筋運動的感覚を動作と結びつける比喩を用いたわざ言語（例：陸上競技のハードルは跳ぶのではなく，またぐ）は，運動スキーマの形成を助ける言語的なフィードバックである。

III 技能学習におけるフィードバックと運動プログラムの形成

1. フィードバックと練習

　練習においては，フィードバックは3つの機能をもつ。第1は，フィードバックによって，知覚系と運動系の協応がうまくいっているかを知り，行動を修正するための情報提供の機能である。第2は，フィードバックによって，技能向上への意欲が高まる動機づけ機能である。第3は，正しい動作に対するフィードバックが報酬として機能し，その動作の生起頻度が高まる強化機能である（第2章参照）。

　学習者が学習を制御するためのフィードバックには，内在的フィードバックと外在的フィードバックがある。内在的フィードバックは，学習者が遂行と同時に自動的に得ることができる感覚情報（視覚，聴覚，運動感覚などの体性感覚）である。外在的フィードバックは，遂行に伴い，指導者などの外部から与えられる付加的フィードバックである。そのタイミングには，遂行中の同時的フィードバックと，遂行後の最終的フィードバック（直後の即時フィードバックと遅延フィードバックに分かれる）がある。外在的フィードバックの情報は，内容面から結果の知識と遂行の知識に分かれる。

　第1の結果の知識（KR: knowledge of results）には，目標行動と遂行行動の誤差（ズレ）である量的な結果の知識や，行動（反応，回答）に対する正誤の情報のような結果の知識がある。ここで，精密度の高い量的な結果の知識の方が，正誤だけの結果の知識よりも学習を促進する（Mazur, 2008）。

　第2の遂行の知識とは，学習において，学習者の身体がどのように動いたかという遂行系列の各構成要素における遂行行動や，目標行動とのズレの情報を，言語的フィードバックあるいは視空間的フィードバック（例：鏡，ビデオ映像，運動の時空間パタンのキネマティックフィードバック，生理的情報のバイオフィードバックなど）で与えることである。言語的フィードバックには，叙述的フィードバック（例：バットが振り遅れていた）と命令的フィードバック（例：振り遅れないようにテイクバックを小さく）がある。

　学習者は，結果の知識だけでなく，遂行の知識を利用することによって，みずからの運動プログラムや行動を適切に修正することができる。

第 3 章 技能学習と熟達化

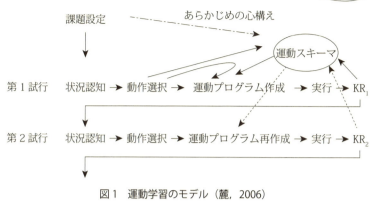

図 1　運動学習のモデル（麓, 2006）

2．技能学習における運動プログラムの役割

　技能学習の過程を運動プログラムの作成とそれを支える運動スキーマで示したものが図 1 である（麓, 2006）。
　課題の設定が，「自動車の運転ができるようになる」ことだとすると，「所定時間内で技能教習を終えよう」という心構えをもち，運動スキーマとして「自動車運転の運動スキーマ群」の獲得を目指すことになる。自動車教習所で［第 1 試行］で，屈折（クランク）コースを走行する場合を考えてみる。学習者は，道の幅と形，車の位置，速度などの［状況認知］を行い，ハンドルを握って，ブレーキを踏みながら（［動作選択］），これまでの獲得した自動車走行についての［運動スキーマ］に基づいて，ハンドルを切るタイミングと角度について考え（［運動プログラム作成］），運転操作をする（［実行］）。その結果として，車が縁石に接触したときには，第 1 試行の結果の知識［KR_1］としてフィードバックされる。その経験は，［運動スキーマ］に記憶される。そして，［第 2 試行］の際には，第 1 試行からハンドルを切るタイミングや角度を修正して，［運動プログラム再作成］をして，運転操作する。こうした練習を反復して，「自動車運転の運動スキーマ群」が形成される。

IV　技能学習における練習

1．よく考えられた（熟慮を伴う）練習

　練習は，ただ繰り返すあるいは時間をかけるだけでなく，目的意識に基づいたよ

く考えられた（熟慮を伴う）練習を行うことが大事である（Ericsson et al., 2016）。それには，長期的計画に基づく明確な目標をもった練習が重要である。そのために指導者あるいは学習者は，長期的目標を決めてから，それにつながる技能を分割して，1つずつ達成していく計画を策定する。現状を少し上まわる適切な課題困難度をもつストレッチ課題，集中した練習を行い，能動的で注意深いモニタリング，適切な結果や遂行の知識のフィードバックによって，学習者自身が結果を振り返ること（省察）が重要である。

こうした練習スケジュールや方法，フィードバックを指導者ではなく，学習者自身が決定し，コントロールするのが自己調整学習である。自己調整学習は，学習者の自己効力感（第4章，第6章参照）を高める利点がある。しかし，その効果を上げるためには，課題についての技能学習，その方略や自己の能力についての知識と，自己の遂行について的確なモニタリングとコントロールを行うメタ認知能力が必要である。

2．練習の分類

練習は，時間間隔に関する分類（集中と分散）と学習内容に関する分類（全習法と分習法）がある。

第1は，反復試行の時間間隔に関する分類である。練習試行間に休憩をおかないで反復する集中練習と，練習試行間に休憩をおく分散練習に分かれる。一般に後者の方が，学習効率は高い。その理由としては，学習を持続すると学習パフォーマンスがしだいに低下するが，学習終了後，一定時間を経過後に，パフォーマンスが向上するレミニセンスによるものである。そのほかにも，休憩中に，疲労回復やリハーサルが行われることが考えられる。

第2は，学習内容に関する分類である。全部を一度にそのまま学習する全習法と，全体を要素に分割して1つずつ練習する分習法である。全習法は記憶の負荷が多いため，量が少なく全体性が強い材料，速くて系列化された材料に適し，分習法は，量が多く，要素の独立的で困難度の高い課題，学習者の経験が乏しい場合に適する。両方を組み合わせた，累進的分習法は，要素を増やしながら学習する方法であり，両方の長所を取り入れている。

3．学習曲線

練習によるパフォーマンスの上昇は，学習曲線によって描くことができる。横軸が時間や練習回数，縦軸が学習の測度（パフォーマンスなど）である。得点や

第3章 技能学習と熟達化

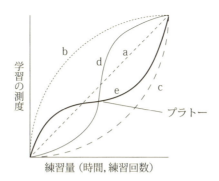

図2　学習曲線の種類

作業量のように上昇する曲線（図2）と，誤差やエラー数，所要時間のように減少する曲線がある。

　学習曲線の種類（形）は，課題や学習者の要因の影響を受ける。基本形は，学習の進歩が練習によって直線的に向上するケースである（図2a）。比較的単純な課題は，学習の進歩が最初は急速で，やがて緩やかになる凸のカーブを描く（図2b）。一方，複雑な学習は，最初は学習の進歩がなく，ある程度練習を重ねて運動プログラムが完成すると，学習が急に進歩する（図2c）。さらに急上昇後に停滞が見られるS字型曲線を描くこともある（図2d）。学習の進歩が一時的に停滞することをプラトー（高原現象）という（図2e中央）。その原因には，その学習のパフォーマンスを支えている技能と動機づけの限界がある。そして，さらに，練習を重ね，新たな技能を身につけ構造化が行われるとパフォーマンスは再び向上する（図2e右）。たとえば，キーボード入力の速さは，キーボードの配列を覚えるにつれて速くなるが，配列を一通り覚えた段階で，入力速度が速くならない限界がある。キーボード見ないで入力するブラインドタッチを身につけることによって，さらに，速く入力できるようになる。

4．技能学習の転移

　技能学習における転移とは，前に学習した技能がその後の学習に影響を及ぼすことである。ここで,先行学習が後行学習を促進することを,正の転移という（たとえば，軟式テニスの経験が硬式テニスのルールや試合運びについての学習を容易にする場合）。その逆に，後行学習を妨害する場合は，負の転移である（軟式テニスの経験が硬式テニスのボールの打ち方の学習を難しくする場合）。転移は,先行学習と後行学習が類似しているほど起きやすい。また，両側性転移とは，片側

の手や足で練習した効果が反対側のそれらに転移することを指す（例：鏡映描写課題では，鏡を見ながら左手で書く練習をした効果は，練習をしていない右手でやっても現れる）。なお，転移については類推的問題解決に関する研究が進んでいる（第5章Ⅷ節参照）。

Ⅴ　熟達化と実践知

1．熟達化を支える実践知

熟達化とは，初心者が経験を積んで，一人前さらに，熟達者になるまでの技能や知識の長期的学習過程を指す。熟達化研究は，スポーツやダンス，音楽，チェスなどさまざまな領域で研究されてきた。仕事に関しては，店員，医師・看護師などのさまざまな職種の仕事場での学習が取り上げられている。そこでは，熟達化が，経験による領域固有の実践知，すなわち高次の技能の学習や知識の獲得によって支えられていることが示されている（楠見，2012b）。

チェス，スポーツや音楽の熟達化には，比較的狭い領域での特定の概念的知識や知覚・運動的な手続き的知識（技能）の獲得や優れた記憶能力が関わる。一方，職場では，複数の職場での経験（ジョブローテーション）によって，複数領域の概念的知識や技能を獲得して，ジェネラリストとして熟達化する必要がある。そのためには，異なる領域に，もっている知識や技能を転移して活用する類推能力が重要な役割をもつ（Ⅶ節参照）。

2．実践知と熟達者の特徴

実践知とは，熟達者がもつ実践に関する知識や技能である。その仕事の実践知を獲得した熟達者の技能学習に関わる主な特徴としては，次の4つを挙げることができる（e.g., Chi, 2006；楠見，2012a）。

（a）　熟達者は実践知，とりわけ事実に関する詳細で構造化された膨大な知識，そして，技能学習によって獲得した，手続きなどの言語化，意識化されにくい暗黙知を多くもっている（例：将棋の熟達者の過去の棋譜などの知識）。エリクソンら（Ericsson et al., 1995）は，熟達者のこうした長期記憶が，特別な構造的まとまり（チャンク）をもち，作動記憶のように，実行中の推論や評価，プランニングを迅速かつ正確に支えている仕組みを長期的作動記憶と命名した。

（b）　熟達者は，スポーツや音楽，バレエなどでは，運動制御に基づいて，高いレベルのパフォーマンスを，素早く無駄なく正確に実行できる。将棋，囲碁，チ

ェスでは最良の手を短い時間で指すことができる。仕事では、ルーチンに関することでは、多くの自動化された下位技能のレパートリーをもち、うまく行う方法を知っている。問題状況では、優れた解決策を導くことができる。

（c）熟達者は、重要な特徴を検出、弁別できる知覚的技能をもつ。これは、典型性や連合など多くのパタンの知識（チャンク）をもつことにも支えられている。このことは、仕事で複雑な問題状況を理解したり、その深層を探り当てたり、うまくいっていないことを発見したり、医師がレントゲン写真から異常を見出したりすることにおいて見られる。

（d）熟達者は、メタ水準のメタ認知的知識をもつ。メタ認知的知識には、①自分自身についての熟達に関する適切な評価基準に基づく知識、②仕事などのタスクの難易度などの知識、③実行に関わる方略の有効性に関する知識がある。こうしたメタ認知的知識をもつことによって、正確な自己モニタリングを行い、自分のエラーや理解の状態を把握し、適切な方略を選び、後述の自己制御を行うことができる。

VI 状況的学習としての技能学習

1. 状況的学習

状況的学習理論（Lave et al., 1991）とは、初心者である学習者が、仕事や趣味のグループなどの実践共同体（コミュニティ）に参加することを通して、他者や道具などのリソース（資源）を利用し、これらの状況との相互作用の中で、技能や知識を獲得するという考え方である。実践共同体においては、初心者は、周辺的な仕事から担当し、兄弟子や親方の作業を見ながら仕事の全体像を学習する。こうした状況に埋め込まれた学習を行うなかで、重要な仕事を担当し、共同体の活動に十全に参加できるようになっていく（例：リベリアの仕立屋では、失敗してもやり直せるボタン付けやアイロンかけから始まって、縫製、そして、布の裁断を任されるようになる）。

2. 認知的徒弟制

認知的徒弟制とは、熟達者が初心者に、実践共同体という状況の中で技能や知識を教えることである。ここでは、「認知的」というのは、伝統的な徒弟制とは違い、身体的技能だけでなく、認知的技能の習得を重視しているためである。認知的徒弟制による学習には、3つの手法がある（Lave et al., 1991）。

第1は，熟達者の技能の観察学習である（第4章Ⅲ節参照）。第2は，熟達者によるコーチングである。たとえば，熟達者が実演し，初心者がそれを模倣して，熟達者がそれを修正することである。ここでは，熟達者が初心者のための適切な支援である足場かけを必要に応じて追加していく。たとえば，初心者が直面する課題を解決するために，ヒントやきっかけを与えることである。第3が，ガイドされた初心者の参加である。熟達者は初心者が自律できるようにしだいに支援を減らしていく。

3．分散認知

認知は，個人の内部だけで行われるのではなく，他者や道具との相互作用の中にあることを強調するのが，分散認知の考え方である。ハッチンス（Hutchins, 1995）は，大型船の操舵室においてメンバーが，役割を分担しながら，機器と相互作用する仕事場のフィールド研究に基づいてこの考え方を提起した。そして，認知を，他者や道具を含む認知システムと捉え，仕事の協同作業においては，認知が社会的に分散していることを提唱した。このように考えると，仕事場においては，学習は個人レベルで行われるだけでなく，チームや組織レベルでも行われる組織学習の視点が重要となる。

Ⅶ　熟達化の段階と経験学習

1．熟達化の段階

熟達化の段階をここでは，4段階と4種類の熟達化に対応づけ，仕事における熟達化を例にして説明する（楠見, 2012b, 2017）。

①初心者における初期の熟達化

初心者は，この段階では，指導者からコーチングを受けながら，手順（技能）やルールを一通り学習する（Ⅶ節2項参照）。最初はミスが多いが，学習が進むにつれてミスが減っていく。この段階から次の段階の一人前になるには，最初の壁があり，仕事では離転職してしまう者，スポーツや趣味ではやめてしまう者もいる。なお，幼少期に，運動や音楽の学習を始める場合には，学習者の心身が一定の発達を遂げているという学習成立のための準備性であるレディネスを考慮する必要がある。

②一人前における定型的熟達化

　一人前の段階は，初心者が経験を積むことによって，日々の決まり切った仕事（ルーチン）が指導者なしで自律的に実行できる段階である（およそ3～4年目）。こうした定型的仕事を，速く，正確に，自動化された技能によって実行できることを定型的熟達化（波多野，2001）という。この段階にはほとんどの人が時間をかければ到達できる。しかし，次の段階に進むには，状況に即して柔軟に非定型的な仕事の技能や知識を獲得することが必要である。これが壁となって，仕事のパフォーマンスがそれ以上は伸びなくなることがキャリア・プラトーである。

③中堅者における適応的熟達化

　中堅者は，柔軟な手続き的熟達化によって，状況に応じて，規則が適用できる。さらに，文脈を越えた類似性認識（類推）によって，過去の経験や獲得した技能を転移できる（Ⅴ節1項参照）。この段階を特徴づけるのは適応的熟達化（波多野，2001）である。仕事の場合では，手続き的知識を蓄積し構造化することによって，仕事の全体像や文脈を把握でき，柔軟に技能を使うことができる。中堅者は，実践知による直観を使って事態を分析し，推論し予測することで，問題解決ができる。この段階に到達するのは，領域によって異なるが6年から10年くらいである。この段階から次の段階に進むには大きな壁があるため，この段階で停滞する40代半ばのキャリア・プラトーがある。優れた適応的熟達者は，こうした壁に直面しても，メタ認知によって，自分の現状をモニターし，打開する方策を考え，さらに高いレベルに達成する（波多野，2001）。

④熟達者における創造的熟達化

　中堅者のうちで，長期で膨大な質の高い経験を通して，きわめて高いレベルの技能や知識からなる実践知（とくに言葉にはできない暗黙知）を数多く獲得した者，新たな技能や知識を創造できる者が，創造的熟達者である。これは，すべての人が到達する段階ではない。創造的熟達者は，高いレベルのパフォーマンスを効率よく，正確に発揮できる。さらに，彼らの状況の直観的分析と，明確化や推論・予測などの熟慮的分析・判断は，正確で信頼できる。また，新奇な難しい状況においても創造的な問題解決によって対処できる。

2．長期の熟達化と10年ルール

　長期の熟達化には，10年ルール（Ericsson, 1996）といわれるように長い時間

がかかる。これは，仕事以外の芸術，スポーツなど他のさまざまな領域でも見出されている。高いレベルの技能や知識の獲得のために，およそ10年にわたる熟慮を伴う練習や質の高い経験が必要である。たとえば週に20～40時間をかけるとすると10年で約10,000～20,000時間である。

また，長期的な熟達化の過程においては，自己の理想的状態を設定し，現在の自己の状態を理想的状態へと近づけていくために行動を調整する自己制御が重要である（第6章参照）。理想的状態を目指して，新たなことに挑戦し，日々の練習によって，技能や知識を蓄積することが，パフォーマンスの進歩として現れる。学習者は，そのことによって，プラスの自己効力感（第4章参照）を得て，それが，さらなる学習を動機づけることになる。

3．経験学習と振り返り

2項で述べたように仕事の熟達者になるためには，長期的な実践経験からの技能や知識の学習が必要であった。しかし，長い時間を経ていれば誰でも熟達者になれるかというと，必ずしもそうではない。よく考えられた練習（Ⅳ節1項参照）において述べた通り，経験を振り返り，そこから学ぶことが必要である。

仕事における学習のこうしたプロセスについて，コルブ（Kolb, 1984）は，フィードバックを重視したレヴィン Lewin, K. 流の経験学習モデルとして，次の4つの段階を提唱している。①［具体的経験］：さまざまなよい経験（挑戦的なこと，困難な状況など）をする。②［観察と省察］：その経験を振り返る。③［抽象的概念の形成と一般化］：振り返りから，教訓を引き出し，さらに，法則，個人的な「理論」により体系化し，概念化をする。④［新しい状況における検証］：引き出した教訓を，次に応用し，実際に試してみる。そして，①の新たな経験に向かう形で，循環しながら学習を進める。

Ⅷ　まとめ

本章では，第1に技能学習を知覚系（環境情報の認知）と運動系（中枢からの骨格筋のコントロール）を協応させる学習として定義した。第2に，技能学習のプロセスを，運動プログラムの獲得として捉え，第3に，技能学習におけるフィードバックの重要性を述べた。第4に，技能学習において，よく考えられた練習が重要であること，さらに，練習や学習曲線を分類し，その特徴を説明した。第5に，熟達化を支える実践知の特徴について述べ，第6に，仕事の場における学

第3章 技能学習と熟達化

習を例に取り上げて，状況的学習観と，初心者が熟達者になる熟達化の段階，さらに経験学習について述べた。

技能学習は，家庭，学校，職場などにおいて行動をスムーズに行うための学習を支え，スポーツや音楽などの習熟を支えている。そこには，無意識的そして意識的な長期の学習プロセスがある。とくに，前者は日常生活の適応を支え，後者は，人生における達成を支えている。

■学習チェック
□ フィードバックによる運動プログラムの獲得について説明できる。
□ 練習の種類と特徴，よく考えられた練習について説明できる。
□ 状況的学習理論における認知的徒弟制について説明できる。
□ 熟達者の特徴と熟達化の段階について説明できる。

より深めるための推薦図書
　エリクソン Ericsson, A.・プール Pool, R.，土方奈美訳（2016）超一流になるのは才能か努力か？　文藝春秋．
　麓信義編（2006）運動行動の学習と制御—動作制御へのインターディシプリナリー・アプローチ．杏林出版．
　金井壽宏・楠見孝編（2012）実践知—エキスパートの知性．有斐閣．
　レイヴ Lave, J.・ウェンガー Wenger, E.，佐伯胖訳（1993）状況に埋め込まれた学習—正統的周辺参加．産業図書．
　メイザー Mazur, J. E.，磯博行・坂上貴之・川合伸幸訳（2008）メイザーの学習と行動 日本語版第3版．二瓶社．

文　献

Chi, M. T. H.（2006）Two approaches to the study of experts' characteristics. In: K. A. Ericsson, N. C. Charness, P. J. Feltovich & R. R. Hoffman (Eds.): *Cambridge Handbook of Expertise and Expert Performance*. Cambridge University Press, pp. 21-30.
Ericsson, K. A. (Ed.)（1996）*The Road to Excellence*. Lawrence Erlbaum Associate.
Ericsson, K. A. & Kintsch, W.（1995）Long-term working memory. *Psychological Review*, 102(2); 211-245.
Ericsson, A. & Pool, R.（2016）*Peak: Secrets from the New Science of Expertise*. Houghton Mifflin Harcourt.（土方奈美訳（2016）超一流になるのは才能か努力か？　文藝春秋．）
Fitts, P. M. & Posner, M. I.（1967）*Learning and Skilled Performance in Human Performance*. Brock-Cole.
麓信義編（2006）運動行動の学習と制御—動作制御へのインターディシプリナリー・アプローチ．杏林出版．
Hutchins, E.（1995）*Cognition in the Wild*. MIT press.
波多野誼余夫（2001）適応的熟達化の理論をめざして．教育心理学年報，40; 45-47.
Kolb, D.（1984）*Experiential Learning as the Science of Learning and Development*. Prentice Hall.

楠見孝（2012a）実践知と熟達化とは. In：金井壽宏・楠見孝編：実践知―エキスパートの知性. 有斐閣, pp. 3-31.

楠見孝（2012b）実践知の獲得. In：金井壽宏・楠見孝編：実践知―エキスパートの知性. 有斐閣, pp. 33-57.

楠見孝（2017）クリティカルシンキングの概念. In：楠見孝・津波古澄子：看護におけるクリティカルシンキング教育―良質の看護実践を生み出す力. 医学書院, pp. 2-45.

Lave, J. & Wenger, E.（1991）*Situated Learning*. Cambridge University Press.（佐伯胖訳（1993）状況に埋め込まれた学習―正統的周辺参加. 産業図書.）

Mazur, J. E.（2008）*Learning & Behavior*, 6th Edition. Pearson Education.（磯博行・坂上貴之・川合伸幸訳（2008）メイザーの学習と行動 日本語版第3版. 二瓶社.）

Schmidt, R. A.（1991）*Motor Learning & Performance: From Principles to Practice*. Human Kinetics Books.（調枝孝治監訳（1994）運動学習とパフォーマンス―理論から実践へ. 大修館書店.）

第4章

社会的学習

渡辺弥生

Keywords 代理的学習，観察学習，モデリング，自己効力感，自己調整機能，セルフコントロール，道徳的不活性化

I 社会的学習とは

　社会的学習とは，社会のメンバーとして適切な行動がとれるよう，他者の影響を受けて，文化，慣習，規範，態度，価値観，言語，行動などを習得することである。人は経験の中からさまざまなことを「学習」するが，このメカニズムに関する理論はこれまで多数積み重ねられてきている（第2章参照）。1902年にパヴロフ Pavlov, I. P. がイヌの実験から古典的条件づけによる学習を明らかにしたが，刺激（S）の対提示によって刺激と刺激間に連合が起こり，行動が変容するという学習のメカニズムが提唱された。これを受け，ワトソン Watson, J. B. は外界からの刺激（S）によって行動が決定されるという行動主義を唱えた。その後，たんなる外界の刺激によって行動が決まるのではなく，人という有機体が媒介して行動が選択されると考えられるようになった。媒介となる内的な過程については，ハル Hull, C. L. やトールマン Tolman, E. C. という新行動主義と呼ばれる人たちによって研究が重ねられた。その後，ソーンダイク Thorndike, E. L. による，ネコの実験による試行錯誤学習から，行動が生じた直後の環境の変化，すなわち，正の強化や負の強化に応じてその後に生じる行動の頻度が変化することに焦点をあてたのがスキナー Skinner, B. F. である。外界の刺激が一方向的に行動を決めるのではなく，生物体が自発的に，すなわち能動的に行う学習が考えられるようになった。こうした流れの影響を受けながらも，さらに心理学界に大きな金字塔を打ち立てたのはバンデューラ Bandura, A. である。その特徴は，人の行動が直接の刺激を受けるということを前提としてきたことに対して，他者の行動を観察することによって，すなわち，代理的に学習できることを提唱したことであった。この考え

は社会的学習理論として提唱され、のちに、彼自身によって社会的認知理論と呼び変えられている。

II 社会的認知理論の根底

　この理論の中核に、相互作用的因果モデルの考えがある。社会的学習理論が提唱されるまでは、一方向的な因果モデルで考えられる理論が大半であった。たとえば、フロイト Freud, S. の精神分析理論によれば個人の無意識的な衝動やコンプレックスが行動を決定すると考えていた。他方、行動主義において行動は環境要因によって統制されると考えられていた。ところが社会的認知理論では、人が発達し、適応し、変化するのは、個人要因、行動要因そして環境要因の三者間の相互作用の賜物だと考えた。そして、人は、こうした相互作用の産物ではなく、環境をプロデュースする主体的な立場にあると考えた。

　図1に示す通り、3つの関係について3通り考えられる。1つ目は、(A) 個人要因かあるいは環境要因が、何らかの形で結びついて行動に影響を与えるという考え方、2つ目は、(B) 部分的二方向説で、個人と環境の相互作用によって決定されるという考え方、3つ目は (C) 3つが相互決定的な関係によって決定されるという考え方である。バンデューラは (C) が生態学的に妥当であると判断した。つまり、行動は社会的反応を引き起こし、またこの反応は行動に変化を与えうる。環境では社会的なやりとりが想定されるが、これは個人的な特徴に変化を与える。また、行動はフィードバックの影響を受ける一方で、行動が個人的な要因にも影響を及ぼすと考えられる。年齢、性別、人種、社会的地位などの個人的な特徴がそのまま行動を決定するというよりは、状況の影響を受け、その結果、異なる行動を生じさせることにもなる。このように、3つの要因は互いに影響し合っていることが明らかである。1986年に出版された、『思考と行動の社会的な基礎—社会

(A) 一方向説　$B=f(P, E)$：個人 (P) と環境 (E) は独立要因
　　　　　　　　　　　　　　行動 (B) が従属変数

(B) 部分的二方向説　$B=f(P \Leftrightarrow E)$：個人と環境の相互作用は認める

(C) 三者間相互作用説

図1　相互作用的因果モデルが導かれるまで

的認知理論』(*Social Foundations of Thought and Action: A Social Cognitive Theory*)(Bandura, 1986)では，こうした人，行動，環境のダイナミックな相互作用について詳述されている。

III 「偶然」ということ

こうした相互作用に焦点があてられた背景には，バンデューラ自身の個人的な体験が基盤になっている。彼はカナダの小さな村で生まれており，両親は十分な学校教育を受けていなかったが，学問には高い価値をおいていた。貧しい生活の中での学校生活は，教科書にしても教師の配置にしても不十分でありながら，学ぶ意欲は衰えなかった。アルバイトで貯めたお金をもとに，有名な大学へ進学することになる。ある日，早朝に大学に行き図書館で，授業のシラバスを偶然手にとったときに，その時間にとれる科目に心理学があることを知る。そこからまさに彼の心理学への道が開かれ，彼の理論に大きな影響を与えたのである。ここから，『偶然の出会いと人生の心理学』(*The Psychology of Chance Encounters and Life Paths*)(Bandura, 1982)に，個人のもつ自発性が，さまざまな環境に身を委ねているときに，思いがけない出来事が生じることになると論じている。ただし，ここでいう偶然とは，統制不可能という意味ではない。有名なパスツール Pasteur, L. は，「観察の分野では，チャンスとは心構えのできた心にのみ訪れる」(In the fields of observation chance favors only the prepared mind.)という格言を残しているが，自分を高揚させ精進していると，人生における自分の運命を形作ることにつながることを指摘している。こうした幸運の機会についての捉え方は，先の相互決定主義や，後述する自己調整の概念にもつながっている。

IV モデリング学習

学習は，一般的に，ある行動をした結果，ほめられる，叱られるなどの強化により成立すると考えられてきた。これは，直接強化が与えられるということが前提として考えられている。ところが，モデリングは，自分の行動ではなく，また直接強化されなくても代理的に成立する学習をいう。人は観察学習という優れた能力をもっていることが前提とされた。この観察学習は，ミラー Miller, N. E. とダラード Dollard, J. の行った模倣の研究により刺激をおおいに受けた。ミラーとダラードの研究自体は，モデルの行動を模倣したときに報酬を受ける実験であっ

図2 モデリングの4つの過程 (Bandura, 1986)

たことから,伝統的な強化理論で説明できると批判されているが,人間のコンピテンス(人にすでに備わっている潜在的能力と環境に能動的に働きかけて自分の有能さを高めようというモチベーションを包括的に捉える概念)を考えるきっかけを与えることとなった。すなわち,モデリングは,観察者に強化を与えなくても学習が起こることを説明できるとし,たんなる模倣でなく,見たり聞いたりした以上の新しい行動を創造的に生み出す学習として打ち出された。さらに,行動の結果を予測して動機づけ自体を変えることや,人,場所,事物に対する他者の情動的な表現を通して,価値体系や感情表現の言葉や習慣までも生み出すとも考えた。

図2のように,モデリングには4つのプロセスが想定されている。1つ目は,注意過程と呼ばれる。他人の行動を観察し,そこに注意を向け,重要な情報を識別する。次に,それを記憶に保持するために見たことを概念に翻訳する。すなわち,示範された事象を「イメージ」や「言語」によって貯蔵する。保持はメンタルリハーサルによって促進される。3つ目の過程では,その概念を行動に変換す

第 4 章　社会的学習

成人モデルによるボボ人形への攻撃

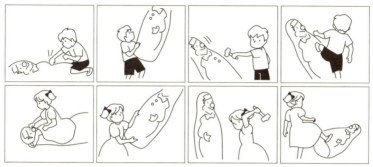
子ども（対象者）によるボボ人形への攻撃
図 3　攻撃行動の観察学習（Bandura et al., 1961 より作成）

る。この過程では，行動をモニターし，概念とすり合わせて修正も行う。最終的な過程は，動機づけ過程と呼ばれ，誘因を伴う。すなわち，観察して学んだことを実行することが動機づけられる必要がある。人は，学んだことをすべて実行するわけではない。習得した行動を遂行するかどうかはこの動機づけによって左右される。動機づけには，外的強化，代理強化，自己強化等が考えられる。

　こうしたモデリングの機能を明らかにした研究がある（Bandural et al., 1961）。幼児を対象に，攻撃行動をする大人のビデオを観察する条件と観察しない条件が設定された。図 3 のように攻撃するビデオでは，モデルとなっている大人は，ボボ人形（プラスチック製で空気で膨らませた大型の人形）に攻撃的な行動や言葉を示した。こうしたビデオを見た子どもも，見ていない子どもも，ボボ人形などのおもちゃがたくさん置かれている部屋に連れていかれる。そこでの行動を観察した結果，攻撃を見せた条件の子どもたちはモデルが示した行動と類似した行動を多く行った。ほぼ同じ行動だけではなく，新しい方法で攻撃する子どもたちもいた。攻撃行動をする大人のモデルを見なかった子どもたちは，攻撃行動をほぼ示さなかった。このような一連の研究では，攻撃的な行動を余儀なく見る環境におかれた場合は，モデルがなくても，銃のような攻撃に用いる道具に興味を示す可能性を高めていることが明らかになった。とくに，テレビで映し出される攻撃

は，行動による攻撃スタイルを学ばせる，攻撃への抑制を減じる，人の残酷さに対する感覚を麻痺させる，現実のイメージを形作る，といった4つの影響を及ぼすと考えられる。近年のテクノロジーを用いたコミュニケーションが増えてくると，こうした象徴的な環境はますます人の日々の生活，態度，価値，行動様式に強い影響を与えることは経験的にも予想がつくが，よくも悪くもこうした影響力の強さについて念頭におく必要がある。先に述べたボボ人形を使った攻撃性の研究はかなりの数に及ぶが，基本的には直接攻撃的な行動をするモデルを見る場合，こうした行動を映像媒体として見る場合，アニメの形として見る場合があるが，いずれも攻撃行動を増やす影響が生じることが明らかにされている。

こうした研究をもとに，メディアを通して攻撃的な映像に晒されることによって，子どもたちに望ましくない影響が及ぼされるエビデンスを真摯に受け止め，攻撃的な映像の放映について警鐘を鳴らすべきである。ただし，他方で，モデリングは向社会的行動を学習させる働きや恐怖症を治療する望ましい働きもあることから，その使い方を配慮してより好ましい成果を生むことにつなげることが大切である。

V　セルフコントロール

人は，認知的な機能を働かせ，環境からの刺激をうまく調整して自分の行動をマネジメントするセルフコントロールが可能であると考えられた。すなわち，個人内の認知過程が重視されており，人は環境によって翻弄されるのではなく，主体的な存在として重視する人間観が前提とされた。ただし，欲求のままに行動する存在ということではなく，自身によってある程度統制しようとする自己調整機能をもった存在として捉えられている。具体的には，自分自身でどのような行動を実現したいかという目標を設定し，それがうまく達成できない場合にはみずからが自身に罰を与え，成功したときにはみずからに報酬を与えて満足を与えることができる存在と考えられた。

自己調整機能は，図4のように3つの下位過程から成り立つと考えられている。最初の過程は，自己の反応を自身が観察する過程である。たとえば，自分の行動について，質的にも量的にもモニターし，そのときに適切なものが選択される。次に，判断過程においては，選択して観察した自己の行動について他者の行動との比較などによって判断されることになる。そして，この行動について評価され次の自己反応過程に導かれる。自身の行動を望ましいと評価すれば自己満足

図4　自己調整が行われる下位過程（Bandura, 1986; 明田, 1992, p. 83）

し，自尊感情を高める自己反応につながるのである。

　望ましくない評価は自責の念や失望といった負の反応と結びつく。こうした自己反応による強化は，また行動の生起を調整することになる。自己を強化する基準が獲得されることも明らかにされている。先に述べた観察学習においても，高い基準を設定するモデルを観察した場合には，自身が優れた行動を成し遂げたときには自分に報酬を与えるが，低い基準でも報酬を与えるモデルを観察すると，低い遂行基準でも自分を強化することが明らかにされている。したがって，こうした自己調整の機能についてもモデリングによる学習が成立していることが示唆されている。

VI　自己効力感

　それでは，そもそも設定する目標を高く掲げる人と，低く設定する人が存在するのは何による違いであろうか。こうした問いの1つの解として，自己効力という

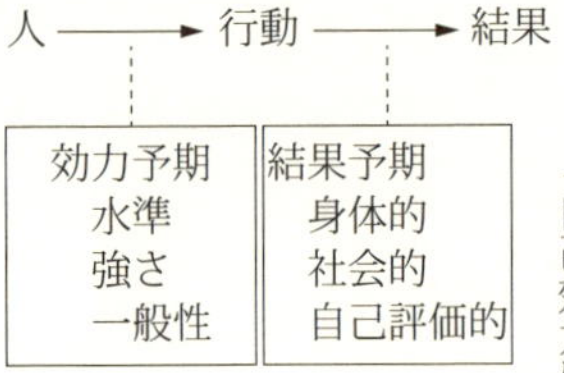

	「行動の結果に関する判断」	
	（−）	（＋）
「自己効力に関する判断」（＋）	社会的活動をする。挑戦して，抗議する・説得する。不平・不満をいう。生活環境を変える。	自身に満ちた適切な行動をする。積極的に行動する。
「自己効力に関する判断」（−）	無気力・無感動・無関心になる。あきらめる。抑うつ状態に陥る。	失望・落胆する。自己卑下する。劣等感に陥る。

人 → 行動 → 結果

効力予期：水準，強さ，一般性
結果予期：身体的，社会的，自己評価的

「自己効力に関する判断」（効力予期）と「みずからの行動の結果を，社会環境（他人）がどのように，受け止め，認めてくれるであろうかということ（すなわち，環境の応答性）に関する判断」（結果予期）とが，相互に作用し合って，人間の行動や感情体験をさまざまに規定していく（（＋）は力強い・大きな「自己効力」や，応答的なよく「受け止め」・「認め」てくれる社会環境を示す。（−）は，弱い小さな「自己効力」や，応答的でない社会環境を示す）。

図5　効力予期と結果予期の関係（Bandura, 1977; 祐宗ら，1985より作成）

概念が提案されている。自己効力感は自分には，このようなことがここまでできるのではないかという，可能性に関する知識をもてるようになることである。自分がある行動をすることができるという信念，もしくは強い気持ちのことである。自己効力の概念の興味深い点は，行動の先行要因の1つであり，とくに「予期」学習の認知機能を重視するところにある。この予期には，2つの種類があり，図5のように，「効力予期」と「結果予期」が仮定される。効力予期は，ある成果を生むために必要な行動をどの程度うまくできるかについての予期である。結果予期は，ある行動がどのような結果を生み出すかの予期である（Bandura, 1977; 祐宗ら，1985）。

　図5のように自己効力に関する判断と行動の結果に関する判断はそれぞれプラスの側面とマイナスの側面があり，この組み合わせが，相互に作用し合って人の行動や感情体験をさまざまに規定していく。自己効力も結果予期もプラスであれば，社会的に積極的な活動をすることになる。自己効力も結果予期もマイナスの場合は，無気力となり抑うつ状態になる。自己効力はプラスであるが，結果予期がマイナスである場合は，抗議や不平・不満をいう行動となる。自己効力がマイナスで結果予期がプラスの場合は，自己卑下や劣等感に陥ると予測される。

　こうした自己効力感は，自然に発生してくるのではなく，4つの情報源を通し

第4章 社会的学習

て自身で獲得していくものと考えられている。遂行行動の達成（自分で実際に行ってみること），代理的経験（他人の行動を観察すること），言語的説得（自己強化や他者による説得），情動的喚起（生理的な反応の変化を体験すること），である。

Ⅶ　道徳的不活性化

　社会的なことを学習するなかには，道徳的な生き方の学習も含まれる。しかし，人がよりよく生きようと多くのことを学ぶなかで，多くの人が望ましくない行動をしてしまうのはなぜだろうか，これについても先に述べた自己調整過程に焦点をあてて考えることができる。自己観察された行動についての判断から喚起される感情的な自己反応が活性しなければ，自己調整は機能しない。個人要因，環境に関わる要因，行動の要因の中のさまざまな影響を受けるなか，高い自己評価からの自己満足感や低い自己評価からの自責感が弱められ，感情が鈍磨するため，自己調整がうまく機能しない事態がいくつも想定される。

　自己調整がうまくいかないメカニズムとして，4種類が考えられる（Bandura, 1986; 明田，1992）。行為の再解釈に関わるメカニズム，行為と結果の因果作用の曖昧化に関わるメカニズム，結果の無視と歪曲に関わるメカニズム，被害者の価値づけに関わるメカニズムである（図6）。これについて以下のような場合が想定される。

1．行為の再解釈に関わるメカニズム

　自分のもつ個人的基準に反する行為をしたときに生じる自己非難を回避してしまう場合である（図6左）。たとえば，〈道徳的正当化〉がある。戦争を行う際に，多くのリーダーは，民衆を救うため，平和のためというイデオロギーを掲げるが，本来は攻撃的な行動を正当化しているという見方である。そのため，これはいけないことだという感情的な自己反応が弱められ，自他を守るためには，多少の犠牲はやむをえないという考え方をしてしまう。

　このメカニズムに入る2つ目は，〈婉曲なラベリング〉である。婉曲な表現を使うと，非難すべき行為が異なったイメージに変わり，感情的な自己反応が不活性化してしまう。たとえば，「リストラ」と言わずに，「適正規模化」と呼んだり，「暴力行為」を「アクション」と呼ぶと，行為のイメージが中性化して本来は望ましくない概念が望ましい行為と受け止められることになる。

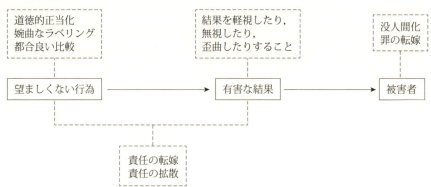

図6 自己調整過程における「望ましくない行為」が「自己評価の影響」を受けないようになるメカニズム（Bandura, 1986）

　さらに，〈都合良い比較〉がある。対比効果を利用して，比較の対象を自分に有利にするように都合よく選ぶ行為である。より不当な行為と比較することによって，自分の行為の不当性を弱めようとする。たとえば，子どもが，テストの点が悪いときに，もっと低い点の子の名前をあげて，叱られることを回避したり，反省しないままでいたりすることがある。

2．因果作用の曖昧化

　行為とそれによる結果の因果関係を曖昧にしたり，歪曲するメカニズムである。ここでは，2つのカテゴリーが考えられる（図6下）。1つは，〈責任の転嫁〉である。行為者の主体性を弱めるメカニズムが働き，権威あるものの命令に従っただけだという捉え方をして，自己非難や自責感を回避しようとする。次に，〈責任の拡散〉がある。これは，集団場面でよく見受けられるが，意思決定や作業は多数の人たちによって担われていることを強調し，個人的責任を弱める方に解釈しようとする。「赤信号みんなで渡れば怖くない」というのは，群集心理をついた言葉で，1人だけで待っていれば赤信号に従う可能性が高くても，多くの人が信号を無視して渡っていると，自分の責任は小さく感じて渡ってしまうような心理になりやすいことを指す。

3．結果の無視と歪曲のメカニズム

　他者に望ましくない行為を働いたときに，人は自分が引き起こした結果に目を背けがちであり，行為の記憶などを忘却しやすい（図6中央）。時間的，また空間

的に距離が離れていればいるほど，無視や歪曲は生じやすくなる。たとえば，計画立案者と実行者の組織での階層が離れていれば離れているほど，トップの計画立案者は責任を感じない。結果的に，自責感などを強く感じなくなってしまう。

4．被害者の価値づけ

行為の自己評価による反応の強さは，被害者をどのように認知するかに依存するところがある。とくに，被害者と自分の類似性の要因がかなり影響すると考えられる。このメカニズムには2つのカテゴリーがあると考えられる（図6右）。1つは，〈没人間化〉である。被害者を自分と対等な立場にいると考えない場合に，相手を自分と同じように扱わなくなる。戦時中の敵国に対する不平等な対応などがその最たる例である。

また，〈非難の帰属〉のカテゴリーがある。たとえば，レイプ事件のときに，加害者が悪いのにかかわらず，被害者の服装に問題があったなど，被害者に加害の責任を帰属して，加害者への制裁を弱めてしまう場合である。

このように，人は主体的に物事を学び，さまざまな行為を選択し実行し，素晴らしい自己調整機能を発揮するが，一方でこうした不活性化を引き起こしてしまい不道徳なことをしがちなところがある。したがって，道徳的な行為を望ましい方向で活性化するためには，こうしたメカニズムについてまず知り，不活性化する原因をきちんと分析し，活性化できるように自身を導いていくことが大切である。

現在では，学習を考えるとき，人を「自分を統合する」「プロアクティブ」「自己調整的」な主体として考えるようになってきている。とくに，人間のシンボライジングする能力を強調し，環境を理解し，行動指針を構成し，問題解決を行い，行動に先立つ思考を行い，さまざまな人とのコミュニケーションを可能にするといったスケールの大きな学習が描かれるようになりつつある。そして，人間の主要な特徴として，「可塑性」や「学習可能性」が取り上げられ，広い社会概念としての人の幸福やウェルビーングとの関連性まで言及されつつある。

■学習チェック表
☐ 直接学習と代理的学習の違いが理解できた。
☐ 模倣とモデリングの違いを説明できる。
☐ 自己調節機能がうまくいかない具体的状況を挙げることができる。

より深めるための推薦図書

バンデューラ Bandura, A. 編, 原野広太郎・福島修美訳（1975）モデリングの心理学—観察学習の理論と方法. 金子書房.

バンデューラ Bandura, A. 編, 本明寛・春木豊・野口京子監訳（1997）激動社会における個人と集団の効力の発揮, 激動社会の中の自己効力. 金子書房.

日本道徳性心理学研究会編（1992）道徳性心理学. 北大路書房.

文　献

明田芳久（1992）社会的認知理論—バンデューラ. In：日本道徳性心理学研究会編：道徳性心理学. 北大路書房, pp. 221-236.

Bandura, A.（1977）*Social Learning Theory*. Prentice Hall.（原野広太郎監訳（1979）社会的学習理論—人間理解と教育の基礎. 金子書房.）

Bandura, A.（1982）Psychology of chance encounters and life paths. *American Psychologist*, 37; 747-755.

Bandura, A.（1986）*Social Foundations of Thought and Action: A Social Cognitive Theory*. Prentice Hall.

Bandura, A., Ross, D. & Ross, S. A.（1961）Transmission of aggression through imitation of aggressive models. *Journal of Abnormal and Social Psychology*, 69; 1-9.

祐宗省三・原野広太郎・柏木惠子ら編（1985）社会的学習理論の新展開. 金子書房.

第5章 問題解決と学習の転移

鈴木宏昭

Keywords 問題空間，手段−目標分析，問題スキーマ，外化，協同問題解決，類推，転移，類推エンコーディング，自己説明

1 問題解決とは何か

　学校では問題を与え，それを児童，生徒に解決させる。そのため問題解決は学校で行われるようなイメージがあるかもしれない。しかし問題解決は学校以外の場面でも日常的に求められているし，人は実際，問題解決を行っている。食事の準備をする，部屋の片づけをする，買い物をする，店で客の応対をする，デートの計画を立てるなどは，すべて問題解決を含んだ活動である。

　問題解決を考えるためには，「問題」とは何か，「解決」とは何かを明確にする必要がある。認知科学，認知心理学では，問題とは，望ましい状態＝ゴールと，いまの状態＝初期状態とが一致しない場合を指す。そして解決とは，この2つの状態が一致することを指す。一致するためには，初期状態を変更していく必要があるが，このときに行われる操作はオペレータと呼ばれる。問題解決に利用できるオペレータはさまざまあるが，場面によって使えたり，使えなかったりするという意味で，オペレータの適用には制約が存在する。このように考えると，問題解決とは，オペレータ適用制約に従って初期状態にオペレータを逐次適用し，ゴールにたどり着くこととなる。この過程でさまざまな状態が生み出されるが，すべての状態と経路を合わせたものは，問題空間と呼ばれる（安西，1982）。

　一般に問題空間には膨大な数の状態が含まれるので，その中の状態をしらみつぶしに探索することは困難である。人間も，他に手段がない場合を除けば，しらみつぶしに状態を探索して問題を解決することはまずない。見込みのある状態を見極め，そこに注意を集中する必要がある。これによってはじめは複雑に思われた問題が，対処可能になり，解決に至ることもある。

人はさまざまなリソースを用いて，膨大な問題空間をもつ問題に対処している。以下では，これらのリソースを特定し，その利用の仕方を概説する。

II　プランと探索

問題解決では，まずプランを練り，その上でさまざまな操作の実行が行われる。前に述べたように問題空間は多くの状態を含んでおり，これを逐一探索することは現実的ではない。そこで人はヒューリスティクスと呼ばれる方法を用いて，探索する範囲を限定している。ヒューリスティクスとは，確実に正解を導くわけではないが，多くの場合にうまく働く思考の方法を指す。

あまりなじみのない問題を解く場合の人のプランニングは，手段－目標分析と呼ばれるヒューリスティクスに従うことが示されている（Newell et al., 1972）。手段－目標分析は，

- 現状とゴールとの間の距離を最も小さくするオペレータを選択する
- そうしたオペレータが適用制約により実行できない場合は，そのオペレータが使える状態に至ることをサブゴールとし，それを繰り返す

というものである。

これを理解するために，問題解決の領域でよく用いられるハノイの塔のパズルを例にとる。3枚のドーナッツ状のディスクが3本のペグ（杭）の左側に重ねられている（図1A）。これが初期状態である。ゴールはこの3枚のディスクを右端のペグに重ねることである（図1B）。ただしこのパズルには次のようなルール（オペレータ適用制約）がある。

- 一度に1枚のディスクしか手にとることができない（よって，他のディスクの下にあるものを中抜きすることはできない）。
- 移動しようとするディスクよりも小さいディスクがあるペグには移動できない。

このパズルの問題空間を図2に示した。この図では，各状態が番号つきの長方形で表され，最も大きなディスクは l, 最も小さなディスクは s, その中間のディスクは m となっている。初期状態は左下の状態1であり，ゴールは上の頂点の状態27となる。よって最適な解決経路は，この三角形の左の辺にある状態をたどること（それを可能にするオペレータ列を探索すること）となる。

第 5 章 問題解決と学習の転移

（A）初期状態　　　　　　　　　（B）ゴール

図1　ハノイの塔のパズル

（注）典型的な初期状態とゴールを示した。必ずしもこれが初期状態, ゴールである必要はない。またディスクの数も 3 枚である必要もない。

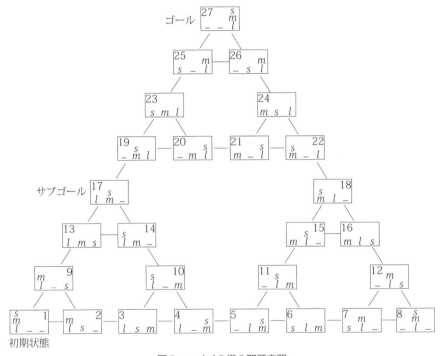

図2　ハノイの塔の問題空間

　これはさほど難しいパズルではなく，大学生であれば数分以内に解決できる。手段‐目標分析に従えば，解決は次のように考えることができる。もし右側のペグにすべてのディスクを重ねるとすれば，最大のディスク l をまず右側のペグに置かねばならない。しかし，いま最大のディスクの上には小中 2 つのディスク s, m が載っているので，それが実行できない。よって最大のディスク l の上に何もなく，かつ右のペグに何も置かれていない状態を作るというサブゴールを立てればよい（つまり中央のペグに 2 枚のディスク s, m を重ねた状態を作る）。

このようにサブゴールを逐次立てて問題解決を行うことで，やみくもな探索を行うよりもはるかに迅速に問題を解くことができる。はじめからこのヒューリスティクスを使うとは限らないが，ある程度の経験や失敗を重ねることで，これを利用する可能性が高まることが知られている。

III 問題スキーマ

なじみの薄い問題については，手段－目標分析のようなヒューリスティクスが用いられるが，同じようなタイプの問題を何度も解くことにより，問題スキーマという一般性のある知識を獲得する。問題スキーマは，課題状況の中で解決に必要な情報とその関係を表現した抽象的な知識である。わかりやすくいえば，問題のパターンについての知識，あるいは定石といってもよい。問題スキーマは，具体的な問題が与えられるとき，その問題中の重要な情報を埋め込み，それらを関係づける鋳型として働く。問題スキーマが形成されることにより，複雑なプランや探索をスキップすることが可能になり，問題を迅速に解決できるようになる。

スキーマは経験を通して学習される知識である。したがってどのような経験をしたかによって，形成されるスキーマは異なってくる。一般に人は，抽象度の低いスキーマしか形成しない。たとえば

　　aが1人で芝刈りをすると3時間，bが1人でやると5時間かかる。2人が一緒に行うと何時間で終わるか。

という「仕事算」の例題を与え，その考え方と解法を教示したとする。その後に，同一の構造の問題であり，同一の解法を用いることが可能な，以下の3題を与えたとする。

　　問題1：aが1人でペンキ塗りをするとx日，bが1人で行うとy日かかる。2人で一緒に仕事をすると何日かかるか。
　　問題2：aのパイプで水槽に水を入れるとx時間，bのパイプで水を入れるとy時間で満杯になる。もしこの2つのパイプを同時に開いたら何時間で水槽が満杯になるか。
　　問題3：aの家からbの家までaが歩くとx時間，bが歩くとy時間かかる。2人が自分の家から同時に出発したら，何時間後に出会うか。

この場合，問題1を間違える人は少ないが，問題2になるとその正答率はかな

り減少し、問題3を正答できる人は少数派となる（鈴木，1996）。

この結果は、例題から得られるスキーマは、「仕事」という文脈情報とそれに関連する情報から構成されていることを示している。だから、同じ仕事と思える問題1は解決可能になる。一方、問題2のパイプが仕事をしていると考えることは難しいし、問題3の歩くことは普通仕事とは見なされない。よってこれらの問題を解決することは困難となる。このように学習される知識、スキーマが、本来は必要ではない文脈情報を含むことを、知識の文脈依存性という。

ある事柄pを学習した後、pを含む同じタイプの問題を解けるようになることを学習の転移と呼ぶ。教える側は、教えたことが幅広い範囲に応用できること、つまり学習の転移が生じることを期待している。しかし上記の研究が示すように、例題とそれを解くための解法から得られる問題スキーマは、教える側が期待するほどの抽象性はもたない。だから、例題と文脈が一致している場合には転移が起こるが、例題の文脈情報を含まない、つまり似ていない問題に転移が起こることはまれである。

Ⅳ　問題理解と問題表象

問題解決は、まず問題の理解から始まる。問題理解は問題の見方、捉え方に対応するものと考えることができる。つまり自分はいまどのような状態にあるのか、つまり初期状態は何かを決めたり、求めていること、求められていること、つまりゴールは何かを理解したりする必要がある。また自分が利用できるオペレータが何か、その適用制約は何かを見定める必要がある。さらに、一般にゴールの達成は一挙に行われるわけではないので、ゴールをより小さなゴールであるサブゴールに分解する必要もある。こうした問題理解のための活動により、問題表象が作り出される。

これを間違えると、実際には簡単な問題でも、解決不能になることがある。問題理解、問題表象の重要性を典型的に示すものに、洞察問題解決がある。少なくとも心理学研究で用いられる洞察問題は、実際には簡単に解決できるものが大半だが、多くの人は解決に著しい困難を覚える。次の問題を考えてみる。

時速50 kmでA町から200 km離れたB町までノンストップで運行する列車がある。さてこの列車の先頭にあるトリがとまっている。このトリは不思議なトリで列車の出発直後にB町へと時速80 kmで飛び立ち、B町に着くとまた列車の先頭に戻って

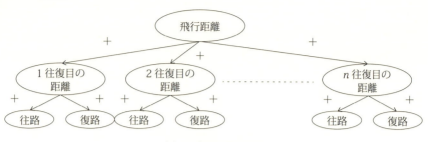

(A) 不適切な問題表象

(B) 適切な問題表象

図3　トリと列車問題の2つの問題表象

くることを繰り返す。さてこのトリは列車がA町からB町に到着するまでに何kmの距離を飛ぶか。

　ゴールは距離を求めることであるが，多くの人はこれを1往復目から電車がB町に到着する直前のn往復目までの距離の足し算で求めると考える（図3A）。このように問題を理解してしまうと，問題を解くことはほぼ不可能になる。

　一方，距離は速さと時間で求められるという考えから，速さと時間を求めることをサブゴールとする問題理解を行う人もいる。すると，トリの速さは80 km/hであり，時間は時速50 kmで移動する列車が200 km先の町に到達するまでであるから4時間であることがすぐにわかる。するとこれは小学校の算数の知識で解ける単純な問題となってしまう。このときの問題表象は図3Bのようになる。

　このように問題の理解とそこから生み出される問題表象によって，問題解決の成否，効率が大きく異なる。

V　外的資源と外化

　人は机の前で腕を組み，じっと座って，問題解決を行うわけではない。声を出

第 5 章　問題解決と学習の転移

(A) 逆ハノイの塔

(B) オレンジ問題

(C) コーヒーカップ問題

図 4　ハノイの塔の同型問題

してみたり，大事だと思うことを書き出してみたり，図を描いたり，道具を用いるなどの外化を行いながら問題を解くことが多い。そして行為の結果によって状況が変化し，それが新たな手がかりとなることもある。たとえば図１に示したハノイの塔でも，一切ディスクを動かさずに解決することは難しい。ディスクを実際に動かすことで新たな配置が知覚され，それによって新たなプランが生み出されることの方が多いだろう。

　図４の３つの問題は，ハノイの塔の同型問題である。同型問題とは，同じ問題空間をもつということである（ただしこの３つの問題の初期状態とゴールは，図１のハノイの塔とは異なる）。もし同じ問題空間であれば，同じ難しさになるはずであるが，正解に至る時間，エラーの回数などを見ると，最も簡単なのはコーヒーカップ問題であり，最も難しいのはオレンジ問題となる（Zhang et al., 1994）。

　ハノイの塔および上の３つの問題では「どれを」「どこに」移動するかを決めなければならない。「どれを」を決める際に，コーヒーカップ問題や，逆ハノイの塔問題では，多くの場合それが見ただけでわかる。２つの対象が重なったときに動かせるのは上に乗った方であることは，見ればわかることであり，考える必要はない。一方，オレンジ問題では，「２つのオレンジが同じ皿にあるときには，大きい方のみが移動できる」という，パズルの規則を思い出す必要がある。また，「どこに」移動させるかを考えるときに，コーヒーカップ問題では，大きいカップの上に小さいカップを載せることはできないことは見ればわかる。しかし逆ハノイの塔やオレンジ問題では，パズルのルールを思い出す必要がある。

　つまりこの研究では，問題に使われる対象の形状が記憶への負荷を変えて，結

果としてパフォーマンスの違いを生み出している。このように形状や配置という外的なものも，問題解決を行うときの有用な資源になることがある。

外的資源は記憶を助けるだけではない。課題の性質を変えてしまうこともある。テトリスというゲームの熟達者を調査した研究では，このことが明らかにされている（Kirsh et al., 1994）。テトリスは終盤になると，きわめて短い時間内に落ちてくるピースを回転させ，適切な位置に移動させることが求められる。このゲームの熟達者は機械のように正確に無駄なくゲームを行っているかのように思えるが，じつは余計な回転や移動がかなりあるという。無駄な移動や回転を行うことにより，ピースの形や，落とすべき場所が実際に知覚可能となり，素早い判断が可能になる。これによって，頭の中で回転や移動を行うときのコストを軽減することができる。こうした一見無駄な行為は，頭の中でイメージしたピースを回してみるような，いわゆるメンタルローテーション課題を，知覚的なマッチング課題に変化させていると考えられる。このような行為は課題の解決に直接結びつくわけではないという意味で，認識論的行為（epistemic action）と呼ばれる。

外的資源の利用は，問題解決のモードも変化させることがある。折り紙を渡され，「折り紙の 3/4 の 2/3 に斜線を引く」という課題を用いた研究では，このことが明らかにされている。3/4 の 2/3 は，分数のかけ算を行えば 1/2 となる。よって折り紙の半分に斜線を引けばよい。しかしこうした方法をとる人はきわめて少ない。たいていの場合，4 つの部分ができるように紙を折り始める。そしてできあがった 3/4 の部分に注目し，そこからまた思考を始める。そしてしばらくすると，この部分はすでに三等分されていることに気づく。このように，最初にプランを立てて，一挙に実行するのではなく，部分的な操作を行い，その結果を観察し，そこからまた思考を始め，また次の操作を行うという形で問題解決が進んでいく。つまり，外界と自分の思考とを往復しながら，掛け合い漫才のように問題解決が行われるのである（Shirouzu et al., 2002）。

また図も問題解決にとって重要な働きをする。たとえば幾何の証明問題を作図せずに解くことはとても難しい。図が有効なのは，関連する情報がひとまとまりになっていること，それゆえ関連する情報を探したり，推論したりするのが容易なことが原因である（Larkin et al., 1987）。たとえば「角 B ＝角 C である二等辺三角形の頂点 A から垂線を下ろしたときの辺 BC との交点を D とする。このとき BD ＝ CD であることを証明せよ」という初歩的な証明問題を考えてみる。このとき，もし図が与えられている，あるいはそれを描くことができれば，この垂線によって，2 つの三角形ができることが容易に見て取れる。これは辺 AB，AD，BD，

第 5 章　問題解決と学習の転移

| a | b | 1 | 2 |

図 5　条件推論。「偶数の裏は母音」が正しいことを示すには，どのカードを裏返すべきか

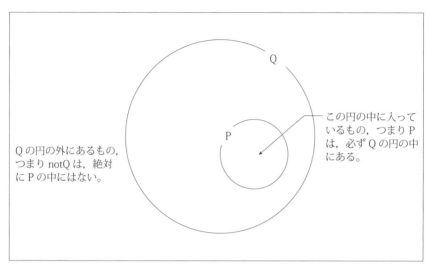

図 6　条件文の図的理解

および辺 AC, AD, CD がまとまって知覚されるためである。そしてそれらは合同のように思える。だとすれば 2 つの三角形の合同を証明すればよいというプランを立てることができる。

　図を利用することで，難しい事柄を容易に理解することもできる。とても初歩的だが，大人でも間違える論理問題（ウェイソン選択課題，4 枚カード問題）がある（Wason, 1968；第 11 章参照）。表に数字が，裏にアルファベットが書かれているカードが 4 枚ある（図 5）。このカードは「表が偶数ならば裏は母音」（P ならば Q）になっているように作られているが，たしかにそうなっているかを確かめるためにはどのカードを裏返す必要があるか，というのが問題である。正解は偶数のカードと子音のカードなのだが，直観的には偶数と母音のカードと考えてしまう。

　しかし図 6 のような図を書いてみれば，これは一目瞭然となる。P（表が偶数）の円の中に入っていれば絶対に Q（裏は母音）の円には入っていること，つまり偶数のカードの裏は母音でなければならないこと，そして Q の外側にあるもの（裏が子音）はどんなものでも P（表が偶数）ではありえないこと，つまり子音であ

ればその裏は偶数であってはならないこと，これらが見ただけで理解できてしまう。

VI　協同による問題解決

「三人寄れば文殊の知恵」ということわざにもあるように，複数人で同じ問題を考えることで，個人では思いつかなかったようなアイディアが思い浮かぶことがある。ただし，こうした常識はこの分野の研究では一般的ではない。個人で問題を解いたグループのメンバーをランダムに集め，仮想的なグループを作る。そしてその仮想グループの中の誰か1人が解決できたら，そのグループは解決したとみる。このようにすると，実際に協同で解決したグループの成績が仮想グループの成績を上まわることは珍しい（亀田，1997）。これは，協同することでタダ乗り，評価懸念，ブロッキング，同調が起こるためである（清河，2015）。

それでは協同がうまくいくためには何が必要なのだろうか。ここではペアによる問題解決において協同の効果を検討した研究から考えて見る。ペアの場合には自分の考えを相手に説明する必要が出てくる。なぜそう考えるのか，その根拠となる事実は何かを相手に説明しなければならない。こうした説明活動は相手の考えを吟味することだけでなく，みずからの考えを吟味することにもつながる。協同でうまくいくペアではこの活動が多いことが示されている（Okada et al., 1997）。

もう1つは役割分担による建設的相互作用である（Miyake, 1986）。ペアでの解決の場合，2人の間には自然な役割分担が生じる。課題にメインで取り組む課題遂行者（task-doer）と，課題遂行者の活動を観察，監視するモニター（monitor）である。課題に積極的に取り組むのは前者であるが，後者はこの遂行状況を観察し，問題への取り組み方，解決プロセス全般などについての助言を行うことが多い。モニターからの助言により，課題遂行者は自分のやり方を見直したり，洗練させたりする。こうしたことが積み重なることで，より抽象度の高い理解が導かれる。

VII　学習過程としての問題解決

よほど簡単な問題，見慣れた問題ではない場合，問題解決の過程はさまざまな失敗や部分的な成功を含んだものとなる。こうしたさまざまな試行を繰り返すことで，問題解決は徐々に適切な方向に進む。この意味で問題解決は学習過程と捉

えることができる。

　問題解決における学習過程については，以下の4つの段階を踏むとされる（Anzai et al., 1979）。まず選択的探索の段階では，さまざまな行為（オペレータ）を適用することで，その行為の適用と結果についての知見を蓄えていく。つまり「オペレータ1を用いたら，状態xとなった」という形の，行為とその結果についての因果的な結びつきを示す知識が蓄えられていく。次の後向き推論の段階（backward reasoning）では，選択的探索で得られた知識を手段と目標の関係に置き換えて利用する。例えば「オペレータ1を用いたら，状態xとなった」という知識を，「状態xに至るためには，オペレータ1を用いる」という形にして利用する。次の前向き推論の段階（forward reasoning）では，現在の状態に適用可能なオペレータを逐次適用していくことで解決を図ろうとする。最後のマクロオペレータ生成段階では，複数のオペレータをまとめて（マクロ化して），一挙に解に至ることが可能になる。

　上記の学習は比較的意識の制御が強く働いているが，意識に上らない潜在レベルでも学習が進んでいる（第2章Ⅷ節参照）。洞察問題のように解決が困難な場合，時間が経つにつれ問題解決者は「どうやっても解けない」という状態に陥ることが多い。しかし微視的な分析を行うと，時間が経つにつれて最初よりも確実に進歩した試行が増加している（寺井ら，2005）。このことは，意識できないレベルでの学習＝潜在学習が進み，解決を妨害していた認知的制約が緩和されていることを示している。つまり，意識することはできないが，（a）失敗したときのオペレータの利用確率を下げる（結果として他のオペレータの利用確率が上がる），（b）多少うまくいったオペレータの利用確率を上げるなどの学習が潜在レベルで行われているのである（鈴木ら，2003, 2013）。

Ⅷ　学習の転移

　ある場面で獲得した知識を別の場面で利用することは，日常語では応用というが，心理学では学習の転移と呼ぶ。このとき，一般性，抽象性の高い知識であるスキーマを獲得することが，転移の鍵であると考えられる。そこで，数学や物理などでは，公式，解法という抽象的な形で知識が伝えられることが多い。しかしこうした抽象的な知識をすぐに使いこなすことは難しい。これは公式中に含まれる変数の解釈，問題と変数間の対応がとれないためである（Suzuki, 1994）。

　そこでこれらを教える際には，普通は例題が用いられる。これは，例題を用い

ることで，公式中の変数がカバーする範囲が特定できるからである。しかし多くの研究が示すのは，例題を用いた教育の限界である（Ross, 1987）。これは例題の表面的な文脈情報を含んだ形で知識が形成されるためである。その結果，同じ文脈情報を含んだ問題への転移は起こるが，そうした情報を含まない問題への転移はまず起きない（Reed, 1993）。同様の結果は，解法を含んだ例題（あるいはストーリー）をソースとして与え，その後にターゲットとして同様の解法を適用できる問題を与える類推的問題解決の研究でも，繰り返し報告されてきた（Gick et al., 1980）。

転移の可能性を高める方法として，類推エンコーディングが提案されている。これは，例題を複数用意し，その類似点を書き出させる方法というものである。こうした方法を用いることで，単に例題を複数提示して解決させたりするときよりも，はるかに転移が生じやすくなることが示されている（Gentner et al., 2003）。こうした効果は，複数の例題を比較することで，構造整列と呼ばれるメカニズムが働き，例題中の構造が浮き彫りになるためであると考えられている（Markman et al., 1993）。

転移を促進するには，自己説明も重要である。自己説明とは，いわゆる説明ではなく，例題中の解法の一般化，特殊化，結果の推論，有効な場面の推論，意味づけなどを含む認知活動である。物理や生物のテキストを用いた学習後に行ったテストの成績は，自己説明の量と強く関連することが明らかになっている（Chi et al., 1989）。

またⅤ節「外的資源と外化」で見てきたように，人の問題解決は頭の中だけで起こるわけではなく，外の世界とのインタラクションを含んでいる。洞察問題解決の熟達過程を調べた研究では，人は学習が進むにつれ，外の世界をうまく利用し，何が成功か，失敗か，そしてどのように修正すべきかを決めるようになることが指摘されている（横山ら，2018）。これは，負荷のかかる内部処理を，外化によって世界の中に可視化する方法自体を学習するという，メタレベルの学習が存在していることを示している。

IX　おわりに

人は問題解決をする際，膨大な状態を含む問題空間をしらみつぶしに探索することを避けるため，

- ヒューリスティクス
- 問題スキーマ
- 外化や外的資源
- 他者との協同

などの多様なリソースを用いている。また問題解決を通して学習が進むが，そこでは

- 類推や自己説明を用いた抽象的なスキーマの獲得
- 潜在学習を通した制約の緩和
- 外的資源の効率的な利用
- 学習のしやすさ自体を制御するためのメタ学習

などが行われ，より効率的で，生産的な問題解決ができるように自己を変化させている。

■学習チェック
- □ 問題解決の定義を理解した。
- □ 手段−目標分析の手順を理解した。
- □ 問題理解の役割，問題表象の性質について理解をした。
- □ 外的資源が果たす役割について理解した。
- □ 協同による問題解決が成立する条件について理解した。
- □ 問題解決が学習プロセスであることを理解した。
- □ 学習の転移が起こりにくい理由について理解した。

より深めるための推薦図書
　安西祐一郎（1985）問題解決の心理学―人間の時代への発想．中央公論社．
　市川伸一（1997）考えることの科学―推論の認知心理学への招待．中央公論社．
　鈴木宏昭（2016）教養としての認知科学．東京大学出版会．

　　文　献
安西祐一郎（1982）問題解決の過程．In：波多野誼余夫編：認知心理学講座 4 学習と発達．東京大学出版会，pp. 59-95.
Anzai, Y. & Simon, H. A.（1979）The theory of learning by doing. *Psychological Review*, 86; 124-140.
Chi, M. T. H., Bassok, M., Lewis, M. W. et al.（1989）Self-explanations: How students study and use examples in learning to solve problems. *Cognitive Psychology*, 13; 145-182.

Gentner, D., Loewenstein, J. & Thompson, L.（2003）Learning and transfer: A general role for analogical encoding. *Journal of Educational Psychology*, 95; 393-408.

Gick, M. L. & Holyoak, K. J.（1980）Analogical problem solving. *Cognitive Psychology*, 12; 306-355.

亀田達也（1997）合議の知を求めて―グループの意思決定．共立出版．

Kirsh, D. & Maglio, P.（1994）On distinguishing epistemic from pragmatic action. *Cognitive Science*, 18; 513-549.

清河幸子（2015）問題解決―協同が問題解決に及ぼす影響．In：北神慎司・林創編：心のしくみを考える―認知心理学研究の深化と広がり．ナカニシヤ出版，pp. 57-68.

Larkin, J. H. & Simon, H. A.（1987）Why a diagram is (sometimes) worth ten thousand words. *Cognitive Science*, 11; 65-99.

Markman, A. B. & Gentner, D.（1993）Structural alignment during similarity comparisons. *Cognitive Psychology*, 25; 431-467.

Miyake, N.（1986）Constructive interaction and the iterative processes of understanding. *Cognitive Science*, 10; 151-177.

Newell, A. & Simon, H. A.（1972）*Human Problem Solving*. Prentice Hall.

Okada, T. & Simon, H. A.（1997）Collaborative discovery in a scientific domain. *Cognitive Science*, 21; 109-146.

Reed, S. K.（1993）A schema-based theory of transfer. In: D. K. Detterman & R. J. Sternberg (Eds.): *Transfer on Trial: Intelligence, Cognition, and Instruction.* Ablex Publishing Corporation, pp. 39-67.

Ross, B. H.（1987）This is like that: The use of earlier problems and the separation of similarity effects. *Journal of Experimental Psychology: Learning, Memory, and Cognition*, 13; 629-639.

Shirouzu, H., Miyake, N. & Masukawa, H.（2002）Cognitively active externalization for situated reflection. *Cognitive Science*, 26; 469-501.

Suzuki, H.（1994）The centrality of analogy in knowledge acquisition in instructional contexts. *Human Development*, 37; 207-219.

鈴木宏昭（1996）類似と思考．共立出版．

鈴木宏昭・福田玄明（2013）洞察問題解決の無意識的性質―連続フラッシュ抑制による閾下プライミングを用いた検討．認知科学，20; 353-367.

鈴木宏昭・開一夫（2003）洞察問題解決への制約論的アプローチ．心理学評論，46; 212-232.

寺井仁・三輪和久・古賀一男（2005）仮説空間とデータ空間の探索から見た洞察問題解決過程．認知科学，12; 4-88.

Wason, P. C.（1968）Rasoning about a rule. *Quarterly Journal of Experimental Psychology*, 20; 273-281.

横山拓・鈴木宏昭（2018）洞察問題解決におけるメタ学習．認知科学，25; 156-172.

Zhang, J. & Norman, D. A.（1994）Representations in distributed cognitive tasks. *Cognitive Science*, 18; 87-122.

第6章 動機づけ

動機づけ

後藤崇志

Keywords 動機づけ，欲求，内発的 – 外発的動機づけ，期待，価値，原因帰属，感情，目標，自己制御，認知コントロール

I 動機づけとは

　動機づけの定義は研究者によって多少異なるが，行動や思考を喚起し，方向づけ，持続させ，完了へと導く心の働きであるということはおおむね共通している。動機づけは日々の生活の中で「意欲」や「やる気」などと呼ばれるものと対応した概念である。学習心理学の中で，動機づけの概念が扱われるようになるのは，新行動主義の流れが生まれた頃である。この頃，トールマン Tolman, E. C. らは，報酬のない状況でも学習の生じることを示した実験から，学習と遂行（行動）を区別し，報酬には学習の強化だけでなく，遂行を促す目標としての働きもあることを論じていた（第2章Ⅷ節参照）。この構図に見えるように，学習との関係の中での動機づけは，学習された行動の目標達成に向けた遂行や新しい行動の学習を促す心の働きと捉えられる。本章では動機づけの形成の源と捉えられる欲求の類型について触れた後，動機づけの始発・維持および動機づけられた行動の遂行・制御に関わる処理過程について概観する。

II 欲求と動機づけ

1．生理的欲求

　欲求は個人の内側にあって，人間の行動に一定の傾向をもたらす力を指す概念である。欲求はその性質から生理的欲求と心理的欲求に分けて捉えられる。生理的欲求は，飢えや渇き，痛みなど，みずからの生存が脅かされるような身体的な不均衡により喚起され，平衡状態への回復を求めようとするものである。摂食や飲

水により不均衡状態が解消されると，行動は完了する。生理学者キャノン Cannon, W. B. によるホメオスタシスの概念や，フロイト Freud, S. による精神分析学的な理論の影響を受け，生理的な不均衡を解消しようとする欲求は動因として概念化され，学習心理学の中に取り入れられた。

最も代表的なものはハル（Hull, 1943）による動因低減理論と呼ばれる考え方である。彼は行動が生じる理由を動因×習慣の乗算の式で記述した。この乗算式は，過去の経験において学習された習慣的な反応であっても，動因を生じさせるような生理的な欠乏がない限り，反応は生起しないことを示している。後に，誘因を乗じた式に改訂され，反応によって動因が大きく低減される（≒大きな快が得られる）ことが期待されるほど，行動が強く引き起こされるとも考えられるようになった。ただし，動因はある程度までは学習や行動を促進するように働くが，過度に大きすぎると逆に学習や行動を抑制するという関係にあることが示されている（ヤーキーズ・ドッドソン Yerkes-Dodson の法則）。動因の最適な水準は課題の困難度と関連しており，容易な課題よりも困難な課題の方が，最適な水準は低くなる傾向にある。

2．心理的欲求

心理的欲求は，生理的欲求に対して，必ずしも生理的な不均衡とは結びついていない欲求を指す。心理的欲求は不均衡の解消を必ずしも必要としないため，明確な完了状態が定義されないことも特徴である（White, 1959）。マクレランド McClelland, D. C. やマレー Murray, H. A. らは，投影法などの手法を使ってパーソナリティの測定を行い，高水準で物事を遂行しようとする達成欲求や，他者と友好な関わりをもとうとする親和欲求など，社会性と結びついた欲求が存在していることを指摘した。マレーらの作成した欲求のリストは羅列的で膨大なものであったが，その後の動機づけ理論の発展の礎となった。

動機づけの概念に心理的欲求を位置づけたものの中で，近年よく参照されるものは，ライアン Ryan, R. M. とデシ Deci, E. L. による自己決定理論である（Ryan et al., 2000）。自己決定理論では，みずからが行動の原因でありたいという自律性の欲求，環境と効果的に関わりたいというコンピテンスの欲求，他者や社会と好ましい関係を築きたいという関係性の欲求の3つを心理的欲求として位置づけている。個々の状況での動機や目標は，心理的欲求が社会・文化的な環境からの要請と統合されて表象されるものであると論じられている。

これらの3つの欲求が心理的欲求として位置づけられた背景には，動因低減理

論に対する反証と，内発的動機づけ研究の流れがある。動因低減理論では，一見すると生理的な不均衡の解消につながらないような行動（好奇心や他者への愛情など）も，生理的欲求の充足と結びついた二次的動因であると考えられていた。したがって，あらゆる行動は直接的・間接的な形で生理的な不均衡の解消に動機づけられたものであると仮定されていた。この仮定が正しければ，生理的に十分に満たされた状況では学習や行動は生じえないと予測される。しかしながら，マギル大学で行われた感覚遮断実験からは，人は生理的に十分に満たされた環境におかれていても，外界からの刺激がまったく得られない環境には耐えられないことが示された。また，ハーロウ（Harlow, 1950）によって報告された，十分に餌や飲み水の与えられたサルがパズル解きに熟達したという結果なども，動因低減理論からは説明できないものであった。

　ホワイト（White, 1959）は生物が環境と効果的に相互交渉する能力を総称してコンピテンスと呼び，コンピテンスを中心とした動機づけ概念を提唱した。環境と効果的に関わりたいというコンピテンスの欲求は，感覚刺激の獲得，運動操作の習熟，知識の拡充といった動機づけを生じさせると論じた。後に，こうした行為自体がもつ快に動機づけられた状態は内発的動機づけと呼ばれるようになった。内発的動機づけは，活動との関係が固有ではない，活動外の報酬獲得や罰回避に動機づけられている状態である外発的動機づけと対比して論じられている。

　自律性の欲求は，内発的動機づけに対する外発的報酬の効果の検討から着目されるようになった。レッパーら（Lepper et al., 1973）は幼児を対象とした実験を行い，報酬を与えると予告したうえでお絵かきをした後は，報酬なしの自由時間にお絵かきをする時間が短くなるという結果を得た。類似した現象は成人を対象とした研究でも示されており，アンダーマイニング効果として知られている。この効果は，活動外の報酬を期待し，外発的に動機づけられることによって，自律性の感覚が阻害されて内発的動機づけが低下するものと解釈されている。アンダーマイニング効果の発見により，内発的動機づけの持続要因として自律的な欲求の存在が仮定されるようになった。

　関係性の欲求への着目は，主として愛着研究の中から生まれた。ハーロウは代理母実験と呼ばれる実験で，サルの子どもは，ミルクの飲み口のついた針金の人形よりも，ミルクは得られないが毛布でできた柔らかい人形に愛着を示すことを示した（Harlow, 1958）。この結果は，養育者からの愛情もまた食物を与えてくれる存在という条件づけから生まれるものであるとする動因低減理論の仮定とは合致しないものである。その後の研究からは，養育者と子どもとの間の愛着形成

非動機づけ	外発的動機づけ				内発的動機づけ
	外的調整	取り入れ的調整	同一化的調整	統合的調整	内発的調整

→ 自律性高

図1　自己決定理論における外発的動機づけの分類（Ryan et al., 2000を参考に作成）

は，その後の良好な人間関係の基盤となっていることや，乳幼児が外界への情報探索を行うために重要な要因であることも示されている。

　自己決定理論では，心理的欲求が満たされることは自己の統合と社会化において重要な要素であると考えられている。外発的動機づけにも自律性の程度が異なる4つの調整段階があると仮定される（図1）。外的調整は，他者などの外的な要求や，行為に随伴する報酬・罰が行為を促している状態である。取り入れ的調整は，自己の内部に取り入れられた外的要求が原因にあり，恥や罪悪感，不安を回避し，誇りや自尊心を高めることで自己の価値を保とうとして行為が促される状態である。同一化的調整は，活動の価値や重要性を認識し，みずから活動に従事している状態である。統合的調整は，活動の価値が自己の価値観と矛盾することなく調和され，活動の従事に際して首尾一貫した感覚を得られている状態である。統合的調整が最も自律的な状態であり，自律性の高い順に同一化的調整，取り入れ的調整，外的調整と続く。なお，統合的調整においても活動を動機づけているものは活動の外部にある報酬であり，活動に固有な快経験によって動機づけられている内発的動機づけ（自己決定理論上は内発的調整）とは概念的には区別される。また，外的調整は自律性をほとんど感じていないとはいえ意図的に活動が促されている状態であり，その活動に従事しようとする意図の存在しない非動機づけとは区別されている。心理的欲求が満たされている環境では，自己のあらゆる側面の成長と，社会的な価値と個人のもつ価値観との統合が進むため，動機づけはより自律的な段階へと変容していくと考えられている。

III　動機づけが始発・維持されるプロセス

1．動機づけの認知理論

　ゲシュタルト心理学や認知心理学の隆盛に伴い，動機づけの理論にも認知の働きを仮定した理論やモデルが提案されるようになった。レヴィンLewin, K. は場の理論の中で，人の動機づけを，個人と環境の全体的な構造についての主体自身の認

図2 期待概念の整理（Skinner et al., 1988 を参考に作成）
（注） 括弧内には Bandura（1977）による期待概念の分類を対応させている。

知と結びつけた。彼の理論では，ある対象への接近と回避のように，同時に生起された相反する誘因価（感情価）の間の葛藤が経験される際の心理過程が論じられている。こうした状況では，接近が回避を上まわれば行動が生起し，回避が接近を上まわれば生起には至らないと考えられた。アトキンソン（Atkinson, 1964）は，この考えに影響を受け，困難な課題を達成しようとする際の達成動機づけを成功接近傾向と失敗回避傾向との差により記述した。彼の理論では，成功接近傾向／失敗回避傾向は，ともに特性的な動機（成功願望／失敗恐怖）×期待（主観的な成功の確率／主観的な失敗の確率）×価値（成功時の快感情／失敗時の不快感情）の積で表されたことから，期待×価値理論と呼ばれている。

期待とは，端的に言えば，成功／失敗といった結果が生じる確率の主観的な予測である。これまでの動機づけ研究が扱ってきた期待概念は，おおまかには3つの種類に分けて捉えることができる。図2のように，目標に動機づけられた主体が何らかの手段を用いて目標に関連した結果（目的）に至る状況を主体－手段－目的の三項関係で図示したとき，それぞれの項の間には異なる種類の期待を想定できる（Bandura, 1977; Skinner et al., 1988）。すなわち，主体が目的とする結果を得られるかどうかに関する期待（統制信念），ある手段が目的の達成にどの程度効果的かに関する期待（方略信念），主体が特定の手段を備えているかどうかの期待（能力信念）の3種類である。

一方，価値については，期待×価値理論では成功したときの誇りや，失敗したときの恥といった，遂行後に予期される感情の強さが仮定されていた。何を成功と見なし，何を失敗と見なすかの差を生むものについては，達成目標研究の知見が示唆的である。達成目標研究では，人を「コンピテンスを求める存在」であると仮定し，目標の違いはコンピテンスを認識する基準やコンピテンスの意味づけの違いの現れであるとする。はじめは，技能の向上や物事の理解など，熟達によ

表1 達成目標の3×2モデル（Elliot et al., 2011を参考に作成）

		定義（比較の基準）		
		絶対的（課題）	個人内（自己）	個人間（他者）
感情価	成功接近	課題接近目標（たくさん正解をする）	自己接近目標（前よりよい成果を出す）	他者接近目標（他の人よりよい成果を出す）
	失敗回避	課題回避目標（間違った答えをしない）	自己回避目標（前より悪い成果を出さない）	他者回避目標（他の人より悪い成果を出さない）

表2 原因帰属理論に基づく教室での動機づけの帰属因の整理（Weiner, 1979を参考に作成）

		統制の位置			
		内的		外的	
	安定性→	安定	不安定	安定	不安定
統制可能性	不可能	能力	気分	課題の困難度	運
	可能	普段の努力	一時的な努力	教師の偏見	偶然の他者からの援助

りコンピテンスの獲得を目指すマスタリー目標と，他者との比較や他者からの賞賛などによりコンピテンスの誇示を目指すパフォーマンス目標との2つの分類が注目された（Ames et al., 1988）。後に，マスタリー目標には課題への熟達という絶対的な課題基準と，過去の自分との比較による個人内相対的な自己基準とが混在していることが指摘され，パフォーマンス目標を他者との比較による個人間相対的な他者基準に代えて，課題／自己／他者の3つの基準により分類するモデルへと発展している（表1；Elliot et al., 2011）。

期待や価値がどのような認知により形成されていくかについて論じたものとしては，ワイナー（Weiner, 1974）の原因帰属理論が知られている。ワイナーは，ロッター Rotter, J. B. らの統制の位置（locus of control）概念や，ハイダー Heider, F. やケリー Kelly, G. A. らが社会心理学の領域で論じた素朴な心理学者モデルの影響を受けながら，期待・価値の形成に影響を及ぼす認知的特徴について体系的な整理を行った。原因帰属の特徴は何度かの改訂を経て，原因の位置（内的／外的）×安定性（安定／不安定）×統制可能性（統制可能／統制不可能）の3次元の組み合わせによって類型化された（表2）。原因帰属によってさまざまな促進的／抑制的な感情や，期待の変動が生じ，後続の場面での動機づけを変化させると考えられた。

第6章　動機づけ

達成することに期待や価値がもてないことは，対象の行動への動機づけの低下だけでなく，全般的な無気力状態にもつながりうる。セリグマンら（Seligman et al., 1967）はイヌを対象とした実験により，みずからの行動が好ましくない結果に至ることを回避できなかったという経験を重ねると，学習・遂行への動機づけが生じない無気力状態に陥ってしまうことを示した。この現象は学習性無力感と呼ばれ，抑うつにもつながる事態として捉えられている。学習性無力感の獲得には原因帰属の影響も見られる。望ましくない結果を引き起こしてしまった原因を内的・安定的なものと捉え，他の物事でも同じことが起きるかのように全般的なものと帰属すると，学習性無力感は引き起こされやすいといわれている（Abramson et al., 1978）。

2．感情と動機づけ

動機づけに関わる感情として最も扱われるものは快への接近と不快への回避である。社会心理学において，行動の予測因子として扱われる態度概念も，快－不快や，接近－回避の次元で記述されることが多い。神経科学においても，接近と回避は行動賦活系と行動抑制系の異なる神経系を基盤にもち，動機づけに対して，質的に異なる影響を与えると考えられている。先に挙げた期待×価値理論のように動機づけの理論でも接近－回避の区別はしばしば扱われており，それぞれが異なる結果を導くと考えられている。たとえば達成目標研究においては，とくに他者評価を基準とした目標（＝パフォーマンス目標）について，接近と回避の区別は重要である（表1）。好ましい他者評価の獲得（接近）を目標とした目標は学習や遂行を促進する一方，好ましくない他者評価の回避に向かう目標は学習・遂行を抑制するように働くことが示されている。

回避的な動機づけが学習や行動を妨げることについては，いくつかの理由が想定される。たとえば学習や行動に至る前の段階では，困難な課題は失敗した際に他者からの好ましくない評価を受けることが予見されるため，他者評価基準の回避的な動機づけが強いと困難な課題を避けやすいと考えられている（Dweck, 1986）。あるいは，取り組む前に失敗を外的に帰属できるように，あえて遂行を妨げるように環境を整えるセルフハンディキャッピング（たとえば，試験の前にあえて勉強をしない，あるいはしていないと表明する，など）と呼ばれる行為に及ぶこともある。学習や行動が始発された後の段階でも，回避的な動機づけが妨害的な影響を与えることは考えられる。たとえば，回避的な動機づけは学習・遂行に直結するような行動だけでなく，遂行とは関係のない思考や行動も生み出してし

表3 達成情動の原因帰属による分類 (Pekrun, 2006を参考に作成)

焦点化された対象	評価		情動
	価値	統制	
結果の予見	快（成功）	可能性高	喜びの予期
		可能性中	希望
		可能性低	絶望
	不快（失敗）	可能性高	安堵の予期
		可能性中	不安
		可能性低	絶望
結果の回顧	快（成功）		喜び
		自己に帰属	誇り
		他者に帰属	感謝
	不快（失敗）		悲しみ
		自己に帰属	恥
		他者に帰属	怒り
活動	快	可能性高	楽しみ
	不快	可能性高	怒り
	快／不快	可能性低	欲求不満
	無		退屈

まうため，十分にみずからの能力を発揮しがたくなるともいわれている（Mandler et al., 1952）。

　さて，感情と動機づけとの関係について，接近－回避以上の体系的な整理は，ワイナーの原因帰属理論以降，あまり中心的には行われてこなかった。こうした中，近年，ペクルン（Pekrun, 2006）は，とくに教育場面での動機づけにおける認知・感情の働きを整理した統制－価値理論を提唱している。統制－価値理論が扱う感情の中でもとくによく体系化されているのは，学習活動や学習成果についての評価として生じる達成情動（achievement emotion）である。達成情動には楽しみや不安，恥などが含まれる。統制－価値理論の中では，これらの情動は評価の焦点化された対象（活動／結果の回顧／結果の予見）や，価値，統制の可能性や帰属対象との組み合わせによって類型化されている（表3）。たとえば，取り組もうとしている課題がある場合に，統制可能性が高く，成功する可能性が高いと予見すると喜びの予期が生起するが，失敗しない可能性が高いことが予見される

と安堵の予期が生起すると考えられている。また，統制可能性が低く，成功できない，あるいは失敗を回避できないと予見されると絶望が生起すると考えられている。

　ペクルンらは，達成情動の他にも学習活動の中で生じる情動経験として次の3つを挙げている（Pekrun et al., 2012）。1つ目は課題中の認知・情報処理に伴って生じる認識情動（epistemic emotion）である。ここには，新奇な情報と既有知識との不一致によって生じる驚きや好奇心，苛立ちなどが含まれる。2つ目は学習教材によって喚起される話題情動（topic emotion）である。話題情動は学習活動に直接的に影響するとは限らないが，学習者の動機づけを左右しうる情動として想定されている。3つ目は学習環境や他者との相互作用の中で生じる社会的情動（social emotion）である。他の学習者への感謝や，他の学習者の成功・失敗に対する妬み・共感などはここに含まれる。

　統制－価値理論では環境，評価，情動，エンゲージメント＋達成の4つの要素の関係に着目する（図3）。学習者が周囲の環境に関する評価を行うことで，先に挙げたような情動が生起する。また，環境の評価によって生じた情動がその後の遂行（エンゲージメント）や達成に影響するとともに，情動経験や遂行・達成もまた環境や評価の変化を引き起こすという双方向的な関係が仮定されている。環境，評価，情動，エンゲージメント＋達成の4つの要素の違いを生じさせる要因としては，環境の違いや達成目標，信念，遺伝子多型，コンピテンスといった個人差や，学習環境のデザインや評価・情動・コンピテンスのそれぞれを志向した制御といった調整的な働きかけが考えられる。個々の情動経験がこのサイクルの中でどのように機能するかは今後の検討が求められるところではあるが，統制－価値理論は現状においても，動機づけについての認知と感情の働きを整理する枠組みとして有用な理論といえるだろう。

■ IV　動機づけられた行動の遂行・制御プロセス

　何らかの目標が形成され，動機づけられた後は，目標の達成（完了）に向けて行動が始発される。しかし，日常的に経験されるように，動機づけられた行動が必ず目標の完了に至るとは限らず，未完了な状態のまま終結することも多い。目標のように自己の理想的な状態を設定し，現在の自己の状態を理想的な状態へと近づけていくために行動や思考を調整する過程は，自己制御と呼ばれている。カーヴァーCarver, C. S. とシャイアーScheier, M. F. は自己制御の遂行プロセスを工

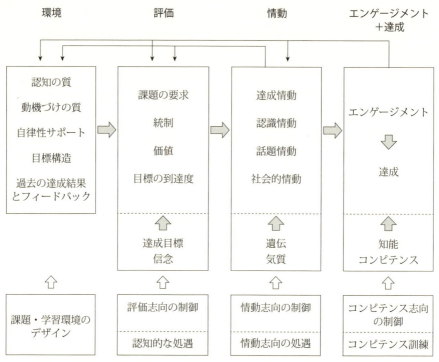

図3 統制－価値理論で想定されている情動を中心とした認知・達成の双方向的関係と各要素への影響要因（Pekrun et al., 2012を参考に作成）

学的な制御システムのアナロジーでモデル化している（図4；Carver et al., 1998）。人は，現実の状態（入力）と理想状態（参照基準）を比較し，理想状態に近づくために具体的な行動についての目標を設定し，目標達成行動を始める（出力）。活動により自己の内外に何らかの変化（環境の変化）が生じるが，その変化が認識されると，現実の状態と参照基準である理想状態の乖離の認識も更新される（図4Aに示しているように副次的出力から参照基準自体の更新も起こりうる）。自己制御の過程では，このサイクルを繰り返しながら，自己の状態を理想的な状態に近づけようとしていると考えられている。

　レヴィンが場の理論において論じたように，人は同時に複数の誘因を経験することがあり，時にそれらは相反する行動へと動機づけることもある。こうした動機づけ間の葛藤状況において，即時的・欲動的な行動に走るのではなく，遠い将来を見据えた行動を選択することはセルフコントロールと呼ばれている（高橋，2017）。セルフコントロールは自己制御に関わる重要な要素であり，その個人差

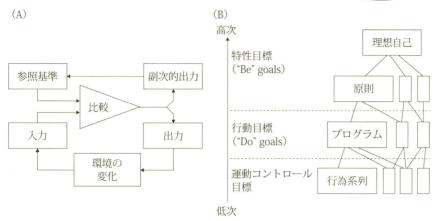

図4　自己制御の実行過程のモデル（Carver et al., 1998 を参考に作成）
（注）（A）目標等の参照基準と現実の状態の入力を比較して行動を調整するサイクル，（B）目標の高次 - 低次の階層性。

は学業面や経済面などの社会的成功や，悪習慣の回避とも関わるともいわれている。

　自己制御やセルフコントロールの遂行については，実行機能による認知のコントロールが大きな役割を担っている（Hofmann et al., 2012）。認知的なコントロールは目標やその遂行手段の行為系列を表象として保持し，遂行の妨げとなる情報の活性化を抑制する認知処理であり，背外側前頭前野や前部帯状回などの働きが関与している。実際に，認知のコントロールを働かせている際に背外側前頭前野の活動が高い人は，日常的にも感じた欲望を適切に抑制しやすいことが示されている（たとえば，Lopez et al., 2014）。

　一般に，動機づけが強いほど認知的なコントロールもよく遂行されることが示されている。実験心理学の研究では動機づけの操作として，課題成績に随伴して飲食物や金銭を報酬として与えることがしばしば用いられる。報酬が与えられる文脈では，中脳や線条体，側坐核といった報酬処理に関わる神経領域が，認知的なコントロールに関わる神経領域の活動を駆動し，遂行が促進される（Botvinick et al., 2015）。たとえば，認知的なコントロールは目標を妨害する情報があるときに駆動されるが，報酬の獲得が予期される文脈では，妨害情報が現れる前からあらかじめ認知的なコントロールが駆動された状態に移行しやすいことなどが示されている。

　ただし，自己制御の遂行過程のすべてが認知的なコントロールに依存している

わけではない。自己制御の遂行は，意識的・熟慮的・認知的なコントロールを行う処理と，非意識的・直観的・自動的な反応を引き起こす処理の2つの処理に支えられていると捉えられてきた。自己制御を遂行する場面においては，意識的・認知的な処理過程に先立って，非意識的・自動的な処理過程に変化が生じ，目標の妨げとなる対象への接近的な反応が抑制されているという知見もある（対抗的自己統制；Fishbach et al., 2010）。また，目標の遂行に没入・没頭している状態はフロー体験と呼ばれており，この状態では意識的なコントロールなしに行動が遂行されていくような体験を伴うともされている。こうした知見は，認知的なコントロールによって遂行されていたものであっても，経験を通じて自動化され，非意識的な処理によって遂行されるようにもなりうることを示唆する。学習心理学の研究においても，行動選択時における認知的なコントロールに従った処理と慣習化・自動化された処理との調整過程や，相互の可変性が議論されている（Dolan et al., 2013）。動機づけられた行動の遂行過程が，どのようなメカニズムによって実現されているかは，引き続き注目していくべき点である。

V 本章のまとめと補遺

　本章では動機づけに関するトピックとして，まず，動機形成の源と捉えられる欲求の類型を論じた。生理的欲求と心理的欲求の区別を述べ，自己決定理論の議論をベースに，3つの心理的欲求の存在が仮定されるに至った経緯を紹介した。紙面の都合で紹介しきれなかったが，欲求の類型については，本章で扱ったもの以外にも，マズロー Maslow, A. H. の欲求段階説に代表される人間性心理学の流れを汲むものや，進化的視点をベースにした類型の議論などもある。これらの議論は，心理的欲求がなぜ備わっており，どのようなときに動機づけへの影響が見られるかを考えるうえで重要なものである。

　続いて，動機づけの始発と維持に関わる認知と感情の働きについて論じた。動機づけには期待や価値といった認知的な要因が関与していることが示されてきた。原因帰属理論や統制－価値理論からはこうした認知の仕方も経験を通じて学習されていくものであることがうかがえる。本章で紹介したものは，基本的にある単一の目標・行動の期待や価値に着目したものであった。他にも，力動的な視点から，ある時点での動機づけは，以前あるいは直前の（別の目標に関するものも含んだ）動機づけや行動の来歴によって変動することを仮定した議論も展開されている（Botvinick et al., 2015）。日常生活では同時に複数の目標が表象されること

もあるため，状況に応じて優先的に追求される目標がどのように切り替わっているかを考えることも必要であろう。

さらに，動機づけられた行動の遂行・制御のプロセスについて，自己制御や認知コントロールといった概念を参照しながら論じた。動機づけの研究で仮定されてきた理論やモデルについて，その神経・生理基盤も含めて包括的に捉えようとする試みは少しずつ増えてきている。心理的欲求に支えられているとされる動機づけ現象についても，金銭や飲食物の報酬あるいは痛みの罰などに基づく処理についての研究知見を参照しつつ，さまざまな検討が試みられている。神経科学や生理学に限らず，他分野の研究者との間で動機づけについての知見を相互に参照しつつ協働して研究を進めていくことは，人間行動についてのさらなる理解の深化につながるだろう。

■学習チェック
☐ 生理的欲求と心理的欲求の違いについて説明できる
☐ 自己決定理論が仮定する3つの心理的欲求が着目されるようになった背景について説明できる
☐ 動機づけの始発・維持に関わる認知・感情の働きについて説明できる
☐ 動機づけられた行動が遂行・制御される過程について説明できる

より深めるための推薦図書
外山美樹（2011）行動を起こし，持続する力―モチベーションの心理学．新曜社．
鹿毛雅治編（2012）モティベーションを学ぶ12の理論．金剛出版．
鹿毛雅治（2013）学習意欲の理論―動機づけの教育心理学．金子書房．
宮本美沙子・奈須正裕編（1995）達成動機の理論と展開．金子書房．
ブレイバー Braver, T. S., 清水寛之・金城光・松田崇志訳（2018）動機づけと認知コントロール―報酬・感情・生涯発達の視点から．北大路書房．

文　献
Abramson, L. Y., Seligman, M. E. P. & Teasdale, J. D.（1978）Learned helplessness in humans: Critique and reformulation. *Journal of Abnormal Psychology*, 87; 49-74.
Ames, C. & Archer, J.（1988）Achievement goals in the classroom: Students' learning strategies and motivation processes. *Journal of Educational Psychology*, 80; 260-267.
Atkinson, J. W.（1964）*An Introduction to Motivation*. Van Nostrand.
Bandura, A.（1977）*Social Learning Theory*. Prentice Hall.（原野広太郎監訳（1979）社会的学習理論―人間理解と教育の基礎．金子書房．）
Botvinick, M. & Braver, T.（2015）Motivation and cognitive control: From behavior to neural mechanism. *Annual Reviews of Psychology*, 66; 83-113.
Carver, C. S. & Scheier, M. F.（1998）*On the Self-Regulation of Behavior*. Cambridge University

Press.
Dolan, R. J. & Dayan, P.（2013）Goals and habits in the brain. *Neuron*, **80**; 312-325.
Dweck, C. S.（1986）Motivation processes affecting learning. *American Psychologist*, **41**; 1040-1048.
Elliot, A. J., Murayama, K. & Pekrun, R.（2011）A 3 × 2 achievement goal model. *Journal of Educational Psychology*, **103**; 632-648.
Fishbach, A., Zhang, Y. & Trope, Y.（2010）Counteractive evaluation: Asymmetric shifts in the implicit value of conflicting motivations. *Journal of Experimental Social Psychology*, **46**; 29-38.
Harlow, H. F.（1950）Learning and satiation of response in intrinsically motivated complex puzzle performance by monkeys. *Journal of Comparative and Physiological Psychology*, **43**; 289-294.
Harlow, H. F.（1958）The nature of love. *American Psychologist*, **13**; 673-685.
Hofmann, W., Schmeichel, B. J. & Baddeley, A. D.（2012）Executive functions and self-regulation. *Trends in Cognitive Sciences*, **16**; 174-180.
Hull, C. L.（1943）*Principles of Behavior*. Appleton-Century-Crofts.
Lepper, M. R., Greene, D. & Nisbett, R. E.（1973）Undermining children's intrinsic interest with extrinsic rewards: A test of the overjustification hypothesis. *Journal of Personality and Social Psychology*, **28**; 129-137.
Lopez, R. B., Hofmann, W., Wagner, D. D., Kelley, W. M. et al.（2014）Neural predictors of giving in to temptation in daily life. *Psychological Science*, **25**; 1337-1344.
Mandler G. & Sarason, S. B.（1952）A study of anxiety and learning. *Journal of Abnormal and Social Psychology*, **47**; 166-173.
Pekrun, R.（2006）The control-value theory of achievement emotions: Assumptions, corollaries, and implications for educational research and practice. *Educational Psychology Review*, **18**; 315-341.
Pekrun R. & Linnenbrink-Garcia L.（2012）Academic emotions and student engagement. In: S. L. Christenson, A. L. Reschly & C. Wylie (Eds.): *Handbook of Research on Student Engagement*. Springer, pp. 259-282.
Ryan, R. M. & Deci, E. L.（2000）Self-determination theory and the facilitation of intrinsic motivation, social development, and well-being. *American Psychologist*, **55**; 68-78.
Seligman, M. E. P. & Maier, S. F.（1967）Failure to escape traumatic shock. *Journal of Experimental Psychology*, **94**; 1-9.
Skinner, E. A., Chapman, M. & Baltes, P.（1988）Control, mean-ends, and agency beliefs: A new conceptualization and its measurement during childhood. *Journal of Personality and Social Psychology*, **54**; 117-133.
高橋雅治編（2017）セルフ・コントロールの心理学―自己制御の基礎と教育・医療・矯正への応用．北大路書房．
Weiner, B.（1974）*Achievement Motivation and Attribution Theory*. General Learning Press.
Weiner, B.（1979）A theory of motivation for some classroom experiences. *Journal of Educational Psychology*, **71**; 3-25.
White, R. W.（1959）Motivation reconsidered: The concept of competence. *Psychological Review*, **66**; 297-333.

第7章

言語の習得

小林春美

Keywords 音声の発達，語彙の発達，文法の発達，語用論の発達，生得的アプローチ，統計的学習アプローチ，社会語用論的アプローチ

I はじめに

　言語を理解し使用する能力は，子どもの発達においてきわめて重要な能力である。子どもは言語を理解することにより，的確に大人などから重要なさまざまな知識・情報を得，自分の思考を深めることができる。また言語を使用することにより，自分の意思を伝え他者と共有し，社会の一員として成長することができるようになる。子どもがもつ言語能力の問題について考えるとき，言語のどのような分野の能力について考えているのか，明確にすることが大切である。言語は，音声（音声の使い方），語彙（語の使い方），文法（語を組み合わせて文を使う方法），語用論（文を状況に合わせて使う方法）の4つの領域からなる。本章では，それぞれの分野の能力の発達を示し，最後にこれらの発達のメカニズムに関する理論を取り上げる。

II 音声の発達

　音声発達の重要問題は，音韻の知覚・産出とセグメンテーション（segmentation）の2つである。人間は他者の発した音声ストリームを聴覚によって受け取る。音声ストリームは連続した音の流れであるため，そこから言語的に意味のある音や複数の音が連続した，言語的に意味のある音の集まりを知覚する必要がある。言語的に意味のある音とは音韻のことであり，当該の自然言語の単語において意味をもつ最小単位の音のことである。「パン」と「バン」の例のように，ある1音だけ（/p/ を /b/ へ）変えた場合に，当該言語において意味の違い（ここでは食

物のパンと，乗り物のバン）を作り出すことができる音を音韻と呼ぶ。言語的に意味のある音の集まり，たとえば単語「パン」を音声ストリームたとえば「パン食べる？　パン」の発話からどのように切り出すのかを，セグメント問題と呼ぶ。セグメント問題は単語音声を越えた，句，節，文，文の集まり（談話）のレベルでの認識をも必要とする問題となるため，統語（文法）の理解にも関係する。

1．音韻の産出

　音韻発達では，初語（first words）などの単語を言えるようになるための前段階である基準喃語とはどのようなものか，それはいつ頃発せられるか，またその前と後にはどのような発達があるか見ておくことが重要である。

　子どもはまず肺や口などの構音器官をうまく動かして音を出すことを学ばなければならない。誕生直後に新生児が発する声は叫喚音と言われる。生後数カ月までの乳児では喉頭の位置が高く，口腔内に共鳴する空間があまりないため言語音らしい響きが感じられない音となっている。生後2カ月ぐらいの間に喉頭の位置は下がり，口腔内に大きな空間ができ，空気の振動による共鳴が可能となり，舌が構音のためにさまざまに運動することもできるようになる。この頃にはクーイングという，弱めの母音状の音を発することができ，親と互いにターンテーキングをとって声を発する状態が出現することがある。まだ言語音とは言えないような発達過程にある子どもの発声を一般にバブリングと呼ぶ。この言語音への前段階の音声は日本語では喃語（なんご）と称される。6カ月頃には母音状の声を「アーアーアー」などと反復して発するようになる。これを反復喃語，あるいは次の段階（基準喃語）への過渡期にあるということで，過渡期の喃語と呼ぶ。

　子どもはまず母音（日本語のア，イ，ウ，エ，オの音）から発するようになる。母音は肺からの呼気を唇，舌，歯などの構音器官でさえぎることなく流す音であるため，発しやすい。ほぼ母音だけを発していた子どもは，7カ月頃（子どもにより6カ月から10カ月頃）になると「バーバーバー」「タッタッタッ」と聞こえるような，子音と母音の組み合わせ（bababa）（tatata）からなり，同じ音が繰り返される音を発することができるようになる。これを基準喃語と呼ぶ。基準喃語は言語音の特徴である，子音と母音の組み合わせからなる複数の音節を備え，かつリズミカルな特徴（各音の長さがおおむね揃っていること）を備えており，本格的な言語音声を産出できるようになっていることを示す。しかしながら，基準喃語はあくまで同じ音節の繰り返しとなっており，異なる音節を組み合わせられるようになるのにはまだあと数カ月を要する。その後ジャーゴンと呼ばれる異な

第7章 言語の習得

る音の組み合わせからなる，意味はわからない音声を発することを経て，1歳頃（子どもにより10カ月から14カ月頃）に大人が意味を推定できるような，「ママ」「ワンワン」などのような初語を発するようになる。

その後，構音能力が進んでいき，大人と異なるような音声を発する場合がある。これを幼児音と呼ぶ。サ行やラ行の音がとくに難しいとされており，「シェンシェイ（センセイ）」「ダクダ（ラクダ）」「カンカンセン（シンカンセン）」などと，音を別の音に置き換えることが多い。5歳頃までには日本語のどのような音でも大人と同程度に出せるようになるが，幼児音は小学校低学年まで残る場合もある。

2．音声の理解

音声の理解では，乳児は胎児期のうちから練習を始めており，胎児期最後の2カ月ぐらいから母体の外から聞こえて来る音に胎動（胎児が手足を動かすなどの動き）や心拍数の変化などを示すことができる。誕生後数日でも，胎児期に聞いていたお話か，誕生後にはじめて聞いたお話か（DeCasper et al., 1986），母語と非母語を（Moon et al., 1993）イントネーションやリズムの特徴から区別できるという報告がなされている。

乳児は早期から自分の母語でなくてもさまざまな人間の言語音（音韻：個別言語を構成する音）を区別することができると報告されており，この能力は生後11カ月頃には低下するようになり，母語の言語音に特化した能力へと変化する。日本人が難しいとされている /r/ と /l/ の音の区別も，11カ月頃までは区別でき，英語圏の乳児と変わらないが，その後できなくなっていく（Kuhl et al., 2006）。これは自分が必要とする音声の区別が精緻化されるため，効率よく音声を区別するための発達的変化である。

3．親の役割

親など周囲の大人は，子どもに対し高いピッチの声で，イントネーションが豊かで短く発話することが多い。たとえば高めの声で「いい子ねー」とさらに語尾を少し上げたり，「そうなのーおなかすいたのー」などと語尾を下げるなど独特の発声を行う。これは「子どもに向けられた発話」（Child Directed Speech：CDS）あるいは乳児に向けられた発話（対乳幼児発話：Infant Directed Speech）と呼ばれている。子どもはこうした音声に，大人に向けたやや低めのピッチの変化が少ない音声よりも注意をよく向けることが示されている。人間が発する音，その中でも自分に向けられた音はとくに確実にピックアップすべき音であるため，CDS

には特別な特徴がある、と考えられている。CDSは、音声の他にも、語彙、文法、語用論における特徴があり、たとえば語彙では基本レベル（例：イヌ）と呼ばれる、上位レベル（哺乳類、動物）でも下位レベル（例：チワワ、ラブラドールリトリバー）でもない2つのレベルの間にあるレベルの語を使う。文法では、短く、単語数が少なく、比較的単純な構造の文を使う。語用論では、目の前でいま起きていること（「お花きれいねー」「ごはん食べよう」など）に限定した会話を行う、などが指摘される。こうした特徴はいずれも、子どもが言語入力を分析しやすくしていると考えられている。

4．セグメンテーションの発達

連続的な音声の流れであるスピーチ・ストリームを正しく単語、句、節に区切ることは、語や文を取り出すうえで必須である。本章冒頭で紹介した、「パン食べる？　パン」という発話では、キーワード「パン」が繰り返されているが、この繰り返しは、セグメンテーションのための重要な手がかりの1つである。ジャスジックら（Jusczyk et al., 1995）は、ターゲットとする"cup"という語がしばしば登場する文を聞いた後、7カ月半児にターゲットの語と、この文に含まれていなかった語を聞かせた。結果、乳児はターゲット語の方を好んで聞くことがわかった。しかし生後6カ月の乳児ではそうした好みは現れなかった。7カ月半では乳児は何らかの方法で単語を切り出すことができるといえる。手がかりを使って学んだ語を使って、さらにスピーチ・ストリームを区切っていくことが可能となる。ブレントら（Brent et al., 2001）は、9カ月から15カ月までの子ども8人の母親が発した発話のうち単語1語だけが孤立化した発話は9％であったと報告した。大多数の語は孤立してではなく文の中で発せられるため、孤立化した状態で学んだ語を手がかりとし、スピーチ・ストリームをさらに区切っていくことができると考えられる。

III　語彙の発達

子どもは語彙をどのように獲得するかを初学者に尋ねると、たいてい「親がしゃべっているのをまねて言葉を学ぶ」と答えることが多い。語彙獲得は一見このように単純なことに感じられるが、じつは想像以上に複雑である。連続的な音声ストリームからある音のかたまりが正しく切り出されたと仮定してもなお、子どもは多くの解くべき問題に直面している。環境にはさまざまな事物が存在してい

るため,どの事物や事象について大人が話しているのか,正しく特定する必要がある。さらに1つの対象(たとえば1匹のウサギ)に特定できたとしても,その対象全体について述べているのか,何らかの部分,たとえば長い耳のことやふさふさした白い毛のことや,その対象の動き(「跳ねている」など)について述べているかも特定しなければならない。さらにはどのように他の事物(動物)に適用していくかという般化の問題がある。

1. 初期の語彙獲得と名詞・動詞をめぐる議論

　はじめての言葉(「初語」)は,普通の子どもであれば,早くて10カ月から1歳ないし,遅くても1歳を数カ月過ぎた頃までには出現する。「最初の50語を調べてみると,「靴」「イヌ」のような事物名称は語彙の中で最も多く,平均40%を占める。初語の出現以前の,理解を示す行動を示し始めた頃から,30語から50語ぐらいまでの語を産出するようになった頃までを,語彙獲得の初期段階といえる。これはだいたい生後10カ月から1歳半ぐらいまでにあたる。その後語彙獲得は急激に速くなっていくとされ,1歳半ぐらいに子どもは「語彙の爆発的増加」(word explosion)期に入るといわれている。自発的に産出できる言葉が50語くらいを超えると,語彙は急激に増加するようになる。この1歳半から小学校に入学する前ぐらいまでに,8,000語から1万以上の語を学ぶ。

　初期の子どもの言葉の意味は,大人のそれとは異なる場合がある。「ワンワン」を,イヌのみならず,ウマ,ウシ,ネコなど,あらゆる四足動物に使ったり,あるいは「ブーブー」を自動車のみならずバス,電車などあらゆる車輪のついた乗り物に使う,というのはよくある例である。このように,ある言葉を大人の語彙における適用範囲より広く使うことを過大般用と呼ぶ。言葉とは目の前で大人がたまたま命名した,たった1つのものだけの名称ではなく,それに「似ているもののすべて」,すなわち「カテゴリー」の名称なのだ,ということを,子どもは言葉の使いはじめの時期から知っているのかもしれない。言葉に関するこうした認識(般化)は,言葉を獲得していくためにきわめて重要な認識といえる。そのカテゴリーは,幼い子どもでは大人とはずれていることがあるが,しだいに大人のものに近づいていく。

　初期の言葉の特徴は,獲得の速度が比較的ゆっくりであり,定着性が低く消失する割合が意外に高いこと,成人語の適用範囲よりも広く適用することが挙げられる。言葉の意味分野では大人との日常的な社会的相互作用に密着した語すなわち挨拶や会話語が,理解・産出とも最も早い。このことは,言葉がまさにコミュ

ニケーションの場で文脈に依存した形で立ち現れてくることをよく示しているといえる。その他の語でも，人を表す言葉，体の部分，身近な事物や動物の名称が多いことから，子どもの生活に密着した語から獲得されることがわかる。

語彙の爆発的増加期に増えるのは「リンゴ」「コップ」のような「一般的な事物名称」（common object nouns）が最も多い。生後8カ月から2歳6カ月までの約1,800人の子どもの母親に対し，語彙チェックリストを使って大規模な調査をしたベイツら（Bates et al., 1994）のデータも，このことを裏づけている。産出語数50語から100語では産出語全体のうち，一般的な事物名称の割合が最も急激に上昇し，200語まではさらに上昇し続ける。200語を過ぎる頃から一般的な事物名称の割合は下降へと転じるが，依然として産出語数600以上でも40％を超える割合を占める。なお英語ではnounsであるが「名詞」というような文法カテゴリーの言葉が「事物名称」に即座に適用できるかというと，ごく初期の語の意味は大人と異なっていることがあり，名詞とはいえない場合もあるため注意が必要である（例：「クック」は「靴」の幼児語であるが，「おさんぽする」の意味で子どもが使うなど）。

2．共同注意の発達

2人の人が同一の事物に同時に注意することを「共同注意」と呼ぶ。共同注意はどの子どもでも，言語の出現に先立って必ず出現する（第8章Ⅰ節参照）。

先に述べた基準喃語が出現した少し後の，9カ月以降1歳頃までに，言語獲得に関わるある重要な変化が子どもに起こる。それは，他者の存在を意識して外界の何ものかについて「一緒に見よう」「注意しよう」という行動が始まることである。トマセロ（Tomasello, 1995, 2008）はそれを「9カ月革命」と呼ぶほど，まさに革命的な変化である。9ヶ月頃以前では，子どもは目の前にあるおもちゃなどをじっと見て，それに手を伸ばしたり，少し触ったりつかんだりして遊ぶ。このとき，おもちゃにずっと注目し続けており，すぐ近くに親がいてもその親の方をちらっとでも見ることがない。近くに他の人がいることを完全に忘れているかのようである。これはもう少し大きい子どもや大人では，ほとんど起こらないことである。私たちは何か興味をひく物や人に出会うと，自分で「面白そうだな」「かわいい」と黙って思うだけにとどまらず，近くに自分の親しい人がいれば即座にその人に目を向け，目を見合わせて微笑み，さらには言葉に出して感動を共有しようとする。人間は，他者と外界の事物に（大人であれば実際にはない事物や抽象的概念などについても）共同で注意するという，この「共同注意」に長けて

おり，これを他者とともにいて会話するとき，ほぼ間断なく行うほど頻繁に行っている。

3．初期相の語彙獲得

9カ月頃以降，子どもはこの共同注意の行動を少しずつし始める。子どもは自分が外界の事物について感じたことを，親などと共有しようとするようになる。「あっ」と言いながら指さしを何かについて行いながら親の顔を見るのは，日常で非常にしばしば見られる。9カ月頃以前の，他者と共有しようとする傾向が見られない時期の子どもの遊びの特徴を，発達心理学では「二項関係」すなわち，[子ども・モノ]あるいは[子ども・大人]の二項の関係と呼ぶ。[子ども・大人]すなわち子どもが大人と遊ぶ場合は，子どもと大人が向き合って「いないいないばあ」などで遊ぶことが多く，おもちゃが介在する場合でも，それと大人への視線を子どもがうまく切り替えて遊ぶよりは，どちらかに集中しがちである。一方，[子ども・モノ・大人]の3つが関わる遊びの特徴は「三項関係」と呼ぶ。子どもは大人の視線を正しくモニターしているので，もし大人が，自分が見てほしいモノを見ていない，と感じたときは，「あっ，あっ」と言いながら何度も指さしをして大人の注意を促し，そのモノを渡せるときは大人に渡すというギビング（渡す）行動をすることもある。「はい」と言いながら大人に自分の好きなおもちゃを渡すのは，よく見られる行動である。

幼児語は，「ワンワン」「おメメ（目）」など，成人語とは異なる音形をもつ言葉であり，音の繰り返しやオノマトペ（擬音語）がよく使われる。幼児語は母親語（育児語）すなわち母親が子どものために使う特殊な音形の言葉とも関係をもつ。母親が母親語をよく使う場合は，その子どももよく使う傾向がある。幼児語は2歳頃には成人語に置き換わっていく（小椋ら，2015）。幼児語は指し示す対象物の範囲が異なる場合もある。過大般用に関する記述でも述べたとおり，たとえば「マンマ」は成人語の「ママ」あるいは「ご飯」におおむね相当するが，「マンマ」が母親とご飯の両方に適用されたり，「マンマ」が母親に限らず大人の女性全般に適用される場合もある。

語彙学習を説明する理論の1つとして制約の理論がある。子どもは言葉と概念を結びつける一種のルールを使っているとする考え方である。マークマン（Markman, 1989）は，語彙獲得の初期でも使え，かつ多様になってしまいがちな言葉の意味に関する仮説の数を強力に制限できる3つの「制約」(constraints)，すなわち，「事物全体制約」(whole object constraint)，「カテゴリー制約」(taxonomic constraint),「相互排他性」(mutual exclusivity) を提案した。「事物全体制約」は，ある事物が示され，言葉が与えられたら，その言葉はその事物の「全体」に関するラベルである，という仮定である。「カテゴリー制約」により，言葉は，その事物が属するカテゴリーの名称であるという仮説を立てることができる。「相互排他性」とは，それぞれのカテゴリーの外延は相互に排他的であって重なることはない，という制約であり，「1つのカテゴリーにはただ1つの名称がある」とも解される。その後この制約のアプローチは，「仮定」「バイアス」「デフォールト」などと用語が変わってきている。これは，生得的ルールであるよりは，子どもが他者と語用論的観点，すなわち他者と適切にコミュニケーションを行うという観点から自然に学ぶルールであるとする説が出てきている（Diesendruck et al., 2001）。こうした観点は，社会語用論的アプローチとも呼ばれ，語彙獲得を推進する基本的メカニズムを考えるうえでも重要な考え方である。

IV 文法の発達

人間の言語は音声を利用した音声言語であるため，時系列的に並んだ単語音声の連なりにより情報を伝達する（文字言語は後世の発明であるため，言語の起源や本来的性質を考えるときには通常考慮しない）。そこで人間の言語では単語の並びの順番や，単語の音形の一部を変化させあるいは音を付与することにより，単語1個の発話だけでは伝えられないような多様な意味を伝えるよう進化してきた。文における単語の並びの順番が語順（word order），単語に文法的な意味を付加する要素が形態変化（inflections）である。文法とはこの語順と形態変化に関するルールの集まりである。前者に関する理論を統語論（syntax），後者を形態論（morphology）と呼ぶ。

1．単語の結合と統語ルールの出現

一語発話は1歳前後，二語発話は1歳半頃から始まる。一語発話から，文法の存在が確認される二語発話に至る過程では，それぞれ独立した一語が時間的に近接して発話されるようになり，1つのイントネーション・パタンで発話され，二語発話の文として認識されるようになる。日本語を獲得している子どもでは文型の発達について小椋（1999）は，前言語段階，一語発話段階，前統語段階，統語段階の4段階を示し，さらに統語段階をくわしく6段階に分けて示した。統語段階では，位置的一貫性や意味的一貫性があるか，統語ルールが明確に認められる

かにより区別される。中川ら（2005）はJ.COSS（日本語文法テスト）を年少から小学校6年生を対象児として作成し，文理解の発達を示した。一語期，二語期を経て3語以上から文を構成する多語期に移行する。一般に埋め込み文（「猫を追いかけている牛は茶色い」）は主語が1つ，述語が1つというような二要素結合文（「男の子は走っています」）に比べ理解は遅くなる。埋め込み文の中でも，中央に埋め込まれた節が存在する中央埋め込み文（「本は鉛筆が上にあって赤い」）は，それ以外の埋め込み文より理解が遅い。統語発達では，行為者と行為対象がともに生き物（人間を含む）であるとき（例：女の子が馬を押す）には，文の理解が難しいことが示されている。子どもは行為者が生き物であり，行為対象が生き物ではなく事物などであるとき（例：男の子が箱を跳び越す）では理解しやすい。英語を母語とする子どもでは，自動詞（intransitive verb）に比べ他動詞（transitive verb）は，この「何に」（行為の対象）の概念が関わる分，獲得が難しくなる。それでもナイグリス（Naigles, 1990）によると因果的行為に基づく他動詞の理解は意外に早く，2歳児頃に行えるとしている。一方今井ら（Imai et al., 2005）は日本語を母語とする子どもで動詞の獲得を実験により調べ，行為と行為の対象を厳密に区別して新奇な動詞を学習できるのは5歳頃になるとしている。

2．助詞の発達

日本語では，単語間の文法関係を規定する助詞の獲得は重要な問題である。綿巻（1999）は一女児の助詞発達を調べ，終助詞「ね」「と」が最も早く20〜21カ月に出現したこと，次に接続助詞「て」，格助詞「の」「で」「が」などや，係・副助詞「は」「も」「って」などが22〜25カ月頃に出現したことを報告している。文末助詞「って」の出現は早いが，松井ら（Matsui et al., 2008）によれば同じ機能を果たす英語の伝聞を示す表現 hear that…のような複文構造よりも早く出現しており，「って」の助詞の音形の短さにより日本児は複文構造を早く出現させることができるとしている。文法機能は言語によって異なる文法ルールによって実現されるため，このような違いが生じる。

V　語用論の発達

日常の言語使用では，発話の表面に表れた意味（文字通りの意味）と発話から解釈される意味（発話意図）は一致していない場合がある。音をつなげると語を作ることができ，語をつなげると文ができるが，この文が発話として提示された

ときの意味の解釈や，文の集まりである談話のレベルでの解釈では，語や文の表面的な意味とは異なる解釈がしばしば要求される。こうした人間の実際の言語使用における意味解釈の際に必要となるのが語用論の能力である。

たとえば「この部屋は暑いですね」というような文の意味は単純な，「この部屋の温度は高いので私は暑く感じます」というような意味だけではなく，エアコンのスイッチの近くにいる人を見ながらであれば「エアコンを入れてくれませんか」というような依頼の意味や，あるいは自分がエアコンのスイッチの近くにいる場合であれば「窓を開けましょうか」という提案の意味を含んでいる可能性が高い。発話意図を推測するために必要なことは，暑そうに見える状態，自分への視線，自分とエアコンの位置関係，といった非言語情報だけではなく，共通基盤（common ground）と呼ばれる多様な知識もきわめて重要である（Clark, 1996）。先の例では，「自分が暑く感じるのは，風邪をひいている，運動の直後である，など自分自身の特別な状況がとくにない場合は，部屋の温度が適切な状態よりも高いからである」「部屋の温度が高いとき，エアコンの温度設定を下げることで室温を下げることができる」という人の身体的側面に関する知識や，部屋・エアコンなど事物に関する知識を使っている。さらに，「エアコンの近くにいる人は，遠くにいる人よりも容易にエアコンの温度を下げることができる」「人は通常容易にできることを頼まれた場合，嫌がらずに応じるものである」というような，人間の行動・心理に関する知識も使う。こうした知識を他者と共有し，それを互いに使って発話の推論をすることが前提となって発話が成立しているのである。こうした共有されている知識を「共通基盤」と呼ぶ。

1. コミュニケーションの規則

さらに，会話の規則も，発話意図の推測のために重要な役割を果たす。グライス（Grice, 1975）は，人間は互いに協力的なコミュニケーションを行っており，会話において協力的であるために使っているとするルールを次のようにまとめた。

量の公準：適切な量の情報を提示する。
質の公準：正しいと思っている情報を提示する。
関連性の公準：関連する情報を提示する。
様式の公準：適切な様式により情報を提示する。

「この部屋は暑いですね」という発話は，たとえば「暑くもないのに嘘を言っている」と虚偽を述べていると解釈されることはまずない。その可能性はゼロでは

ないが，それは前提とされない。会話のルールは発話をどう構成すべきかを示すだけではなく，会話参加者が互いに遵守しているはずだという前提の下で，発話意図の推論にも重要な役割を果たすことができる。

「関連性の公準」すなわち「関連性のあることについて述べる」ということを幅広く人間のコミュニケーション全般の特徴とし，「関連性理論」として理論化したのが，スペルベルら（Sperber et al., 1986）である（第11章Ⅱ節参照）。「この部屋は暑いですね」という発話は，現在の話し手と聞き手の状況に関連する発話であるはずなので，そもそも「この部屋」はいまいる部屋のことであり，他の部屋のことではないことになる。さらに関連性の判断は状況によって異なる。たとえば，建築設計士が図面の中の特定の部屋を見ながら顧客と話しているときは，設計士と顧客がいる部屋ではなく，図面上の特定の部屋の空気も流れに関する発話（「この部屋は，夏場は空気の通り道が少なく暑いですね」）ということになるかもしれない。このように他者の発話意図を知る能力の発達にはさまざまの能力が関わる。

2．語彙発達と語用論的能力

語用論的能力は言語発達に重要な役割を果たす。意図明示的手がかりが言語ラベル獲得とどう関係するかを実験的に調べたのが，ボールドウィンである。ボールドウィン（Baldwin, 1991）は子どもが大人の指示の意図をみずから能動的に抽出できるかについて調べるために，子どもに2つの目新しい玩具を見せた。そして，そのうちの1つを子どもに与え，もう1つは実験者のそばに置いた。子どもが与えられた方の玩具に注意を集中させて遊んでいることを見計らって，実験者は，もう一方の玩具を注視しながら "It's a toma!"（トーマだ！）と叫んだ。すると，生後16カ月以上の子どもの90％以上の子どもが新しいラベルを聞くと，少なくとも一度は実験者の顔を見て，「トーマ」と聞いたときに実験者が見ていた方を確認した。

言語発達のメカニズムを説明するうえで認知・語用論的アプローチをとるトマセロら（Tomasello et al., 2003）の実験では，幼児は他者が特定の情報を知らないことに気づくことができ，そのことが言葉の意味解釈につながっていることを示している。彼らの実験では，まず実験者2人が幼児と2個のおもちゃで遊ぶ。しばらくしてうち1人の実験者が部屋を退出する。その実験者がいない間に残っていた実験者は新しいおもちゃ1個を加え，3個のおもちゃで子どもと遊ぶ。遊んでいるところに先ほど退出した実験者が戻ってきて，驚いた表情を示し「あら，

すてきね！ それをくれる？」("Wow! Cool! Can you give it to me?") と子どもに言う。視線は 3 個のおもちゃに対し等分に向ける。テストを行うと，子どもは正しく後に追加されたおもちゃを先ほどの発話をした実験者に手渡すことができた。この能力は生後 12 カ月で萌芽的能力があり，18 カ月までには十分可能であったという。これは，別の実験で「トーマ」などのような無意味語を使って実験者が「トーマをちょうだい」と言っても同じ反応であった。ここには，「戻ってきた人が驚いた顔をしたのは，新たな事物が加わっていたからであり，人は一般に新しいものを見ると，驚いたり特別に注意を払う」という，人に関する知識の関与がある。さらに人は会話において関連性のある情報を述べているはずなので，「すてきね，（トーマを）ちょうだい」と言っているのは，たとえ魅力的であっても以前一緒に遊んで十分わかっているおもちゃについて述べているのではなく，新たに加わったおもちゃであり，現在発話者が関心をもっているはずのおもちゃについて述べているのだ，と推測することになる。

3．皮肉の理解

語用論的能力で多く研究されている分野に皮肉の理解がある。言葉の表面上の意味と発話者の意図とは異なる場合，たとえば言葉の表面上の意味と発話者の意図がまったく逆，つまり皮肉の場合，意味の理解は難しくなる。聞き手はたんに言語の意味を知るだけでなく，本当は何を発話者が言おうとしているのか，さらには，なぜわざわざ反対のことを発話者は言っているのかという，発話者の意図をも適切に推測しなければならない。それゆえ皮肉の理解は遅くなる。フィリッポヴァら（Filippova et al., 2010）は 5 歳から 9 歳の子どもに，ストーリーと，それと関連したイラストを示し，事実と反対のことを発話者が述べたときの解釈を調べた。ストーリーは，ビリーという名前の男の子がお母さんに頼まれて食洗機から食器を取り出して棚へしまうお手伝いをしていたが，誤ってお皿を割ってしまう。そこでお母さんが，「なんていいお手伝いをしてくれるの！」("You sure ARE a GREAT helper!")（反事実に対する賞賛）と言うか，あるいは「この家をぶち壊そうとしてるのね！」("You sure KNOW how to WRECK the house!")（事実への誇張された批判）などとビリーに言う。フィリッポヴァらは，発話者の言葉の解釈において，意味，意図，信念，動機のそれぞれを適切に理解できているかを調べ，5 歳児はまだ理解が不十分であるが，7 歳，9 歳で理解が進んだことを示した。

VI　言語獲得の理論

　言語獲得のメカニズムについて考察する理論について学ぶことにより，支援が必要な子どもの問題をより広い観点から適切に考察することができる。言語獲得理論については，チョムスキー（Chomsky, 1957, 2002）に代表される生得的アプローチとトマセロ（Tomasello, 2008）に代表される社会語用論的アプローチが，鋭い対立をしながら理論展開を行う一方，言語入力における頻度および事象との随伴性が重要とする統計的学習アプローチも提案されている。

1．生得的アプローチ

　生得的とは「生まれつき」という言葉とほぼ同義で，遺伝的・生物学的にある能力が脳に準備されていることを意味する言葉である。しかし生まれつきといっても必ずしも誕生時にある能力が発現するとは限らないことは，言語の出現が一般的には1歳頃とされていることからも明らかである。生得的システムは成熟に伴って外界からの情報入力を受けながら成長するものである。つまり大人からの入力は必要であるが，生得的アプローチでは入力に関する議論はあまり行わず，脳に備わっている特徴を重視する傾向が強い。

　生得的アプローチはチョムスキー（Chomsky, 1957）が提出した生成文法理論に代表される。生成文法理論は，人間は生得的に文を産出するためのルール（普遍文法：Universal Grammar）を脳に備えており，文法発達は外界から聞く大人の文を聞くことにより，ルールが発動し文が生成され，産出されると考える。子どもはこの過程が可能となるような，言語獲得装置（Language Acquisition Device：LAD）を脳に備えて生まれてくるとする。チョムスキーによれば，文は心の中でツリー（樹状）構造をもち，名詞句（NP），動詞句（VP）といった，「句」（phrase）のまとまりからなっている。それぞれの語は，名詞句，動詞句の中で他の語との関係が規定されている。ある語が名詞であると判明すればどのような他の語とともにどのような順序で使用されるかのルールが使えるようになり，文の生成を行うことができるとする。名詞句と動詞句の順序には2つのおもなものがあり，動詞句の構造がVP＋NP（go to the park）となっている英語のようなSVO型とNP＋VP（「公園へ行く」）となっている日本語のようなSOV型がある。子どもは最初に聞いた大人の言語入力から，どちらのタイプの言語を獲得しているかを知り，語順パラメータの設定を行うとしている。

2. 統計的学習アプローチ

　統計的学習とは，環境からの知覚的入力情報を統計的に処理し構造を見出す学習を指す。外界からの刺激の頻度や刺激同士の随伴性や連続性の中から何らかの規則性を見出し，その情報が言語学習を推進すると考える。たとえば，母親が子どもに「あ，イヌ，イヌ，イヌがいるよ。かわいいイヌだねえ！」と言ったとする。ここで，/inu/ という発声が繰り返されていることがまず注目される。繰り返しとはすなわち，/i/ の音の直後では /nu/ という音が発せられた確率が高かったことになる。一方，/nu/ の直後では，/i/ も出現しているが，/ga/ も出現し，また /da/ も出現しており多様性がある。母親の先の発言は，物理的な音声ストリームとしては連続しているが，そこから，/inu/ つまり /i/ の後に /nu/ という連結が統計的に多く知覚され，知覚的に際立つ（salient）ことになる。連続した音声トストリームから単語が切り出されることになる。セグメンテーション（segmentation）と呼ばれるこの切り出しは，音声発達でも触れたとおり，語や文を取り出すうえで必須である。スピーチ・ストリームの中で，ある単語やシラブルは他の単語やシラブルと共起する確率や遷移確率（Transitional probabilities）が高いことが見られる。遷移確率とは，他の言語単位が発せられた状況で当該の言語単位が発せられる確率であり，あるシラブルが発せられた直後にある特定のシラブルが発せられる確率は，1 単語の中（単語内）では高いが，単語と他の単語の間（単語間）では低くなる。統計的学習は聴覚刺激のみならず視覚刺激でも起こる。カーカムら（Kirkham et al., 2002）は 2, 5, 8 カ月児が遷移確率の変化がある視覚刺激を区別できたことを示した。スミスら（Smith et al., 2008）は，語彙獲得への効果を示した。

3. 社会語用論的アプローチ

　社会語用論的アプローチとは，生得的アプローチ，統計的学習アプローチと対立し，人間の意図がどのように推測され言語獲得に結びつくかを中心的に議論する。日常の何気ない子どもと大人のやりとりの構造やメカニズムの分析を中心とし，子どもが他者と相互作用をするなかで言葉と概念の結びつきや文の構造などを学ぶことを重視する説である。ブルーナー Bruner, J. は，子どもの周りの大人が言語獲得を促進する役割を果たすことに注目し，言語獲得支援システム（Language Acquisition Support System：LASS）を提示したが，この考え方に近いといえる。分析では言語情報のみならず，視線・指さしなど非言語情報も含まれることが多

い。なお，語用論とは，言語の4要素とされる「音声」「語彙」「文法」「語用論」のうちの1つであり，社会的状況に合わせた言語使用ということができる。実際には，音声・語彙・文法「以外」の言語に関わることすべてともいえ，非言語情報までも含む幅広い概念を指す。

　社会語用論的アプローチで重視されるのは，共同注意の成立と，他者意図の理解である。話し手が聞き手に対し，「いま私はあなたに，あなたにとって重要な何かの情報を伝えますよ，よく聞いてくださいね」という意図（伝達意図）を伴って何らかの情報を伝えるときに行われる，意図明示的コミュニケーション（Wilson et al., 2012）が重要とされる。大人により提示される意図明示的コミュニケーションの手がかりは，周囲の環境へどう子どもが注意するかに影響を与える。ここでの手がかりとは，意図明示するために必要な準備（伝達意図）を提示するような，伝えたい意図が明らかにできる視線，指さし，音声を発する，など言語・非言語情報である。千住ら（Senju et al., 2008）は，意図明示的／非意図明示的なコミュニケーションの状況で，生後6カ月の子どもの事物への注視が異なっていたことを示した。9カ月以降，子どもは共同注意の成立をみずから積極的に推進しようとするようになり，11カ月以降に指さし行動が増加する傾向になる。

　文法発達に関してトマセロ（Tomasello, 2003）は用法基盤アプローチ（Usage-based approach）を提唱した。用法基盤アプローチでは，いくつかの決まったパターンの複数の文中で出現する語が，同様の機能をもつと子どもが推測することにより，結果的にその語が属する動詞などの文法カテゴリーが出現する，としている。たとえば "I can kick you." と "I can see you." という文に出会った子どもは "I can X you." という形式の構文を獲得するが，ここでXという項が発達しつつある動詞の項となる。動作を示すkickも，動作とは言いにくいseeも，同様の機能を示し文型の同じ位置（スロット）で出現する点で同じカテゴリー，すなわち抽象的な文法カテゴリーである動詞に属すると判定されることになる。さらにトマセロ（Tomasello, 2008）によれば，各構文はそれを発した人の意図を推測することにより，ある特定の意図を伝えられるような文として，いわば文型と意味はセットとして獲得されると述べている。たとえば「花子が太郎をおもちゃでたたいたら，おもちゃが壊れた」という同一の事象について「花子が太郎をたたいた」「太郎が花子にたたかれた」「花子がおもちゃでたたいた」「おもちゃがこわれた」などいくつもの文を作ることができる。ここで，「誰がぶったか」あるいは「誰がぶたれたか」「何でぶったか」「何がこわれたか」など，話し手が強調したいことが異なることに対応した，それぞれ異なる文型を子どもは学ぶとする。当然名詞

も動詞も異なる文型の異なる位置で出現するが，そうした異なる文をまたいで結果的に名詞や動詞の文法カテゴリーもその用法とともに獲得されることになる．

VII おわりに

　定型発達の子どもたちはすばやく問題なく母語を学ぶように見えるが，じつは言語習得は複雑な過程である．言語習得に問題がある子どもの場合，複雑な過程であることをよく理解しておくことが，よりよい支援を行うために重要である．

■学習チェック
□ 音声の理解と産出の発達について理解した．
□ 語彙の発達過程と共同注意との関係について理解した．
□ 文法の発達過程について理解した．
□ 語用論とは何かを知り，語用論における発達過程について理解した．
□ 言語獲得における代表的な理論について理解した．

より深めるための推薦図書
　小林春美・佐々木正人編（2008）新・子どもたちの言語獲得．大修館書店．
　秦野悦子・高橋登編著（2017）言語発達とその支援．ミネルヴァ書房．
　藤野博編著（2018）コミュニケーション発達の理論と支援．金子書房．
　トマセロ Tomasello, M., 大堀壽夫・中澤恒子・西村義樹ら訳（2006）心とことばの起源を探る．勁草書房．

文　献

Baldwin, D. A. (1991) Infants' contribution to the achievement of joint reference. *Child Development*, 62; 875-890.
Bates, E., Marchman, V., Thal, D. et al. (1994) Developmental and stylistic variation in the composition of early vocabulary. *Journal of Child Language*, 21(1); 85-123.
Brent, M. R. & Siskind, J. M. (2001) The role of exposure to isolated words in early vocabulary development. *Cognition*, 81(2); B33-B44.
Chomsky, N. (1957) *Syntactic Structures*. Mouton & Co.
Chomsky, N. (2002) *Syntactic Structures*, 2nd Edition. Mouton de Gruyter.
Clark, H. H. (1996) *Using Language*. Cambridge University Press.
DeCasper, A. J. & Spence, M. J. (1986) Prenatal maternal speech influences newborns' perception of speech sounds. *Infant Behavior and Development*, 9(2); 133-150.
Diesendruck, G. & Markson, L. (2001) Children's avoidance of lexical overlap: A pragmatic account. *Developmental Psychology*, 37(5); 630-641.
Filippova, E. & Astington, J. W. (2010) Children's understanding of social-cognitive and social-communicative aspects of discourse irony. *Child Development*, 81(3); 913-928.
Grice, H. P. (1975) Logic and conversation. In: P. Cole & J. Morgan (Eds.) : *Studies in Syntax and*

Semantics III: Speech Acts. Academic Press, pp. 183-198.

Imai, M., Haryu, E. & Okada, H.（2005）Mapping novel nouns and verbs onto dynamic action events: Are verb meanings easier to learn than noun meanings for Japanese children? *Child Development*, 76(2); 340-355.

Jusczyk, P. W. & Aslin, R. N.（1995）Infants' detection of the sound patterns of words in fluent speech. *Cognitive Psychology*, 29(1); 1-23.

Kirkham, N. Z., Slemmer, J. A. & Johnson, S. P.（2002）Visual statistical learning in infancy: Evidence for a domain general learning mechanism. *Cognition*, 83(2); B35-B42.

Kuhl, P. K., Stevens, E., Hayashi, A. et al.（2006）Infants show a facilitation effect for native language phonetic perception between 6 and 12 months. *Developmental Science*, 9(2); F13-F21.

Markman, E. M.（1989）*Categorization and Naming in Children: Problems of Induction*. The MIT Press.

Matsui, T. & Miura, Y.（2008）Young children's assessment of linguistically encoded reliability of speaker knowledge. *Studies in Language Sciences*, 7; 139-152.

Moon, C., Cooper, R. P. & Fifer, W. P.（1993）Two-day-olds prefer their native language. *Infant Behavior and Development*, 16; 495-500.

Naigles, L.（1990）Children use syntax to learn verb meanings. *Journal of Child Language*, 17; 357-374.

中川佳子・小山高正・須賀哲夫（2005）J.COSS第三版を通してみた幼児期から児童期における日本語文法理解の発達．発達心理学研究，16(2); 145-155.

小椋たみ子（1999）語彙獲得の初期発達．In：桐谷滋編：ことばの獲得．ミネルヴァ書房，pp. 144-194.

小椋たみ子・小山正・水野久美（2015）乳幼児期のことばの発達とその遅れ―保育・発達を学ぶ人のための基礎知識．ミネルヴァ書房．

Senju, A. & Csibra, G.（2008）Gaze following in human infants depends on communicative signals. *Current Biology*, 18; 668-671.

Smith, L. & Yu, C.（2008）Infants rapidly learn word-referent mappings via cross-situational statistics. *Cognition*, 106(3); 1558-1568.

Sperber, D. & Wilson, D.（1986）*Relevance: Communication and Cognition*. Harvard University Press.（Sperber, D. & Wilson, D.（1995）*Relevance: Communication and Cognition*, 2nd Edition. Harvard University Press.）

Tomasello, M.（1995）Joint attention as social cognition. In: C. Moore & P. Dunham (Eds.): *Joint Attention: Its Origin and Role in Development*. Lawrence Erlbaum, pp. 103-130.

Tomasello, M.（2003）*Constructing a Language: A Usage-Based Theory of Language Acquisition*. Harvard University Press.

Tomasello, M.（2008）*Origins of Human Communication*. MIT Press.（松井智子・岩田彩志訳（2013）コミュニケーションの起源を探る．勁草書房．）

Tomasello, M. & Haberl, K.（2003）Understanding attention: 12-and 18-month-olds know what is new for other persons. *Developmental Psychology*, 39(5); 906-912.

綿巻徹（1999）ダウン症児の言語発達における共通性と個人差．風間書房．

Wilson, D. & Sperber, D.（2012）*Meaning and Relevance*. Cambridge University Press.

非言語的・前言語的コミュニケーション

西尾　新

🗝 *Keywords*　指さし，言語獲得，三項関係，共同注意，発話に伴う身振り，概念形成

　非言語的コミュニケーション（nonverbal communication）とは，言語記号を意味の手がかりとする言語的コミュニケーションに対する概念であり，表情や視線，身振りや姿勢，声の調子や発話速度など，言語記号以外の手がかりによって行われる過程を指す。この非言語的コミュニケーションの中でも身振りは，言語獲得以前の子どもにとってのコミュニケーション手段であるとともに，非言語行動の情報チャンネルの1つという枠組みを超えて，言語の獲得や概念形成など，言語と思考とに密接に関わっている。本章では，Ⅰ節で身振りが乳児の言語獲得に果たす役割について，Ⅱ節で言語獲得に困難のある子どもの身振りについて，Ⅲ節で身振りが表象操作（思考）と概念形成に果たす役割について，Ⅳ節では全体のまとめについて述べる。

Ⅰ　身振りが言語獲得に果たす役割

1．前言語的コミュニケーションにおける手さし・指さし

　乳児は生後10カ月頃になると，自分の手の届かないところにある対象に向かって手を伸ばすようになる（手さし）。子どもを抱いた養育者は子どもが手さしを行うと，伸ばされた手の先に子どもの興味の対象があると推測し，子どもを抱いてその方向へ移動する。結果として子どもは，興味の対象に近づけたり，それを手に入れられたりする。言い換えれば子どもは，自分の身体を用いて意思を表明し，大人が動くことで自分の欲求を満たすことができたのである。このような一連の経験から子どもは，みずからの身体を使って自分の欲求を大人に伝えられることを理解する。
　上記のような手さしによる方向の指示は，はじめ五指が伸びた状態すなわち手

第 8 章　非言語的・前言語的コミュニケーション

を開いた形で行われるが，およそ 2 週間後には人さし指のみが伸ばされた状態，すなわち指さしの形で行われるようになる。子どもが特定の対象や方向を指さした場合，養育者はそこに子どもの意図を"読み取り"，子どもが指さした対象／方向に注意を向ける。またこれとは逆に大人が指さした方向／対象に子どもが注意を向ける場合もある。このように，子どもと養育者が 1 つの対象に注意を向ける現象は共同注意（joint attention）と呼ばれ，「子ども」「養育者」「対象」という 3 つの項によって構成された関係は三項関係と呼ばれる。この共同注意は，養育者の注意を特定の方向へ向けさせるための子どもによる指さしの「産出」（「始発の共同注意」）と，養育者が指さした対象を子どもが注視するという指さしの「理解」（「応答の共同注意」）という 2 つに分けられる（Tomasello, 1995）。また共同注意場面では，子どもは指さしによって焦点づけられた対象を見ると同時にしばしば養育者の視線にも目を向け，養育者が自分の意図した対象に注意を向けているか確認する行動（参照視；referential looking）が見られる。

　手さしから始まって指さしを用いた共同注意へと至る一連の過程は，以下の 2 点で子どもの言語獲得にとって重要である。第 1 は，上記のように「自分の身体を用いて他者の注意を自分の興味の対象／方向に向けられる」ことに子どもが気づくことである。いわば，自分の意図が伝達可能であることの気づきである。第 2 は，指さしが記号の 1 つとして対象を参照する機能を有するという点である。つまり三項関係における指さしは，対象を指し示す機能（能記[注1]）をもった行為であり，その機能が子どもと養育者との間で共有されているという意味で身体を用いた前言語的な記号といえるのである。言い換えれば指さしは「あれ」「こっち」に相当する代名詞の役割を果たしているといえよう（Goldin-Meadow, 2015）。実際，指さし頻度の高い子どもほど，数カ月後の単語の獲得数が多くなることが確認されている（Bates et al., 1979）。

2．文法獲得における指さしの役割

　生後 20 カ月前後になると二語発話が発現する。これは「みかん　ちょうだい」「ばあちゃん　あっち」のように連続して 2 つの単語が発話されるものであり，動詞＋目的語，主語＋動詞のような原初的な文法構造をここに見て取ることができる。この二語発話の発現は，初語の発現と並んで言語獲得における重要な通過点

　注 1）　ソシュール de Saussure, F. の言語学における基本概念の 1 つで「所記」と対をなす。能記は表すもの（シニフィアン）すなわち記号表現であり，所記は表されるもの（シニフェ）すなわち意味内容である。

の1つであるが，この二語発話の発現も突然生じるものではなく，その発達過程において身振りが重要な役割を果たしている。

まず二語発話発現の2〜5カ月前，生後13カ月〜18カ月頃の間に，身振りを連続して2回用いる行動が現れる。たとえば対象を指さし，ついでそれを置く場所を指さすなど2つの指さしを組み合わせて用いる場合や，対象を指さしたあと，手のひらを上に向けて「ちょうだい」の身振りを組み合わせる場合などである。生後16カ月頃になると，身振り（おもに指さし）と安定した意味を同定できる発話との組み合わせが発現する。この身振りと発話の組み合わせは，身振りと発話の意味との関係から次の2つに分けられる。1つは，身振りと発話とが同一の情報を表す場合で，指さしで「ぬいぐるみのイヌ」を指さし，発話として「ワンワン」というような場合である。もう1つは，身振りと発話で示される情報が異なる場合で，たとえばリンゴを指さしながら「ちょうだい」と発話したり，おもちゃを指さしながら「ぼくの」と発話したりするような場合である。このリンゴを指さしながら「ちょうだい」と発話する例では，発話だけに注目すれば一語発話であるが，それにリンゴを指さす身振りが組み合わされることで，「"リンゴ"ちょうだい」という目的語と動詞とをもつ文構造が生成されているのである (Goldin-Meadow, 2015)。

このような発話と身振りとが異なる情報をもつ組み合わせの発現から0カ月〜2カ月遅れて二語発話が発現するが，身振りと発話の情報が異なる組み合わせの発現時期と，その後の二語発話の発現時期との間にはきわめて高い相関が確認されている (Butcher et al., 2003)。いわば発話と身振りの情報が異なる組み合わせの発現は，子どもの二語発話の開始時期を予測するのである。

3．身振りから音声言語へ

ここまで見てきたように身振りは，音声言語獲得にとってその筋道を"整える"先触れとして機能するが，その身振りは音声言語獲得とともに減少していく。最初に身振りによってコミュニケーションの枠組みが作られ，その後身振りが音声言語へと置き換わるのである。これは言語獲得期の子どもにとって音声言語よりも身振りの方が使いやすく理解しやすいことがその理由として考えられるであろう。初語，二語発話という言語獲得におけるターニングポイントではいずれもその前段階で，身振りは"言葉"として機能し，音声言語獲得のための踏み台としての役割を果たしているのである (Goldin-Meadow, 2015)。

第8章 非言語的・前言語的コミュニケーション

II 言語獲得に困難のある子どもの身振り

1．自閉症スペクトラム障害／自閉スペクトラム症（ASD）児の指さし産出と他者の指さしの理解

　自閉症スペクトラム障害／自閉スペクトラム症（ASD）児は指さしの産出，理解のいずれにおいても困難を示す点において特徴的である。産出に関しては，生活年齢がほぼ4歳前後のASD児，ダウン症児，発達遅滞児の非言語的なコミュニケーション行動を比較した結果，ASDは他の障害と比較して指さし産出の頻度が有意に低いことが示されている（小椋，2008）。一方，他者の指さしの理解についてもASD児は困難を示す。別府（1996）はASD児（3歳〜5歳, 23名）と健常児（0歳〜1歳8カ月歳, 53名）を対象に，調査対象児の後方を飛ぶシャボン玉を，対面している実験者が指さした際の調査対象児の行動を比較した。その結果，健常児の場合では1歳を越えればほとんどの子どもが，実験者が指さした後方のシャボン玉を振り返って見たが，ASD児ではその発達年齢によって大きな違いが見られた。K式発達検査の「言語・社会」領域において発達年齢が1.0歳以下のASD児8名では指さされた後方を振り返る行動は見られなかったが，発達年齢が1歳以上の15名は，後方を振り返る指さし理解を示したのである。すなわち指さしの理解の点においては，発達年齢が同程度であれば，健常児とASD児とで差は認められなかったのである。健常児とASD児とで大きな違いが見られたのは，対象の共有を確認する参照視の有無においてであった。健常児の場合1歳以上で指さしが理解できた対象児の約半数が参照視を示したのに対し，ASD児では，指さし理解可能な15名のうち参照視を示したのは1名のみであった。すなわち発達年齢が1歳以上のASD児においては，他者の指さしの理解は健常児と比較して同程度であったが，注意の共有を確認する参照視がほとんど見られなかったのである。このことから別府はASD児の指さし行動に関連する困難さとは，指さしのもつ能記的な機能の理解の困難さよりも，伝達意図をもつ行為者として他者を認識し，注意の対象を他者と共有する点にある困難さが反映されたものであることを示唆している（別府，1996）。

　指さしはASD児に対する支援の手段としても有効である可能性が示されている。小野里ら（2003）は，「療育者が宝の隠し場所を指さし，ASD児がそれを見つける」という宝探しの文脈を用いた一連の過程が，指さし理解を促す可能性を示した。さらに小野里らは「ASD児に関われない」という訴えをもつASD児の家

族が，日常生活において指さしを用いてASD児に働きかけた結果，言葉による働きかけよりも共同注意が起こりやすく，また養育者の側も「こちらの働きかけを見てくれた」という経験を得やすいことを述べている。指さしはASDの早期発見の指標となるだけでなく，自然な文脈の中で「対象の共有」というコミュニケーションの基盤の発達を促すうえでも重要な支援ツールとなりうるのである。

2．語彙獲得を予測する身振り――言語獲得に遅れの見られる子どもの身振り

身振りはその後の言語発達の指標になりうる。サールら（Thal et al., 1991）は，一語発話段階にある乳幼児（生後18カ月～29カ月）を対象に1年の間隔を置いて二度，発話と身振りについて観察を行った。彼女らの調査では，1回目の観察時に語彙獲得数が全体の下位10％の範囲にある子どもたちを対象として，コミュニケーションに使用される身振りに注目して2つの群に分けた。すなわち，身振りの獲得において語彙獲得に遅れの見られなかった子どもと差がなかった群と，身振りの獲得においても遅れが見られた群である。これらの子どもたちの1年後の語彙獲得数を調べたところ，身振りに遅れの見られなかった子どもたちは，1回目の調査時点で語彙獲得に遅れが見られなかった子どもと，獲得された語彙数に関して差が認められなかったのである。すなわち，1回目の調査時点で見られた語彙獲得の遅れを1年後に取り戻したのである。一方，1回目の調査時点において語彙数においても身振りにおいても遅れが認められた子どもたちは，1年後においても遅れを取り戻すことはできなかったのである。

同様の結果は，脳損傷のある子どもの研究からも得られている（Sauer et al., 2010）ことから，音声言語の習得に困難さを示す子どもたちが生成する身振りを観察することは，その後彼らが定型発達の子どものレベルに追いついていくか否かを見通すための1つの指標として有効であるといえよう。このことはまた，言語獲得に困難を示す子どもに対する治療的，あるいは療育的な介入の必要性を判断する指標としても考えられるであろう。

3．聾児の手話言語[注2]獲得

親が手話使用者で，手話に接する機会が十分に与えられれば，聾児は自然に手話言語を習得する。興味深いのは，彼らの手話言語の習得過程が健聴児の音声言語習得過程と同様のパターンを示す点である。ペティトーら（Petitto et al., 1991）は聾児の手話獲得過程の観察から，手話による初語発現の前に音声言語における喃語（babbling）と同様に意味をもたない手の動きがあることを見出し，これを

第 8 章 非言語的・前言語的コミュニケーション

「手話喃語」(manual babbling) と名づけた。この手話喃語は，健聴児の身体運動と比較して運動の種類が多様で複雑である点において健聴児の身体運動とは大きく異なる。武居ら (2000) は，手話単語の初語獲得前に発現する複雑な動作（手話喃語）が，「手型」「運動」「位置」の 3 つの要素が結合した動作で，リズミカルに繰り返され，その後に発現する手話単語と連続性[注3] が見られたことから，手話喃語が手話単語の初語の先触れとなっていることを示した。このように聾児における手話喃語は，健聴児の音声言語獲得と同様に，手話言語における前言語的な発達的基盤といえるであろう（鳥越，2008）。

聾児の親の 90% は健聴者であり，そのほとんどは手話を使うことはできない。このことは，聾児の多くは音声言語，手話言語のいずれの言語にも接触する機会をもてないことを意味する。このような環境において，聾児が健聴者の親とコミュニケーションを行うためには，必然的に身振りが用いられることとなる。このようなそれぞれの家庭内でのみ用いられる身振りはホームサイン (home sign) と呼ばれ，おもに，対象を示す指さしと対象の形や運動を示す映像的身振り (iconic gesture) がこれに用いられる。

このホームサインは，それぞれの家庭で個別に作られ使用されるものでありながら，一般的な言語と同様に特定の形式と機能を有している。たとえば，複数の身振りを組み合わせた身振り文の前に，首を横に振る動作を加えることで打ち消しの意味を表したり，身振りの最後に手のひらを下向きから上向きに返すことで疑問符を加えたりして，身振り文を修飾するような例が観察されている（Franklin et al., 2011）。またホームサイン使用者は，言語にとって重要な機能の 1 つである，話し手にとっても受け手にとっても知覚しえない対象や出来事に言及したり (Butcher et al., 1991)，身振りで自分自身に話しかけたり（独話）することが観察されている (Goldin-Meadow, 1993)。健聴者の親のもと，言語的な入力がきわめて限られている状況にもかかわらず，聾児たちは一般的な言語と同様の構造をもつホームサインを発展させているのである。

注2) 手話は大きく分けて日本語対応手話と日本手話の 2 つに分けられる。日本語対応手話は，日本語の単語を身振り単語に置き換えたもので，音声言語としての日本語を視覚言語に"翻訳"したものであり，言語学的観点からいえば日本語と同じ言語と見なされる。一方，日本手話は聾者コミュニティで使用されてきたもので，音声言語としての日本語とは異なる独自の文法構造をもち，音韻論，形態論，語用論のいずれの観点から見ても 1 つの独立した言語と見なすことができる（鳥越，2008）。

注3) 武居ら (2000) が観察した 2 名の聾児は，観察期間中に 7 つおよび 8 つの手話単語を表出したが，これらの手話単語に使用される「手型」「運動」はそれ以前に産出された手話喃語の中でも使用されていた。

ここまで見てきたように、聾児の手話獲得過程や各家庭で発展してきたホームサインが、音声言語と共通する獲得のメカニズムや文の構造を有することは、身振り言語と音声言語に通底する単一の言語能力の存在を示唆するものといえるかもしれない（Petitto et al., 1991）。その一方で私たちは、シンボルを用いて意味を操作する他者が存在する環境の中に生まれてくる。また、環境と相互作用すること自体が言語を規定すると考えるならば、物理的な環境内における私たちの経験の共通性に身振り言語と音声言語の類似性の起源を見ることも可能かもしれない。しかしその起源がどのようなものであるにせよ、定型発達児の言語獲得と同様に、言葉の獲得に困難を抱える子どもにおいても身体動作と言語獲得とは密接に結びついているといえるであろう。

III 表象操作に関わる身振りと情報伝達の可能性

1. 指さしが計数に果たす役割

指さしは、言語獲得において重要な役割を果たすだけでなく、数量の概念形成においても役割を果たしている。幼児が数を数える（計数）際、多くの場合において幼児は対象に直接触れるかそれを指さしながら数える。なぜ計数において指さし／接触を必要とするのであろうか。対象を正確に数えるためには、対象を二度数えたり、数え飛ばしたり、同じ数詞を複数回使用したりしてはならない。したがって正確な計数のためには「いまどこまで数えたか」「次に数えるべき対象はどれか」「いま対象に割り当てた数詞は何か」「次の対象に割り当てるべき数詞は何か」など幼児にとっては認知的負荷の高い操作が必要となる。少ない数であれば見ただけで数えることができる幼児でも、対象の数が増えると指さしを用いることはよく知られており、このような現象は大人でも見られるところである。このような場合、指さしを用いることは「いまどれを数えたか」「どこまで数えたか」「次に数えるべき対象はどれか」という注意の焦点の保持に寄与すると考えられる。すなわち、指さしが対象と一対一対応することによって「いまどれを数えているか」についての記憶を保持しておく必要がなくなる。いわば、指さしを外部記憶装置として用いることでワーキングメモリの負担を軽減することが可能となるのである（Alibali et al., 1999）。

2. 手指の巧緻性と計算能力

手指が外部記憶装置として用いられる例に指を用いた計算があるが、手指の巧

緻性と計算能力との関連が示されている。浅川ら（2011）は幼児の運動能力や一般的に計算能力と関連があると思われるワーキングメモリの容量以上に手指の巧緻性が計算能力と関連していることを見出した。さらに彼らは，小学1年生（6〜7歳児）を対象として，手指の巧緻性の訓練が計算能力の向上に寄与するか否か検討した。3週間の手指の巧緻性を促す訓練の後，児童用のウェクスラー知能検査（WISC-Ⅲ）の計算課題の成績を比較したところ，訓練を行った実験群の方が行わなかった統制群と比較して成績が向上することが認められた。さらに実験後，統制群に対しても，同様の訓練を行ったところ，実験群と同様に計算成績の向上が認められたのである（Asakawa et al., 2017）。手指の巧緻性と計算能力の関連のメカニズムについて浅川らは手指の正確な動作が計数の正確性に寄与し，結果として計算能力を向上させている可能性を示唆している。身体運動と認知能力の間には，これまで考えられてきた以上に密接な関連があるといえよう。

3．身振りに現れる学習成立の準備性

私たちが発話を行う場合，その発話に身振りが伴うことがある。この発話に伴う身振りはそれによって意味を伝達しようとする発話者の意図は希薄であり，また文化的に決まった形態があるわけではない。しかし，このような発話に伴う身振りを詳細に検討すると，手の形や手の運動，あるいは身振りの発現する位置が，発話内容のイメージと密接に関連していることが知られている。

チャーチら（Church et al., 1986）は，実験参加児（5〜8歳）にピアジェ Piaget, J. の液量保存課題に対する自分の判断の理由を説明させ，その際の発話とそれに伴う身振りを観察した。液量保存課題とは，2つの同じ形の容器に入れられた同量の水の一方を，子どもの目の前で細長い容器に入れ替え，2つの液量の異同を尋ねる課題である。子どもが液量の保存性を理解している場合，水位の高さにかかわらず，2つの容器の液量は同じであると答え，子どもが液量の保存性を理解していない場合（課題失敗），2つの容器の水位が異なることを理由に，2つの容器の液量が異なると答える。観察の結果，チャーチらは，課題に失敗した子どもらが二群に分けられることを見出した。1つの群は，2つの容器の液量が異なると判断した理由として水面の高さが異なることに言及し，かつ身振りでも水面の高さの違いを表している群であり，発話と身振りで表されている情報が同じ場合である（発話-身振り一致群；図1A）。他の1つは，2つの容器の水位が異なることを判断の理由として言及しながら，身振りでは容器の底面積の違いを表している群である（発話-身振り不一致群；図1B）。この群では，発話に現れている

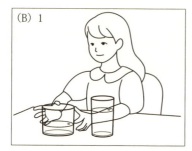

図1 (A)の子どもは発話と身振りはそれぞれの容器の水位を示しており，発話と同じ内容を表している（発話-身振り一致）。(B)の子どもの身振りは発話内容とは異なり，それぞれの容器の広さを示している（発話-身振り不一致）(Goldin-Meadow, 2003, p.27 より作成)

情報と身振りに現れている情報が異なる。チャーチらは，上記の2つの群に，液量保存課題の手がかりを与えた後，再度，液量保存課題を行った。その結果，発話-身振り一致群と比較して発話-身振り不一致群で課題成績の高いことが示された。

このような現象は，小学校の算数として扱われる数学的等価性（mathematical equivalence）の課題（例：$5+3+4=\_+4$ の _ にあてはまる数を問う）においても同様の結果が観察されている。ペリーら（Perry et al., 1988）は9歳〜10歳の児童に，数学的等価性課題の解き方について説明させたところ，児童らは上記の液量保存課題と同様に，発話による説明と身振りとが一致する群と一致しない群に分かれた。両群に対して解き方に関する手がかりを与えた後，再度数学的等価性課題を行ったところ，一致群と比較して不一致群で課題成績が高かったのである。

液量保存課題および数学的等価性課題を用いた実験の結果は，言語化される以前の学習者の思考の一部が発話に伴う身振りに表現されていること，発話と身振

りの不一致が学習者の概念形成における学習成立の準備性（レディネス）の指標となりうることを示すものである（Godin-Meadow, 2015）。このことは，発話に伴う身振りが学習指導において重要な手がかりとなりうることを示すものといえよう。

4．発話に伴う身振りによる情報伝達の可能性

身振りが学習者の概念形成におけるレディネスの指標となりうるならば，教師はその指標を有効に利用できるのであろうか。ゴールディン - メドウらは，算数または理科の教師8名に対して数学的等価性課題に取り組む子ども（3，4年生，38名）を個別に指導するよう求め，その様子をビデオに録画した。ビデオ分析の結果教師たちは，発話と身振りが一致している子どもに対してよりも，発話と身振りが不一致である子どもに対して，より多様な方略を用いて説明していることが明らかになった。実際教師たちは，子どもが発話と身振りの不一致という形で表現した解決方略を教師自身の言葉で言い換えていた。いわば，発話と身振りで表された異なる情報を教師たちは解釈し，教師自身の言葉へ"翻訳"したのである。このことはまた同時に，子どもたちは自身の身振りによって，教師から適切な学習環境を引き出したともいえるであろう（Goldin-Meadow et al., 2003）。

5．概念形成を支える身振り

学習者の思考が身振りに現れるのとは逆に，身振りが学習者の概念を形成する可能性はあるのであろうか。この問題に対してゴールディン - メドウら（Goldin-Meadow et al., 2009）は，数学的等価性課題を間違えた子どもに対して特定の身振りを求めることでこれを検討している。具体的には，数学的等価性課題 3 ＋ 2 ＋ 8 ＝ ＿＋ 8 において，人差し指と中指で左辺の3と2を同時に指さし（二点差し身振り；V-point gesture；図2）てから，右辺の＿を人さし指で指さすことを学習者に求めたのである。その結果，上記の一連の身振りを求められた学習者は，求められなかった学習者よりも，その後に行われた数学的等価性課題の成績が高く，身振りが課題解決に寄与することが示された。

さらに身振りは，子どもの短期的な学習を促進するだけでなく，記憶の保持にも寄与することが示されている。クックら（Cook et al., 2008）は，3，4年生の学習者84名を3つの群に分け，それぞれに数学的等価性課題の解き方について教師を模倣するように求めた。第1の群では，教師は言葉だけで解き方を解説し，第2の群は身振りのみで，第3の群は言葉と身振りを用いて課題の解き方を示し

図2　二点差し身振りの例（Goldin-Meadow et al., 2009 より作成）

た[注4]。学習者はそれぞれ，発話のみ（発話条件），身振りのみ（身振り条件），発話と身振り（発話＋身振り条件）で教師を模倣し，その直後に別の数学的等価性課題を解いた。模倣直後は3つの群のいずれも成績の向上が認められたが，1カ月後，3つの群に対して数学的等価性課題を課したところ，発話条件群よりも，身振り条件群，および発話＋身振り条件群において成績の高いことが示されたのである。すなわち，身振りによって学習された概念は，言葉によって学習された場合よりも，記憶の保持において優れていることが示されたのである。

IV　身体を基盤とする思考

　ここまで見てきたように乳幼児期の身振りは，コミュニケーションの基盤を形成し，語彙や文法の獲得において重要な役割を果たしている。さらに，音声言語獲得に困難のある子どもにとって身振りは，言葉に代わって思考を支える言語として機能しうるものであり，音声言語発達の指標にもなりうる。また児童期においては，身振りは発話として現れていない子どもの思考を表すだけでなく，発話と身振りの不一致は大人の適切な関わりを引き出す契機となりうるし，概念形成を促進する道具にもなりうる。

　伝統的な発達観においては，具体的思考から抽象的思考へ移行することがその発達の順序であり，いわば表象操作の脱身体化こそがより高次な思考であると見なされてきた。しかしながらここまで見てきたように，言語をはじめとする私たちの概念形成や思考がこれまで考えられてきた以上に身体を基盤としており，児

注4）　発話条件では，教師は「こちら側（左辺）とこちら側（右辺）を等しくして」と教示し，身振り条件では，教師は数式の左辺の下に左手を動かし，一呼吸おいてから，数式の右辺の下に右手を動かした。発話＋身振り条件では，上の発話と身振りを同時に行った。

第8章 非言語的・前言語的コミュニケーション

童期以降の学習においても身体を用いることの有効性が示されている。このことは，身体を使った新しい学習法／教授法あるいは療育や援助の可能性が開かれていることを示唆するものであろう。今後，療育や学習をはじめとするさまざまな対人援助場面において，身体が表すところに注目することがより重要になってくるであろう。

■学習チェック
- □ 共同注意場面で生じる指さしの言語獲得に果たす役割について理解した。
- □ ASD児における共同注意の困難さについて理解した。
- □ 児童の学習に際して，非言語行動（身振り）を利用する意義とその可能性について理解した。

より深めるための推薦図書
麻生武（1992）身振りからことばへ．新曜社．
小林春美・佐々木正人編（2008）新・子どもたちの言語獲得．大修館書店．
やまだようこ（2010）ことばの前のことば―うたうコミュニケーション．新曜社．

文　献

Alibali, M. W. & DiRusso, A. A.（1999）The function of gesture in learning to count: More than keeping track. *Cognitive Development*, 14; 37-56.

Asakawa, A., Murakami, T. & Sugimura, S.（2017）Effect of fine motor skills training on arithmetical ability in children. *European Journal of Developmental Psychology*, 16; 290-301.

浅川淳司・杉村伸一郎（2011）幼児期における計算能力と手指の巧緻性の特異的関係．発達心理学研究，22; 130-139.

Bates, E., Benigni, L., Bretherton, I. et al.（1979）Cognitive and communication from nine to thirteen months: Correlational findings. In: E. Bates (Ed.): *The Emergence of Symbols: Cognition and Communication in Infancy*. Academic Press, pp. 69-140.

別府哲（1996）自閉症児におけるジョイントアテンション行動としての指さし理解の発達―健常乳幼児との比較を通して．発達心理学研究，7; 128-137.

Bucther, C. & Goldin-Meadow, S.（2003）Pointing toward two-word speech in young children. In: S. Kita (Ed.): *Pointing: Where Language, Cognition, and Culture Meet*. Lawrence Erlbaum, pp. 85-107.

Butcher, C., Mylander, C. & Goldin-Meadow, S.（1991）Displaced communication in a self-styled gesture system: Pointing at the nonpresent. *Cognitive Development*, 6; 315-342.

Cook, S. W., Mitchell, Z. & Goldin-Meadow, S.（2008）Gesture makes learning last. *Cognition*, 106; 1047-1058.

Church, R. B. & Goldin-Meadow, S.（1986）The mismatch gesture and speech as an index of transition knowledge. *Cognition*, 23; 43-71.

Franklin, A., Giannakidou, A. & Goldin-Meadow, S.（2011）Negation, questions, and structure building in a homesign system. *Cognition*, 118; 398-416.

Goldin-Meadow, S.（1993）When does gesture become language? A study of gesture used as a primary communication system by deaf children by hearing parents. In: K. R. Gibson & T. Ingold (Eds.): *Tools, Language and Cognition in Human Evolution*. Cambridge University Press, pp. 63-85.

Goldin-Meadow, S.（2003）*Hearing Gesture: How Our Hands Help Us Think*. Belknap Press of Harvard University Press.

Goldin-Meadow, S.（2015）Gesture and cognitive development. In: R. M. Lermer, L. S. Liben & U. Muller (Eds.): *Handbook of Child Psychology and Developmental Science, Cognitive Process, Vol. 2*. Wiley, pp. 339-380.

Goldin-Meadow, S., Cook, S. W. & Mitchell, Z. A.（2009）Gesturing gives children new ideas about math. *Psychological Science*, 20; 267-272.

Goldin-Meadow, S. & Singer, M. A.（2003）From children's hands to adults' ears: Gesture's role in the learning process. *Developmental Psychology*, 39; 509-520.

小椋たみ子（2008）障がい児の言葉の発達―初期言語発達と認知発達の関係．In：小林春美・佐々木正人編：新・子どもたちの言語獲得．大修館書店，pp. 201-229.

小野里美帆・長崎勤（2003）自閉症幼児に対する「指さし理解」の指導―「宝探しフォーマット」による指導と家庭課題を通して．心身障害学研究，27; 183-191.

Perry, M., Church, R. B. & Goldin-Meadow, S.（1988）Transition knowledge in the acquisition of concepts. *Cognitive Development*, 3; 359-400.

Petitto, L. A. & Marentette, P. F.（1991）Babbling in the manual mode: evidence for the ontogeny of language. *Science*, 251; 1493-1496.

Sauer, E., Levine, S. C. & Goldin-Meadow, S.（2010）Early gesture predicts language delay in children with pre- or perinatal brain lesions. *Child Development*, 81; 528-539.

武居渡・鳥越隆士（2000）聾児の手話言語獲得過程における非指示的ジェスチャーの役割発達．心理学研究，11; 12-22.

Thal, D., Tobial, S. & Morrison, D.（1991）Language and gesture in late talkers: A 1-year follow up. *Journal of Speech, Language, and Hearing Research*, 34; 604-612.

Tomasello, M.（1995）Joint attention as social cognition. In: C. Moore & P. J. Dunham (Eds.): *Joint Aattention: Its Origins and Role in Development*. Psychology Press.（山野留美子訳（1999）社会的認知としての共同注意．In：大神英裕監訳：ジョイント・アテンション―心の起源とその発達を探る．ナカニシヤ出版，pp. 93-117.）

鳥越隆士（2008）手話の獲得．In：小林春美・佐々木正人編：新・子どもたちの言語獲得．大修館書店，pp. 201-229.

第9章 言語使用と知識

久野雅樹

Keywords 心的辞書，スキーマ，カテゴリー化，感覚・運動的成分，コネクショニスト・モデル，失語症，ディスレクシア，モジュール

　私たちは，普段ごく自然に言葉を使っている。本章では，通常，意識しにくい言語使用を支えるさまざまな知識について，単語レベルのものを中心に学ぶ。

I　心的辞書と言語知識のネットワーク

1．心的辞書の二層構造

　言語には，音素，単語，文，談話といったレベルがある。その中で単語は音素から構成され，文を構成する要素となる基本的な単位である。この単語に関する知識（語彙的知識）を保持し，それに基づいて情報処理を行う仕組みを，心的辞書（mental lexicon）と呼ぶ。

　心的辞書は，心に「辞書のようなもの」が備わっているというアイディアだが，もちろん心的辞書は書籍の辞書とは違う。書籍の辞書では通常，見出し語の文字表記（「しんりがく」や「心理学」）を手がかりに意味や用法を調べるが，心的辞書ではそうとは限らない。文字ではなく，音から意味にたどりつけるし，意味（言いたいこと，概念や指示対象）から言葉を探す機能も備わっている。この教科書を指して「これ何？」と尋ねられたら，「本」や「教科書」などと答えることができるし，実際に読んだ感想について「面白い」とか「難しい」といった適切な言葉を探し出すことができる。

　このように心的辞書には，大きく分けて音韻や綴りといった形態を担う部分と意味を担う部分の2つがあり，この2つの部分をどの方向で使うかによって，理解に向けての処理と表出に向けての処理という，2つの機能を実現している（図1）。言葉を理解するときには，音韻や文字から意味へと処理を進めるし，言葉を発するときには，逆に，意味から音韻や文字へと処理を行っていく。

図1 心的辞書における二層構造とその使用

　単語の入力経路と出力経路には独立性があり，理解はできるけれども表出ができないという障害があり，逆に表出はできるけれども理解が伴わないという障害がある（V節）。もっとも，障害とはいえなくても，誰しも理解と表出とに隔たりがある。一般に理解語彙は表出語彙よりも多いし，読めても書けない漢字熟語や英単語は少なくない。

2．処理の双方向性――ボトムアップ処理とトップダウン処理

　見たり聞いたりする言葉は，目や耳への入力時点ではさまざまな揺れを伴う物理情報である。同じ語でも人により時により発音は変わる。同じ活字でもデザインやサイズはさまざまだし，手書き文字であれば，その多様性は果てしない。こうしたアナログな情報を特定の言語音や文字の並びとして捉え，語という抽象化された記号の形に加工・変換していく際には，入力に基づく高速で自動化されたボトムアップ処理（bottom-up process）と，予想や期待に基づき情報を調整するトップダウン処理（top-down process）が用いられる。

　一方，言ったり書いたりの表出プロセスは，自分が言いつつある言葉，書きつつある言葉をみずからにフィードバックしてチェックしながら先に進んでいく。このチェックには入力機構が関わる。音の形や書く形が頭の中であらかじめ完成していて，それを出すだけというのではなく，書きながらその正しさを確認している。電子機器で文書作成する際も同様で，変換候補の中から選んで確定する作業は入力情報に基づく。このように言語を使用する際，心的辞書が関わる入出力は，単純に一方向にのみ進むものではなく双方向性がある。

3．単語数の多さと使用頻度の偏り

　単語の数はとにかく膨大である。代表的な国語辞典である『広辞苑』の第7版（2018年に刊行）は約25万の見出し語を収録している。それでは，個人の心的辞書がカバーしている日本語の単語の数（語彙数）はどのくらいだろうか。それ

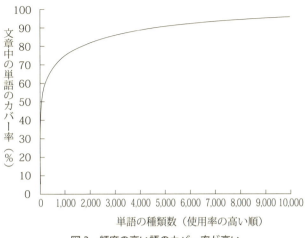

図2 頻度の高い語のカバー率が高い

を調べるには，特定の語彙リスト（辞書もその1つである）から，一定の数の見出し語をでたらめに用意し，そのうち知っていた語の割合をリストの語数にかけるという方法が使える。25万語を収録する辞書で2割の見出し語を知っているとしたら，5万程度の語彙数だと推定できる。こうした手法で調べると，先進国の大人の母語では，平均的な語彙数はだいたい数万となる。たとえば，佐藤ら（2017）は，日本人大学生の大学入学時の語彙数はおおむね4万前後であるとしている。

大量のバラエティをもつ単語だが，個々の単語によって使用頻度は大きく異なる。日本語の書き言葉のコーパス（電子化された大規模な言語資料）を材料として，単語の種類が増えるにつれて文章中の単語がどの程度カバーできるかを図2に示した[注1]。最初急激にカバー率が上昇し，2,000語で8割，5,000語で9割を超えるが，それ以降の上昇率はかなり緩やかである。つまり，私たちの心的辞書は，比較的少数の頻出語と大量の低頻度語からなるといえる。

単語の頻度は認知効率と関連が深い。高頻度の語は速く正確に読める（音読，黙読できる）し，画面に出てきた綴りを単語であるかないか判断する課題（語彙判断課題）で速く正確に反応できる。よく使う語は言語使用において重要度の高い語であり，使いやすい状態に設定されているのである。一方，あまり使わない語

注1）『現代日本語書き言葉均衡コーパス』短単位語彙表 ver.1.0 から，コアとなる100万語を集計対象とした（http://pj.ninjal.ac.jp/corpus_center/bccwj/freq-list.html）。ちなみに，一般的な話し言葉だと，書き言葉よりも少数の語で大きな割合がカバーされる。

には，より限定的で指示対象にピントのあった意味を担うという点で高い情報価がある。テクニカルターム（専門用語）は，その代表例である。前の段落で出てきたコーパスという語は，普段あまり見かけない言葉だろうが，こうした限定度の高い語を使うことで高い精度で情報が表現できる。

なお単語で見られるような分布の偏りは，音や文字，複数の単語のつながり方（コロケーション），文型など，さまざまな言語単位で観察され，こうした分布の偏り自体が，私たちの言語知識の重要な部分を構成していると考えられている（Taylor, 2012）。また，さまざまな言語表現を見聞きし使う経験は人の一生を通して続くので，私たちの言語知識は絶えず変化を続けるシステムである。

4．ネットワークとしての心的辞書

心的辞書は多面的で豊かな知識からなる。おもな内容として，意味，音，表記，文法情報を保持しているが，中でも意味の情報は非常に複雑で精密である。たとえば，「白髪」と書いて「はくはつ」とも「しらが」とも読み，両者は似た意味をもつ。しかし，意味がまったく同じわけではなく，「しらがを抜く」は自然な表現だが，「はくはつを抜く」は不自然に感じられる。じつは「しらが」と言うと髪の毛1本1本をイメージするのに対して，「はくはつ」は広がりのある面やまとまりとしてイメージしているのである。こうした違いを意識することはあまりないけれども，母語話者はたしかに知識として知っていて，それを使うことができる。

心的辞書の膨大な知識を保持して効率的に利用するためには，適切な構造が必要である。意味の構造を考えるときに基本となるのは，意味は個々の単語に対して決まるというよりは相互関係の中で決まるものであり，大量の単語は，さまざまな要素から構成されるネットワークの一部として位置づけられるという見方である。先ほどの，「はくはつ」と「しらが」の違いも，ネットワークの中で占めるポジションないし役割の違いとして理解できる。

ネットワークの内容の一部は連想（association）を通して知ることができる。たとえば，「こころ」という語に対して連想語を求められれば，類義語（「心理」）や対義語（「からだ」），関連する百科事典的な語（「夏目漱石」）や個人的なエピソードに関わる語など，さまざまな言葉が思い浮かぶだろう。

こうしたネットワーク上の連想関係がもたらす現象に，連想プライミング効果（associative priming effect）がある。プライミング効果とは，連続して複数の刺激を処理するとき，先行刺激（プライム）によって後続刺激（ターゲット）の処理が無意識のうちに影響を受ける（通常は促進される）現象である。たとえば，「こ

第9章 言語使用と知識

ころ」という単語（プライム）を見せて，そのすぐ後に「からだ」という連想関係のある単語（ターゲット）を見せると，「つくえ」のような連想関係のない単語がプライムであった場合よりも短い時間で反応（語彙判断や音読）できる。典型的な実験では，こうした促進効果はプライム呈示から数百ミリ秒という非常に短い時間で観察される。連想プライミング効果は，広義の文脈効果の一種であり，意味のネットワークにおける活性化拡散（spreading activation）がもたらすと解釈できる。ネットワーク上で関連する知識のウォーミングアップを時々刻々進めていく仕組みがあるのである。

5．単語の内部構造とスキーマ

個々の単語は1つのまとまりとして安定性をもつ単位であるが，その内部にも分解可能な構造がしばしばある。「既有知識」という用語は心理学では一般的な表現であるが，『広辞苑』の最新版を含め，手近な辞書には「既有知識」も「既有」も載っていない。それでも多くの人は，「既有」を分解的に見て「既に有る」という意味だろうと推測できるし（これは漢文の訓読のようでもあるし，「既知」「既視」「既習」などからの類推も役立つだろう），「既有知識」のように「知識」と組み合わされば，「既にもっている知識」のことだと想像できる。こうした推論では語を構成する要素の順序が重要である。前の要素が後ろの要素を修飾するのが基本なので，順序が逆転した「有既」だと意味が浮かびにくいし，「知識既有」だと「既有」が意味の核になって，「知識を既にもっていること」という意味になる。このように私たちは，漢字の熟語の成り立ちについて，かなり一般化された知識をもっている。

漢字にもまた内部構造がある。「語」という1つの文字の中にも「言」と「吾」というパーツがあり，それぞれに意味と音の情報を担っている。「齟齬」は少々難しい熟語だが，それぞれの文字のパーツに注目すると，読みや意味について何かしらの推測ができるのではないだろうか。

知識を構成する枠組みのことを，心理学では一般にスキーマ（schema）と呼ぶ。語や漢字の構造についてもスキーマがあることで，語や漢字の適切な獲得や保持が容易になる。また，このような活用可能性の高い知識がネットワークの構造化を支えているために，単語や漢字の数の多さにメリットが生じる。丸覚えするほかない部分が減るとともに，語や文字を構成する基本要素がお互いに支え合うことで，ネットワーク全体の安定性が増すと考えられる（第10章Ⅰ節参照）。

II 言語のもたらすカテゴリー化

1. 言葉のもつカテゴリー化機能

　仮に平均的な大学生の語彙数が4万語だとしても，私たちの認識対象とするものや事柄が事実上無限であることを考えれば，これでも相当に節約的である。「本」の1語で，この世のありとあらゆる本（想像上の本も含めて）をカバーできるのだからすごい。言葉はカテゴリーを示し，大量の個別の事例を他と区別してひとくくりにまとめる働きをもつ。このカテゴリー化のもたらす抽象機能によって，私たちの世界の構造や秩序は基礎づけられている。

　カテゴリー化は「本」のようなものの名前に限らない。形容詞の「易しい」や「赤い」はものの性質について，動詞の「読む」や「話す」は動作について，グループを作って他と区別できる情報を示してくれる。また名詞や形容詞，動詞といった文法的な区分も，カテゴリーとして意味のネットワークを整理するのに役立っている。助数詞や冠詞，可算・不可算の区分，文法的性（男性名詞，女性名詞など）など，名詞に関わる付帯的な表現や情報もカテゴリーとして意味の一部を担う。たとえば，助数詞の「〜本」は，棒状のまとまりとしてイメージすることを示す。鉛筆もメールもホームランも，その観点から「本」に属するカテゴリーとして捉えているのである（Lakoff, 1987）。

2. 階層構造と基礎レベル

　カテゴリーがもつ階層構造も，人間の認知活動の効率化に寄与している。「言語」と「日本語」「英語」「中国語」などは階層から見ると上下の関係にある。上位語（「言語」）の性質は基本的に下位語（「日本語」など）にもあてはまるから，必要な情報は上位語に保持しておけば，個々の下位語では省略できる。このような階層性があることで，情報の保持と運用が効率的になるし，学習や推論が容易になる。仮に「ホピ語」という語をはじめて聞いたとしても，それが「言語」の一種として音素や単語や文法をもつと想像し，それを前提に理解を進めることができるだろう。

　カテゴリーの階層構造には，基礎レベル（basic level）と呼ばれるレベルが存在する。たとえば教壇にあるものを指して，「これ何？」と尋ねられて，「椅子」と答えるような状況で，「肘つき回転椅子」と答えることは少ないだろうし，まして商品の型番を答えたり，「家具」や「もの」などと答えたりすることはまず

考えられない。こうした対象を認識しコミュニケーションする際に適切なレベルを，1970年代にロッシュ Rosch, E. らは基礎レベルと命名した。「もの－人工物－家具－椅子－回転椅子－肘つき回転椅子－商品の型番」のような階層では「椅子」がそれにあたる。自然種の例を挙げれば，「イヌ」や「ネコ」「ヘビ」などが基礎レベルである。このレベルは，子どもが最初に覚えていく言葉でも主要な部分を占める。

世界をどのくらい細かく認識し表現するかは，精密さと効率のバランスで決まる。細かすぎても無駄だしピンぼけでも困る。ぼんやりとした広いくくり（上位レベル）からフォーカスを絞っていって，ぐっと鮮明度が高まるのが基礎レベルである。基礎レベルでは，椅子に対する机や本棚のように，基礎レベルで並ぶほかのものと比べると見た目に違いがはっきり感じられる。一方，特定の基礎レベルの下位レベルに属するもの同士では相互に類似性が高い。このことから，基礎レベルは主観的にも階層の中で対象を1つのグループとしてまとめるのが自然だと感じられるレベルになっている。

ただし，カテゴリーの階層性も基礎レベルも必ずしも厳格に固定されたものではない。上の説明では，「椅子」の上位概念を「家具」としたが，じつは「教壇に置かれている椅子」に対して「家具」と呼ぶのは少々違和感がある。むしろ「備品」くらいの言葉の方が自然だろう。ものとして同じであっても，おかれた状況によって意味の中で強調される情報は変わりうる。同様に，基礎レベルについても平均的にそのように位置づけられる言葉はあるが，コミュニケーションに有用なレベルは状況によって変動しうる。

3．典型性と概念の連続性

今度は同じ階層レベルにあるメンバー（成員）同士の関係について考えてみよう。たとえば，「トリ」というカテゴリーに属するメンバーを思い浮かべるよう求められたら，どんなトリが浮かぶだろうか。日本人であれば，スズメやカラスなどの身近な種類のトリが浮かびやすい。また個々の種について「トリらしさ」を評定してもらうと，日本人にとってスズメやカラスは「トリらしさ」が高く，ダチョウやペンギンは「トリらしさ」が低い。このような「そのものらしさ」のことを典型性（typicality）と呼び，その度合いの高いもののことをプロトタイプ（prototype；元型）と呼ぶ。プロトタイプは，いわば理想型，標準型であり，思い浮かべやすい事例やイメージを提供してくれる。この典型性が低下する周辺領域には，所属が曖昧なメンバーが存在することがある。トマトやウリが野菜か果

物か判断に迷うのはその一例である。典型性の存在は、カテゴリーが必要十分条件で単純に決まるものでないことを示している。

語の意味でプロトタイプに相当するものをコア・ミーニング（中核的意味）と呼ぶことがある。語の意味は文脈の中でさまざまに変化するのが通例だが、そうした周辺的な部分を除いた中核的な意味があると考えられる。たとえば、英語の冠詞や前置詞の理解と使用は、基本的であるにもかかわらず日本人にとっては難しい課題だが、そこには意味におけるコアと周辺とがイメージしにくいという問題が関わっている。一例を挙げると、on は「平面のある部分に接触している」というのが中心的な意味であるが、英和辞典の1つ目の語義によくある「上に」のような日本語では、そのごく一部しか対応がとれていない。

4．比喩的なカテゴリー化

私たちの言語表現は、しばしば比喩的になされている（瀬戸, 2017）。たとえば、「遠い昔」「近い将来」というのは、指摘されないと気づかないかもしれないけれども、比喩的表現である。距離を示す言葉である「遠い」や「近い」を時間の形容に使うのは、文字通りの意味を考えるとおかしい。このような比喩表現の背後には、「時間は距離である」とする認識の枠組みが関わっている。これは時間という捉えがたいものを扱うために、空間という人間が相対的に得意とする認識領域を活用してカテゴリー化を行ったといえる。

また、声について表現するのに、「柔らかな声」「甘い声」「黄色い声」などというのも、文字通りという観点からは不思議である。声は聴覚現象なのに、「柔らかな」は触覚、「甘い」は味覚、「黄色い」は視覚と、別の感覚カテゴリーをそれぞれ借りた比喩表現（共感覚的比喩）になっている。

以上のような比喩的表現は、文字通りの狭い理解というしばりを超えて、豊かなカテゴリー化をもたらしてくれる。表現として熟してなじみのある例も多いが、つねに新たな創造的表現へのドアが開かれている。

本節では、さまざまな形でのカテゴリー化を取り上げたが、いずれも複数のものをグループとしてまとめたり関連づけたりする働きをもつ。I節で述べた言葉のネットワークの構築や利用にも、こうしたカテゴリー化がもたらす多様なグルーピング機能が役立っていると考えられる。

III　書き言葉の処理——文字から音韻・意味へ

1．処理の自動化

　日本の平均的な大学生は，平易な文章であれば，1分間に400～800字程度（文庫本や新書で，ほぼ1ページ分）読める。1秒あたり10字程度（3～5語程度）という高速処理ができるように，熟達した読み手は，基本的な語彙処理の自動化が進んでいて，ワーキングメモリの多くを内容の理解や批判的吟味などの高次の処理にあてられる。

　表記も含めて，単語に対するなじみの度合いは，語彙処理の自動性を支える重要な要因である。「試験」は漢字，「テスト」はカタカナで表記するのが自然であり，「しけん」や「てすと」とひらがなで書かれると読みにくい。そして，こうしたなじみの基礎には経験の反復があり，I節で述べた頻度が関係する。

2．綴りの読み方に関する知識

　「流石」のように特別な読み方をする語は，知っていれば正しく読めるけれども，知らなければ読めない。こうした読み方は基本的に丸覚えするしかない。一方，「流路」であれば，見覚えがなくとも，読み方の規則をあてはめて「りゅうろ」と読むのだろうとあたりをつけることができる。このように単語の読み方の知識には丸覚え型のものと規則型のものがある。

　コルトハート Coltheart, M. らが1970年代から提案してきた二重経路モデル（dual-route model）では，綴りに対応する音声を得るための知識と処理に2種類あるとし，登録済みの見出し語を経て処理する直接的な経路（丸覚え型）と，綴

図3　二重経路モデルの簡略図

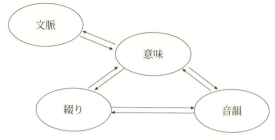

図 4　トライアングル・モデルの簡略図

り・音韻を変換する規則によって処理する間接的な経路（規則型）があるとする（図3）。この2つの経路はそれぞれ独立に障害を受けることがあり，既知語は例外的な読みのものも読めるけれども，未知語は読めないという障害がある一方で，未知語でも規則に沿っていれば読めるけれども例外的な読みのものは，かつて知っていた語であっても読めないという障害がある。

3．コネクショニスト・モデル

　心を研究する手法の1つに，コンピュータ・シミュレーションを用いるアプローチがある。たとえば，言葉がネットワークとして処理されると考えるのであれば，それを人工的にコンピュータ上に再現してみようとする。そうした取り組みに基づき，今日，単語認知の説明で用いられている有力な考え方に，コネクショニスト・モデル（connectionist model）と呼ばれるものがある。このアプローチは，並列分散処理モデル（parallel distributed processing model；略してPDPモデル），ニューラル・ネットワーク・モデルとも呼ばれるもので，近年，注目されている人工知能上の技法である深層学習（deep learning）も，こうしたアイディアの発展版である。

　コネクショニスト・モデルでは，多数のユニットの結合関係（コネクション）の状態や変化としてさまざまな認知機能や観察される現象を説明しようとする。結合関係には促進的なものと抑制的なものとがある。コネクショニスト・モデルの例として，図4にサイデンバーグSeidenberg, M. S. らが1989年に提案したトライアングル・モデルの簡略図を示した。このモデルでは，綴り，音韻，意味のそれぞれに数多くの小さいユニットからなるネットワークを用意し，その結合パタンの状態として個々の単語は表現されると考える。また処理時には，綴り，音韻，意味が相互に影響を及ぼし合う（活性化を伝え合う）。綴りの読み場面では，特定の形状をもつ文字の並びの入力に対して，文脈も手がかりとしながら意味や音韻

からのフィードバックを受けて，あるパタン状態に収束することで，単語の認識（綴り，音韻，意味の理解）が成立したと考える。

IV 語の認識における感覚・運動的成分

1．音のもつ象徴性と身体運動

　語のもつ音と意味の関係は基本的に恣意的である。いまあなたが手にしているものを「本」と呼ぶか，"book"と呼ぶかに必然性はない。しかし一方で，音の響きと意味内容の関係はまったくないわけではない。図5の2つの図を示されて，どちらが「ブーバ」で，どちらが「キキ」かと尋ねられれば，ほとんどの人が左側の丸みをおびた形を「ブーバ」，右側のぎざぎざの形を「キキ」と答える。このように図像のイメージと言語音との間に対応関係が見られる現象は，神経科学者ラマチャンドラン（Ramachandran, 2003）によってブーバ・キキ効果（bouba/kiki effect）と名づけられている。回答者の言語によらず大人でも子どもでも見られる普遍的な認知傾向なので，ヒトの生物学的基盤に根ざす現象だと考えられる。いま，説明で使った「丸み」や「ぎざぎざ」という日本語の響きにも，恣意的では片づかない意味と対応する「それらしさ」が感じられるだろう。こうした音の響きに一定の意味傾向が対応づけられる現象は，音象徴（sound symbolism）とも呼ばれる。

　もう少し例を追加しよう。「大きい」や"large"という語を発音してみてほしい。口が大きく開くだろうし，腕や手を開く動作もしばしばともなう。「小さい」や"little"であれば，逆に口は小さくすぼみ，腕や手は閉じられる。このように，意味と音の響き，そして発声器官や身体の姿形が連動することが少なくない。ラマチャンドランは，こうした複数の要素が恣意的でない形で協働する仕組みが言語の根底にあり，言語の誕生に大きく寄与したとする説を唱えている。

　ただし，こうした音と意味の対応関係が存在するとしても，その範囲は限られ

図5　どちらがブーバで，どちらがキキ？（Ramachandran, 2003）

るし，その限られた範囲でも必ずしも単純明快なものとはいえない。音と意味内容の関連が強いとされるオノマトペ（擬音語，擬態語）であっても，言葉のネットワーク全体の中ではじめて，その意味合いが収束するのであり，1語1語に単純な音象徴による解釈が適用できるわけではない。「ぱらぱら」めくる，「すらすら」わかるといった表現は，日本語話者にはよくわかる気がするだろうが，外国語として学んでいる者にはしばしば難しい学習事項である。

2．書き言葉と身体運動——空書

前項では，話し言葉で身体運動と言語が連動することを述べた。それでは書き言葉ではどうだろうか。ここで漢字クイズを考えてみよう。「言」と「五」と「口」を組み合わせてできる漢字を思い浮かべてほしい。これは易しいだろう（本書のタイトルに含まれる）。それでは，「口」を2つと「十」ではどうだろう（答えは章末）。

これらのクイズについて考えるとき，指先を動かしたりはしなかっただろうか。漢字や英単語の綴りを思い浮かべようとするとき，多くの日本人は指先で宙に向かって，あるいは手のひらや机といった面の上に文字をなぞるような動きをする。これは「空書（くうしょ）」と呼ばれる現象で，この空書を行うことで漢字や英単語の綴りが思い出しやすくなる（佐々木，1987/2008）。書き言葉の知識には，書き上がった形の静止画のような情報にとどまらず，書き順のような身体運動的な成分も存在していて，それを含む空書には，複雑な書字パタンの学習・保持の手がかりを増やし，脳の負荷を抑える効果があると考えられている。

ブーバ・キキ効果にせよ空書の効果にせよ，身体性を伴う感覚・運動的な成分は言語に関わる記憶を頑健で豊かなものとするために有用であり，言語知識のネットワークは，こうした成分ともつながっている。

V　脳神経系における言語機能の基盤とその障害

1．言語中枢と失語症

脳には領域によってさまざまな役割分担がある（機能局在と呼ばれる）。見るのに視覚野，聞くのに聴覚野が欠かせないのと同様に，言語にも非常に重要な領域がある。言語中枢としてまず挙げられるのは，ブローカ野（Broca's area）とウェルニッケ野（Wernicke's area）である（図6）。前頭前野にあるブローカ野は運動性言語中枢とも呼ばれ，言語を組み立てて表出するのに重要な役割を受け持つ。

第9章 言語使用と知識

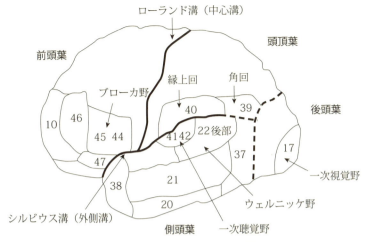

図6 言語認知に関わるおもな脳領域
注) 左側から見た表面部分，数字はブロードマンの脳地図による番号。

一方，側頭葉の上部後方にあるウェルニッケ野は感覚性言語中枢とも呼ばれ，言語の意味理解において大切な部位である。ただし，言語の表出と理解が相方向的である（I節）ことからも示唆されるように，2つの言語野が表出と理解で単純に分業しているわけではない。十分な理解のためにはブローカ野も重要であるし，意味のある発話のためにはウェルニッケ野が欠かせない。一方，カテゴリーや概念に関わる知識は，関連する感覚・運動領域とも連携しつつ側頭葉を中心に保持されていると考えられている。言語に関わる知識がネットワークとして形成され機能しているというのは，脳の構造上もいえることである。

ブローカ野もウェルニッケ野も大多数の人で（右利きの場合はとくに）大脳の左半球にあり，言語処理は基本的に左半球優位である。ただし左半球に言語中枢がある人でも，プロソディ（イントネーションやテンポなどの韻律）の処理や比喩，ユーモアなどの認識においては，右半球が大きな役割を果たしている。

脳梗塞や脳出血などで脳が損傷を受けると，失語症（aphasia）と呼ばれる独特の言語障害が現れることがある。おもな失語症は，図式的には，発話の流暢性，聴覚理解，復唱能力の観点から分類できる（表1）。とくに大きな区分として，「非流暢性の失語」と「流暢性の失語」がある。前者の代表がブローカ失語（皮質性運動失語）であり，聞いた言葉を理解する力が比較的保たれているにもかかわらず，話すことが非常に難しくなる。一方，流暢性の失語であるウェルニッケ失語（皮質性感覚失語）では，自発的に多くの言葉を口にするのだが，内容はおかし

表1　おもな失語症の識別的特徴

失語症の種類	発話の流暢性	聴覚的理解	復唱
全失語	−	−	−
ブローカ失語	−	+	−
ウェルニッケ失語	+	−	−
超皮質性運動失語	−	+	+
超皮質性感覚失語	+	−	+
伝導失語	+	+	−
失名詞（健忘）失語	+	+	+

注）＋−はごく単純化した表現。＋はその機能が保たれていること，−は損なわれていることを示す。

なものであり，聞いた言葉の理解が損なわれている。これら2つの失語症では復唱能力も損なわれる。名前が示すように，ブローカ失語とウェルニッケ失語では，それぞれ通常，ブローカ野とウェルニッケ野に損傷が認められるが，一対一でその場所のみが原因となるわけではなく，周辺領域にも損傷がある場合に典型的な症状が生じることが多い。

　日本では，失語症のうち，ブローカ失語が34％，ウェルニッケ失語が17％で，それぞれ1位，2位を占める（朝倉ら，2002）。3位は発話，理解，復唱のすべてが困難となる全失語で14％，4位はものの名前や言葉の意味が思い浮かばなくなる失名詞失語（健忘失語，特定のカテゴリーの名詞に限定的な障害が生じることがある）で13％である。

　そのほかの失語症として，超皮質性運動失語，超皮質性感覚失語，伝導失語などがある。超皮質性とは，ブローカ失語，ウェルニッケ失語を皮質性の失語とするのと対になる区分であり，超皮質性運動失語は非流暢性の失語，超皮質性感覚失語は流暢性の失語である。いずれも復唱能力が保たれている点に特徴がある。一方，伝導失語では，発話が流暢で聴覚理解もある程度保たれているのに復唱能力が選択的に障害を受ける。ここで挙げなかったものも含めて失語症の種類は多いが，実際の障害の重篤度や症状内容はケースによる違いが非常に大きい。複数の失語症の複合型や，回復に伴って生じる移行型もある。

2．発達性ディスレクシア

　学習障害（learning disabilities：LD，または限局性学習症）とは，全般的な知

第9章 言語使用と知識

的発達に遅れがないにもかかわらず、一部の知的能力に「谷」ともいえるような著しく低い部分が見られる状態である。中枢神経系に原因がある機能障害であり、本人の学習態度や親の育て方によるものではない。ディスレクシア（dyslexia：読字障害，読み書き障害）は、読み書きに関する学習障害である。狭義には読みの障害であるが、通常、同時に書字にも障害が現れる。授業で音読を求められて、ひどくたどたどしい読み方をする子どもの一部はディスレクシアであると考えられる。読み書きの能力は、教材を読む、板書を読んで写す、テストの問題を読んで回答するなど、多くの学習活動の前提となるので、そこに障害があると、学業全般に大きな困難を抱えることになる。

ディスレクシアの症状の程度や現れ方には個人差が大きい。代表的な種類として、文字形態の知覚プロセスに困難をもつタイプや、綴りを音に変換する機能が十分に働いていないタイプがある。ディスレクシアには脳血管障害などによる後天的なものもあるが、本項で述べているのは先天性の障害であり、発達性ディスレクシアとも呼ばれる。なお、発達に伴い症状が軽減する例がある一方で、近年は大人のディスレクシアも注目されるようになっている。

ディスレクシアという障害の顕在化には、現代文明が書き言葉に強く依存していることが関係している。綴りを音に変換する処理には角回や縁上回という脳部位が重要な役割を果たしているが、この部位はブローカ野やウェルニッケ野ほどには言語に機能特化していない。書き言葉の歴史は5,000年程度だし、広く使われるようになったのは、せいぜいここ数百年のことである。書き言葉を受けもつ専門的な仕組みを脳に備えるには、進化生物学的に時間が足りない。ディスレクシアの遠因としては、こうした生物的適応の不十分さが挙げられる。

ディスレクシアは、綴りと音の対応規則が複雑な言語で顕在化しやすい。たとえば英語はこの複雑度が高い言語であり、英米をはじめとする英語圏では、ディスレクシアの研究と治療的働きかけが盛んである。俳優のトム・クルーズ、映画監督のスピルバーグをはじめ、カミングアウトする人も少なくない。

一方、日本語は、ひらがなとカタカナは読みの規則性が高く、漢字については、読みが非常に複雑であるものの、読めなくてもある程度意味がわかる性質がある。また伝統的に識字教育が熱心に行われてきた。こうした言語や文化の影響もあって、日本では、従来、ディスレクシアは注目度が低かった。しかし、宇野ら（Uno et al., 2009）は小学2年生から6年生を対象とした調査で、読みの困難に関して、ひらがなで0.2％、カタカナで1.4％、漢字で6.9％という出現率を報告している。6.9％というのは、30〜40人のクラスで2, 3人に相当する、まれとはいえない

145

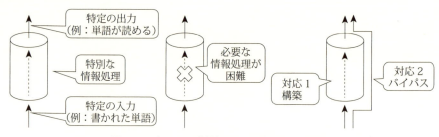

図7　モジュールが機能しない場合の2つの対応

割合であり，理解の深化と本格的な対応が望まれる。

3．モジュールという観点からの障害の理解と治療的働きかけ

　読み書きを含めて，個々の認知機能にはある程度の独立性があり，単純化したイメージとしては「パイプに入れて出す」ような仕事をしていると捉えることができる。個々のパイプは特定の入力を受け取って，一定の情報処理を行い，特定の出力を行う。このような専門的な処理を行うパーツのことをモジュール（module）と呼ぶことがある。こうした観点からは，障害とはモジュールの機能不全（パイプが通れなくなった状態）であり，基本的な治療的働きかけとして，構築（あるいは再構築）とバイパスとが考えられる（Seron, 1993；図7）。

　構築というのは，十分に機能していない部分を改善して機能するようにすることである。障害をいわば正面突破するような方法であり，文字や綴りが読めないならば，学習法を工夫して読めるようにする取り組みがこれにあたる。たとえば，ディスレクシアに対して用いられる多感覚法（multisensory method）では，文字や綴りの学習時に，見る，声に出す，紙に書く，空中に書く（これはIV節で紹介した空書である），触れる（粘土やコルク板を用いる）など，複数の感覚・運動的成分を組み合わせることで記憶の定着を図る。

　一方，バイパスでは，障害を正面突破するのではなく，別の経路を使うことで，求められる目標や活動を実質的にカバーすることを目指す。読み書きが著しく困難ならば，話し言葉を活用して生産性を上げるのは有力なバイパス的手段である。また近年のテクノロジーの発展により，発話を書き言葉に変換するアプリや，書き言葉の読み上げアプリなど，バイパス的なサービスも活用できる。

　空書の問題の答え：「固」。筆者による未発表のデータによれば，この問題に短時間で正解できる大学生は1割以下である。

第9章 言語使用と知識

■学習チェック
- ☐ ネットワークとして構成されている心的辞書の性質について理解した.
- ☐ 言語がもたらすカテゴリー化機能について理解した.
- ☐ 書き言葉の処理を説明する代表的なモデルについて理解した.
- ☐ 言語知識に感覚・運動的な成分が関わっていることを理解した.
- ☐ 言語機能を受け持つ脳のおもな領域とその障害について理解した.

より深めるための推薦図書

ハーレイ Harley, T., 川崎惠里子監訳(2018)心理言語学を語る―ことばへの科学的アプローチ. 誠信書房.

今井むつみ・針生悦子(2014)言葉をおぼえるしくみ―母語から外国語まで. 筑摩書房.

ピンカー Pinker, S., 椋田直子訳(1995)言語を生みだす本能 上・下. 日本放送出版協会.

ウルフ Wolf, M., 小松淳子訳(2008)プルーストとイカ―読書は脳をどのように変えるのか? インターシフト.

加藤醇子編(2016)ディスレクシア入門―「読み書きのLD」の子どもたちを支援する. 日本評論社.

文　献

朝倉哲彦・浜田博文・種村純ら(2002)失語症全国実態調査報告. 失語症研究, 22(3); 67-82.

Lakoff, G.(1987)*Women, Fire, and Dangerous Things: What Categories Reveal about the Mind.* University of Chicago Press.(池上嘉彦・河上誓作・辻幸夫ら訳(1993)認知意味論―言語から見た人間の心. 紀伊國屋書店.)

Ramachandran, V. S.(2003)*The Emerging Mind: The Reith Lectures.* Profile Books.(山下篤子訳(2005)脳のなかの幽霊, ふたたび―見えてきた心のしくみ. 角川書店. 文庫版2011年)

佐々木正人(1987/2008)からだ―認識の原点. 東京大学出版会.

佐藤尚子・田島ますみ・橋本美香ら(2017)使用頻度に基づく日本語語彙サイズテストの開発―50,000語レベルまでの測定の試み. 千葉大学国際教養学研究, 1; 15-25.

Seron, X.(1993)*La Neuropsychologie Cognitive.* Presses Universitaires de France.(須賀哲夫・久野雅樹訳(1995)認知神経心理学. 白水社.)

瀬戸賢一(2017)よくわかるメタファー―表現技法のしくみ. 筑摩書房.

Taylor, J. R.(2012)*The Mental Corpus: How Language is Represented in the Mind.* Oxford University Press.(西村義樹・平沢慎也・長谷川明香ら編訳(2017)メンタル・コーパス―母語話者の頭の中には何があるのか. くろしお出版.)

Uno, A., Wydell, T. N., Haruhara, N. et al.(2009)Relationship between reading/writing skills and cognitive abilities among Japanese primary-school children: Normal readers versus poor readers (dyslexics). *Reading and Writing,* 22(7); 755-789.

第10章

言語理解と産出

猪原敬介

> *Keywords* ガーデンパス文,表層的記憶,命題的テキストベース,状況モデル,スクリプト,オンライン推論,構築−統合モデル,レヴェルトの発話モデル,ヘイズらの作文モデル

　私たちは何か伝えたい意図(メッセージ)があったとしても,それを直接相手に伝えることはできない。意図を伝達するための媒体が必要であり,言葉はその1つである。言語理解とは,その言葉を受け取った受信者が,発信者の意図を理解しようとする心理プロセスである。一方,言語産出はその反対で,発信者が自分の意図を言葉にする心理プロセスである。どちらの心理プロセスも複雑なものであり,私たちはしばしば困難を感じながらこれらのことをこなしている。以下では,言語理解,言語産出の順に,心理学において明らかになっている知見を説明していく。

I　言語理解

　健常な人が標準的な環境で育った場合,母語での会話に困難を感じることは少ない。「理解」という側面で見ると,耳から入る言葉の理解に困る場面は日常生活ではあまりないということである。一方,文字で書かれた文・文章の内容を正しく理解すること,すなわち読解には,健常な人であっても困難を感じることが多い。文とは,主語と述語を中心とした言語単位であり,日本語においては句点で区切られる。文章とは複数の文で構成されたものである。本節では,読解について,文理解の研究と文章理解の研究のそれぞれについて,主要な研究成果を述べる。

1. 文の理解

　ある1つの文を理解するなかにも,単語の知識,文法的知識,照応関係の理解

第10章 言語理解と産出

(たとえば，代名詞が指すものの理解)，常識的知識による状況の理解（たとえば，「バッターがピッチャーにボールを投げた」は，野球の常識的知識と整合しないので，状況を理解するための推論を必要とする）など，さまざまな心理プロセスが働いている。こうした心理プロセスの存在を私たちに意識させてくれるのが，ガーデンパス文（garden path sentence）と呼ばれるものである（庭の小道のように，行き止まりがあれば戻りつつ読む文）。以下の2つの文を読んでみてほしい。

(1)　先生が男子生徒に勉強を教えた女子生徒をほめた
(2)　男子生徒に勉強を教えた女子生徒を先生がほめた

　(1)と(2)は，「先生が女子生徒をほめた。その女子生徒は男子生徒に勉強を教えた」という同一構造の文である。しかし，(1)の文ではいったん「先生が男子生徒に勉強を教えた」という文の構造で理解しかけて，「女子生徒」という単語を読み，一瞬のとまどいの後，「男子生徒に勉強を教えた」のは「女子生徒」であり，その女子生徒を先生がほめたのだ，という再解釈が起こり，正しい文構造の発見に至ったはずである。一方，(2)ではそうした心理プロセスが意識されることはなく，正しい文構造を簡単に理解できたはずである。この(1)のような文をガーデンパス文と呼び，文を読むのにかかった時間を(2)のような文と比較すると，(1)のガーデンパス文を読むのにかかる時間の方が長くなるガーデンパス現象が観察される（Frazier et al., 1982）。(1)の方が，文構造の再解釈が起こった分だけ，理解が遅くなったというわけである。

　ガーデンパス現象からは，文理解のための心理プロセスにはかなり「解釈を急ぐ」性質があることが伺える。きちんと文末まで読み終えてから解釈を行えば，(1)における再解釈という余計な追加処理を行う必要はなかったのである。文理解研究では，さまざまな実験によりこうした心理プロセスの性質を明らかにし，それらを整合的に説明するための理論化が進められている（概説として井上ら，1997）。

　一方で，ガーデンパス文はわざわざ再解釈を引き起こすような仕掛けが施された，あくまでも例外的な文であることを忘れてはいけない。私たちが出会う文の多くは(1)のようなガーデンパス文ではなく，(2)のような解釈容易な文であろう。(2)のような文に対してまで，きちんと文末まで読み終えてから解釈を行っていては，スピーディな読解は実現できない。文理解の心理プロセスにおける「解釈を急ぐ」性質は，私たちの読解になくてはならない適応的な機能であるとい

2. 文章の理解

　文理解に対する文章理解の特徴は、複数の文で示される多くの表象を統合して、1つの整合的な表象にまとめていく心理プロセスが必要とされる点である。こうした特徴から、文章理解研究では、文章理解に関わる①表象、②知識、③推論について研究がなされてきた。これらについて順に解説し、最後に文章理解の心理学的モデルについて簡単に触れる。

①文章理解における3つの表象

　ヴァン・ダイクら（van Dijk et al., 1983）は、文章の読み手は表層的記憶（surface memory）、命題的テキストベース（propositional textbase）、状況モデル（situation model）という異なる3つの表象を構築すると主張した。

　1つ目の表層的記憶とは、文章がどのような単語、フレーズ、文の順序を用いて書かれていたか、という文章そのものの表象である。たとえば、「太郎が次郎を殴った」と書かれていたのか、それとも「次郎を太郎が殴った」と書かれていたのか、を区別するためには、文章中の言いまわしそのものの表象である表層的記憶が必要である。

　2つ目の命題的テキストベースとは、文章内容を命題に分割したときの、命題間の関係についての表象である。命題とは、真偽を判断できる意味の最小単位のことである。たとえば、「その赤い花は美しい」という文は、「その花は美しい」という命題と、「その花は赤い」という命題に分割することができる。さらに文の内容は、①その花は美しい、②その花は赤い、③「その花」は同一のものを指している、という命題間の関係として理解することができる。命題的テキストベースとは、こうした命題間の関係についての表象であり、上述の表層的記憶に含まれる文の言いまわしは含まれない。そのため、命題的テキストベースにおいては、「太郎が次郎を殴った」「次郎を太郎が殴った」「次郎は太郎に殴られた」という3つの表現はすべて同じものとして表象される。命題的テキストベースの構築においては、代名詞における照応関係（「彼」が誰を指しているのか、など）の推論や、接続詞の省略に対する推論（ここには順接の接続詞が省略されているのだろう、など）など、一部に常識的知識やそれを用いた推論が必要になることがある。しかし基本的には、文章中に明示された単語や接続詞から理解可能な命題の関係によって構成される表象である。

第10章 言語理解と産出

　3つ目の状況モデルとは、文章の表現上の言いまわしや、文章中で明らかにされている命題関係を超えて、読み手が「作者が伝えたいのはこういうことだろう」と理解した内容全体のことである。文章から作者の伝えたいことを理解するためには、読み手の知識によって文章中に明示されていない内容を推論し、補う必要がある。このような文章に書かれていない部分まで読み手の知識と推論によって補われた表象が状況モデル（van Dijk et al., 1983）である。

　表層的記憶、命題的テキストベース、状況モデルについて、例を挙げよう（例は Stanfield et al., 2001 を改変したもの）。

(3) 彼はハンマーで釘を打ちつけた。
(4) そのため、釘は水平に刺さっている。

　表層的記憶では、(3) の下線部が「ハンマー」であって「金槌」ではない、といった、意味内容には関わらない表現上の情報が含まれている。命題的テキストベースでは、(3) が (4) の原因となっているという関係や、釘が刺さっている方向は垂直ではなく水平である、といった文章中に明示されている内容が含まれている。そして状況モデルでは、「男がハンマーで釘を木製の壁に打ちつけた結果、釘は壁に水平に刺さっている」といった、文章から読み取れる意味内容全体が含まれている。釘が打ちつけられたのが壁であることも、その壁が木製であることも、文章中には明示されていない。しかし、釘が水平に刺さっている以上、釘を刺したのは垂直に立つ壁のようなものであり、釘が刺さる硬さのものといえば、おそらくは木製であろうというわけである。もちろん、釘は壁ではなく木の幹に刺さったと考える読み手もいるだろうし、読み手自身が大学生である場合などは、釘を刺した男は大学生であると想像した読み手もいるであろう。状況モデルの構築には、読み手自身の知識が深く関与するため、構築される状況モデルの内容に個人差が生じうる。

　こうした3つの表象について、キンチュら（Kintsch et al., 1990）は、ある文章を実験参加者に読ませ、その文章についてのそれぞれの表象がどれくらいの期間保持されるのかについて調べた。具体的には、文章を読んだ直後、40分後、2日後、4日後に、さまざまな種類の文を実験参加者に見せて、「この文は読んだ文章中に明示されていたか」ということを判断させた。そこから各表象の記憶成績を算出すると、文章を読んだ直後から40分後にかけて、表層的記憶は急速に忘却されていくのに対し、命題的テキストベースはそれよりも忘却が緩やかであっ

た。状況モデルにいたってはこの実験の範囲内では忘却が見られなかった。このように，3つの表象で忘却のパターンが異なることが示され，文章理解の心理プロセスには性質の異なる3つの表象が関わることが実証されたのである。

②知識の利用

「彼はレストランに入った。2時間後，彼は満足してレストランを出た」という文章から，私たちは「レストランで男性が食事をした」という状況を想像することができる。しかし，文章そのものには「食事をした」とは明示されておらず，その部分は私たちの知識によって推論されなくてはならない。3つの表象の観点からいえば，命題的テキストベースには「食事をした」は含まれていないが，状況モデルには「食事をした」が含まれている必要があるのである。

このように，適切な状況モデルの構築には読み手の知識による推論が必要である。その心理プロセスとしては，①文章中に明示されている単語や文を読み手が読む，②読み手の知識の中から，その単語や文と関連する知識がかたまりの状態で引き出される，③引き出された知識のかたまりを状況モデルに統合することで，文章中に明示されていない内容を補完する，というものである。したがって，文章理解のためには，知識はある程度「かたまり（スキーマ）」として保持されていて，その一部が単語や文によって刺激されたときには，そのかたまりごと引き出されなくてはならない。

こうした知識の「かたまり」を説明するために，初期の文章理解研究においてはスクリプト（script）という概念が用いられた（Schank et al., 1977）。スクリプトとは，頻繁に生じる状況とその状況における典型的な行動系列・要素を含む知識のことであり，たとえば我々はレストランについて典型的な道具（テーブル，メニューなど），登場人物（客，ウェイターなど），行動系列（レストランに入る，テーブルに着く，メニューを見る，注文する，料理が運ばれる，食べる，勘定を済ませる，レストランを出る，など）を知識として保持している（以上の例は川崎（2000）より引用）。こうした知識をもっていれば，先ほどの文章を読んだときに，「彼」がレストランでテーブルにつき，メニューを読み，ウェイターと出会い，食事をして，きちんとお金を払って出てきただろう，という推論を一挙に行うことができる。

現在では，スクリプト以外にもさまざまな形式の知識の「かたまり」が提案されている。たとえば，知識はスクリプトのように本当に「かたまって」保持されているのではなく，個々の要素同士がつながるネットワークのような形になって

いるとするモデルもある（たとえば，Collins et al., 1975 の，意味処理における活性化拡散ネットワークモデルなど）。こうしたモデルでは，知識がかたまりとして引き出されるのは，刺激を受けた要素と強くつながっている要素がまとまって引き出されるためと説明される（第9章I節参照）。

③文章理解における推論

「彼はレストランに入った。2時間後，彼は満足してレストランを出た」という先ほどの例において，私たちは文章を読みながら「彼」が「レストランで食事をした」と推論することを述べた。しかし，そこで何のメニューを注文したのか，そのとき「彼」は何色の服を着ていたのか，などまで推論することは少ない。文章を読み終えた後，「何のメニューを注文したと思いますか？」「何色の服を着ていたと思いますか？」と問われれば，それらしい回答（たとえば，「肉料理を食べた」「紺色のスーツ」）をすることはできるが，文章を読んでいる最中にはそこまで推論はしないのである。

このような，文章理解の最中に（多くは無意図的に）行われる推論のことをオンライン推論（on-line inferences）と呼び，文章を読むのをいったんやめてから行うオフライン推論と区別される。私たちが文章を読む際に体験するように，推論の多くは中断なく流暢に行われるため，文章理解にとくに必要な推論として，オンライン推論の研究がさかんに行われてきた。どういった種類の推論がオンラインで行われるのだろうか。

この点について，グレーサーら（Graesser et al., 1994）は，「文章から構築される表象が整合的であることに貢献したり，事象の理由を説明する推論はオンラインで行われる」と予測するコンストラクショニスト理論を提案した。「表象が整合的である」とは，ある基準（たとえば，登場人物の目標）によって，複数の事象（たとえば，登場人物の一連の行動）が無矛盾に説明できる，ということである。「彼は家を出た」「彼は大通りをしばらく歩いた」「彼はレストランに入った」という3つの事象は，「食事をする」という「彼」の目標が推論されることで，整合的な表象となる。そこで，こうした目標の推論は，オンラインで推論されると予測されるわけである。一方，レストランで「肉料理を食べた」という推論は，表象を整合的に保つために必要とはいえない。このような，整合的な表象のための推論ではなく，想像力によって情報を追加する推論のことは精緻化推論と呼ばれる。そこで，精緻化推論はオンラインでは推論されない，と予測されるわけである。

④文章理解モデル

このように,文章理解プロセスには多くの構成要素やプロセスが含まれる。文章理解プロセスの全体像を捉えたモデルとして著名なのは,キンチュ(Kintsch, 1998)の構築−統合モデル(construction-integration model)である。このモデルでは,「構築プロセス」と「統合プロセス」の2つを仮定することにより,読み手がどのように適切な状況モデルを構築しているのかを説明している。

「構築プロセス」では,①文章を読み込み,単語や文の統語的構造を解析して,命題的テキストベースを作るプロセス,②関連情報を読み手の知識から引き出し,命題的テキストベースに付与するプロセス,が行われる。この時点でできあがる表象は,まだ適切でないことが多い。たとえば,②の関連情報の引き出しは機械的に行われるために,「レストラン」と関連の強い単語として「食事」だけでなく「経営」といった(この文脈では)不要な情報も引き出されている可能性がある。

そこで次の「統合プロセス」として,構築プロセスで作り上げた表象(命題的テキストベースに関連情報が付与されている)を,一貫性があり,妥当な関連情報だけが付与された表象である状況モデルに変化させるプロセスが仮定されている。上述のオンライン推論も,こうしたプロセスにおける適切な関連情報の付与として表現されている。文章理解は,文あるいは句を読み込むごとに,この構築プロセスと統合プロセスを繰り返すプロセスとしてモデル化されている。

II 言語産出

言語理解において,多くの人が難しさを感じるのが文・文章の理解(読解)であったのに対し,言語の産出においては,文章の作成(執筆)はもちろんのこと,口頭での発話(とくに,スピーチ)にも困難を覚える人が多い。そこで以下では,まず発話についての心理学的モデルについて述べる。その後,文章作成について述べる。

1.発話——レヴェルトの発話モデル

普段の何気ない私たちの発話(speech)は,どのような心理プロセスによって支えられているのだろうか。発話に関わる心理プロセスを概観するには,代表的な発話モデルであるレヴェルト(Levelt, 1989)のモデルを見るのがよいだろう(図1)。

まず図1左上の概念化部門から処理は始まる。この部門では,「何かしゃべろ

第10章 言語理解と産出

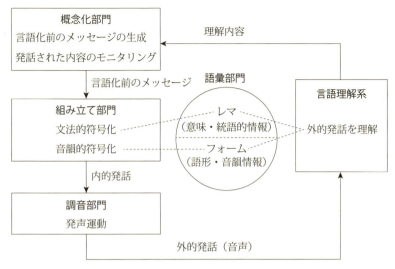

図1 レヴェルトの発話モデル（Levelt, 1989を一部省略）

う」という漠然とした発話者の意図をより具体化し，言語化の手前まで準備をする。意図の具体化には，発話者の一般的知識，その発話を行う状況（何について，誰と，話をするのか。その状況の重要性，など），このコミュニケーションがどのように進むかという予測（この話題について触れるとどうなるか，など）が関わる。また，すでに音声として発された外的発話について，発話に誤りがないか，現在会話がどのように進行しているか，というモニタリングも行っている。こうしたさまざまな情報が考慮され，「この話題について，このようにしゃべろう」という具体的な思考が定まる。概念化の結果として得られる，発話者の意図をより具体的にした思考のことを，言語化前のメッセージと呼ぶ。言語化前のメッセージの段階では，まだ思考はどのような言語的要素とも結びついておらず，日本話者であろうと，英語話者であろうと，中国語話者であろうと，違いはないと考えられている。

　次に，図1中央の語彙部門について説明をする。語彙部門には多数の語彙情報が含まれているが，それぞれの語彙情報は語の意味・統語的情報であるレマと，語形・音韻情報であるフォームという2つの情報で構成されている。たとえばリンゴについて，リンゴの意味や「名詞である」などの情報をレマ（lemmas），リンゴの綴りや発音の情報をフォーム，というように，分けて保持していると考えるわけである。

155

そして図1左中央の組み立て部門である。この部門では，文法的符号化と音韻的符号化という2つのプロセスが行われ，言語化前のメッセージをその話者の使用言語の形式に変換する。文法的符号化とは，言語化前のメッセージを適切に表現する言葉の意味，品詞，主語・述語のような文法情報などの情報を語彙部門のレマから引き出し，「あの意味の言葉をこのような順番に並べる」という文の骨格を作るプロセスのことである。音韻的符号化とは，文法的符号化によって定まった文の骨格を，その言語の形式に応じた形で発話をする準備を整えるプロセスである。語彙部門のフォームから語形・音韻情報（「あの意味の言葉」は具体的にどういった単語であり，それをどのように発音すべきか）を引き出し，発声手前の情報である内的発話を生成する。

　図1左下の調音部門では，内的発話のとおりに発声するプロセスが実行される。内的発話に対応させて，発声に関わる筋肉を適切に動かし，物理的な音として発声する。ここに至ってようやく，発話者の意図が発話として実現することになる。その発話を発話者自身が聞いて理解する部門が，図1右の言語理解系であり，理解内容が概念化部門におけるモニタリングに渡され，また新たな発話意図へとつながっていく。こうしたサイクルで発話は進行するとこのモデルは仮定している。

　組み立て部門における文法的符号化と音韻的符号化の区別や，語彙部門におけるレマ（意味・統語的情報）とフォーム（語形・音韻情報）の区別がなされているのは，実際に行われる発話行動をモデルによって説明する際に必要だからである。たとえば，私たちが日常的に体験する現象に「思い出そうとする言葉が，喉まで出かかっているのに思い出せない」というものがある。舌先現象と呼ばれるこの現象は，上記のモデルによると，文法的符号化の段階でレマにはきちんとアクセスできているのに，フォームへはアクセスできなかったために，音韻的符号化に失敗している状態，と説明することができる。人の名前や物の名称の場合には，その人の顔やエピソード，その物の形や機能は明確にイメージできており，それが名詞であることもわかっている（文法的符号化の成功）。しかし，その人の名前や名称がどうしても思い出せず（音韻的符号化の失敗），誰かに頭文字を教えてもらうと（フォームへのアクセスの補助），すぐに思い出すことができる（音韻的符号化の成功）。

　このように，日常場面，あるいは実験場面において生じる発話行動を上記のモデルは説明することができる。そのモデルがどれだけ自然に人間の発話行動を説明できるか，という点が，モデルの妥当性を検証するための重要なポイントなのである。こうした発話モデルの妥当性検証において，これまで重要な役割を果た

第10章　言語理解と産出

してきているものに，言い間違い（speech error）の分析がある。妥当な発話モデルは，言い間違いについても，なぜある言い間違いは高い頻度で生じて，別の言い間違いは低い頻度で生じるのか，明快に説明できる必要がある。レヴェルト（Levelt, 1989）の発話モデルは，発話プロセスを説明する心理学的モデルの全体像を与えるものであり，言い間違いの説明には，より詳細な発話プロセスについて論じた別のモデル（Dell, 1988 の相互活性化モデルなど）が用いられている。日本語の言い間違いや，その出現メカニズムについては，寺尾（2002，2008）がくわしいので参照されたい。

2．文章作成――ヘイズらの作文モデル

「文章を書く前にアウトラインを書きなさい」という指導がなされることがある。そこで文章作成にあまり慣れていない人は，しっかりとしたアウトラインを作り，そのとおりに書こうとする。しかし，実際に書き出してみると，作ったアウトラインに自分が言いたいことがきちんと反映されていなかったり，そもそも書くべき文章のテーマとアウトラインの内容がずれていた，ということもある。

文章作成はどのように進むものなのだろうか。上記のような考え方は，文章作成を「一本道を進むようなもので，後戻りもしない」プロセスだと捉えている。しかし，ヘイズら（Hayes et al., 1980）のモデルによると，文章作成のプロセスは，「複数の入り組んだ道を行ったり戻ったりしながら進む」もののようである。

文章作成の心理プロセスについては，無意識的なプロセスも関わっていると考えられるが，私たちの執筆時の主観的体験を振り返ってみればわかるように，意識的なプロセスもかなりの程度関わっていると考えられる。そのため，文章作成時の主観的体験を報告してもらうことができれば，作文モデルの構築において有益な情報になりうる。ヘイズら（Hayes et al., 1980）は，大学生を対象に，文章作成をさせながら頭に思い浮かんだことをすべて言葉にして報告させる発話思考法（think-aloud method；第11章Ⅱ節参照）を用いて，文章作成プロセスについて研究を行った。その結果，上で述べたような一本道型の文章作成プロセスではなく，構想，書く，読み返しを往復する複雑なプロセスが見られることを発見した。

発話思考法の知見に基づき，ヘイズら（Hayes et al., 1980）は作文モデルを提案した（図2）。このモデルは，大きく3つの要素で構成されている。1つは，図2の上にある「課題の状況」である。そもそも，何のテーマについて，誰に向けて書くことになっているのか，現在までに，どのような文章が書かれているのか，

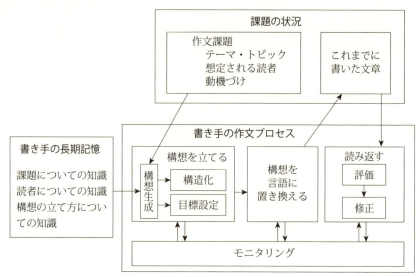

図2　ヘイズらの作文モデル（Hayes et al., 1980 を一部補足・変更）

についての情報である。図2の左には、「書き手の長期記憶」がある。テーマについての知識、読者についての知識、そして構想の立て方についての知識である。図の中央にあるのが、書き手の作文プロセスである。「構想を立てる」「構想を言語に置き換える」「読み返す」という下位要素があり、それらが「モニタリング」と相互作用していることがわかる。この「書き手の作文プロセス」の部分がこのモデルの一番の特徴であり、一本道で作文プロセスが進む（「構想を立てて、その構想に基づいて文章を書き、それができたら読み返しをして、完成！」というモデル）という考え方とは異なり、それぞれの要素でのプロセスが何度も往復しながら繰り返される、という考え方になっている。たとえば、「このことをこのように書こう」という構想を生成して、いざ書こうとすると適当な言葉が見つからず、別の書き方はないかと構想に戻ってみたり、うまく書けたと思って読み返してみると、自分の主張には穴があることに気づき、構想へ戻る、といったことである。こうした行きつ戻りつのプロセスは、普段の私たちの文章作成時の体験と一致するように思われる。

　ヘイズら（Hayes et al., 1980）のモデルは、心理学領域における理論的発展（ワーキングメモリの概念の導入など）や、社会環境の変化（手書きをする場合とワープロなどの電子機器を使用する場合の違いの考慮など）を取り入れる形で、修正モデルが提案されている（Hayes, 1996, 2012）。しかし、「文章を書くプロセス

第 10 章　言語理解と産出

は一本道ではなく，構想，書く，読み返しを往復する複雑なプロセスである。書き手の長期記憶はもちろん，課題の状況をきちんと意識することが良い文章を書くことには必要なのだ」というヘイズら（Hayes et al., 1980）のモデルの全体的主張は現在にも通用するものであり，文章作成の標準的モデルとしていまなお重要視されている。

こうした作文モデルは，研究者にとっては先行研究を整理し，新たな研究を生み出す枠組みとなり，教育者にとっては指導のヒントに，そして個々の書き手にとっては自分の文章作成を見直し，改善する気づきを与える役割を果たしている。

■学習チェック
☐ 文の理解における心理プロセスの性質について理解をした。
☐ 文章の理解にどのような心理プロセスが必要とされるか理解をした。
☐ 発話にどのような心理プロセスが関わっているか理解をした。
☐ 文章作成がどのような心理プロセスを経て進むものなのか理解をした。

より深めるための推薦図書
　福田由紀編（2012）言語心理学入門—言語力を育てる．培風館．
　川崎惠里子編（2014）文章理解の認知心理学—ことば・からだ・脳．誠信書房．
　大村彰道・秋田喜代美・久野雅樹編（2001）文章理解の心理学—認知，発達，教育の広がりの中で．北大路書房．
　寺尾康（2002）言い間違いはどうして起こる？　岩波書店．

文　献

Collins, A. M. & Loftus, E. F.（1975）A spreading-activation theory of semantic processing. *Psychological Review*, 82; 407-428.
Dell, G. S.（1988）The retrieval of phonological forms in production: Tests of predictions from a connectionist model. *Journal of Memory and Language*, 27; 124-142.
Frazier, L. & Rayner, K.（1982）. Making and correcting errors during sentence comprehension: Eye movements in the analysis of structurally ambiguous sentences. *Cognitive Psychology*, 14; 178-210.
Graesser, A. C., Singer, M. & Trabasso, T.（1994）Constructing inferences during narrative text comprehension. *Psychological Review*, 101; 371-395.
Hayes, J. R.（1996）A new framework for understanding cognition and affect in writing. In: C. M. Levy & S. Randall (Eds.): *The Science of Writing: Theories, Methods, Individual Differences, and Applications*. Erlbaum, pp. 1-27.
Hayes, J. R.（2012）Modeling and remodeling writing. *Written Communication*, 29; 369-388.
Hayes, J. R. & Flower, L.（1980）Identifying the organization of writing processes. In: L. W. Gregg & E. R. Steinberg (Eds.): *Cognitive Processes in Writing: An Interdisciplinary Approach*. Lawrence Erlbaum, pp. 3-30.
井上雅勝・中島義明（1997）構造曖昧文の理解におけるガーデンパス現象．心理学評論，40;

169-187.

川崎惠里子 (2000) 知識の構造と文章理解. 風間書房.

Kintsch, W. (1998) *Comprehension: A Paradigm for Cognition.* Cambridge University Press.

Kintsch, W., Welsch, D., Schmalhofer, F. et al. (1990) Sentence memory: A theoretical analysis. *Journal of Memory and Language,* 29; 133-159.

Levelt, W. (1989) *Speaking: From Intention to Articulation.* The MIT Press.

Schank, R. C. & Abelson, R.(1977) *Scripts, Plans, Goals and Understanding: An Inquiry into Human Knowledge Structures.* Erlbaum.

Stanfield, R. A. & Zwaan, R. A.(2001)The effect of implied orientation derived from verbal context on picture recognition. *Psychological Science,* 12; 153-156.

寺尾康 (2002) 言い間違いはどうして起こる？ 岩波書店.

寺尾康 (2008) 言い間違い資料による言語産出モデルの検証. 音声研究, 12; 17-27.

van Dijk, T. A. & Kintsch, W. (1983) *Strategies in Discourse Comprehension.* Academic Press.

第11章

言語と推論

服部雅史

Keywords 演繹, 帰納, 確証バイアス, ウェイソン選択課題, ヒューリスティック, フレーミング効果, メンタルモデル理論, 二重過程理論

　本章では，推論のさまざまな特徴や仕組みについて，とくに，言語と関係する側面に焦点をあてながら見ていく。推論とは，すでに知っていることやわかっている事実から，新しい知識（情報）を導くことである。たとえば，「試験に合格したら，週末は旅行に行く」と言っていた友人が，週末に家にいたことをあなたが知ったとしたら，これらの事実から結論として，あなたは友人の試験の結果はよくなかったに違いないという新しい知識（情報）を導くだろう。これが，典型的な推論の例である。推論は，言語と密接に結びついている。なぜなら，推論の構成要素である知識や命題の多くが言語的な情報で表現されるからである。推論には，さまざまなタイプのものがある。まずは，推論の種類とその特徴について見ていこう。

I　さまざまな推論

1．演繹・帰納・アブダクション

　推論は，演繹（deduction），帰納（induction），アブダクション（abduction）の3種類に分けられることがある。演繹とは，論理的推論のことを指し，前提を真であるとしたとき，必ず真の結論を導く推論である。たとえば，(1)「心理学科の学生は真面目である」という前提が仮に真実であり，(2)「太郎は心理学科の学生である」であるなら，演繹により，(3)「太郎は真面目である」という結論を導くことができる。このような演繹は，推論の威力を顕著に示している。たとえば，純粋に演繹的な体系である数学は，あらゆる科学の基礎であり，もし人類に演繹の能力がなければ，地球上に科学は存在しなかったであろう。
　しかし，演繹だけでは知識を増やすことはできない。演繹で導き出せることは，

実は暗に前提の中に組み込まれているのである（それが，論理的に導き出せるということの意味にほかならない）。したがって，演繹によって本質的な意味で情報量が増えることはないのである。

　新しい知識を得るためには，別のタイプの推論が必要になる。たとえば，前述の前提（1），すなわち，「心理学科の学生は真面目である」という規則が，何人かの学生を観察して，共通して真面目という性格特性があると思ったことから導かれた仮説だとすれば，それは，典型的な帰納である。帰納とは，「心理学科の花子は真面目」「心理学科の次郎も真面目」といった個別事例から「心理学科の学生は（誰もが）真面目」といった一般的法則を導く推論であり，すなわち一般化のことである。注意すべきことは，帰納による結論は正しいとは限らないということである。たとえ観察された個々の事例が正しいとしても，まだ観察されていない事例に対して一般化することは，本質的に論理の飛躍なのである。

　もう1つの生産的な推論は，アブダクションである。アブダクションは，いわば「一番よい説明を探す推論」であり，仮説推論と呼ばれることもある。これは，医者が診断をするときや，探偵が証拠から犯人を推理するとき，科学者が観察結果から理論を構築するときに用いる「逆推論」である。たとえば，Dという病気がSという症状をもたらすことを知っている医者が，ある患者の症状Sから病気Dの罹患を疑うのは，典型的なアブダクションである。これは，因果的な規則を使って，観察された「結果」から仮説としての「原因」を探るタイプの推論である。アブダクションも帰納と同様，有益で創造的な推論であるが，その結論はあくまで仮説である。つまり，論理的な正しさは保証されない。

2．条件推論と定言推論

　演繹には，2つのタイプの典型的な推論形式がある。1つは，条件推論（conditional reasoning）であり，条件文（conditional）に関する推論である。条件文とは，「もし～ならば～」という形式の仮定を表す文をいう。推論課題としては，たとえば，次のようなもの（結論の「……」に何が入るかを考える課題）が用いられる。

　　もしAならばCである
　　Aである
　　したがって，……

第 11 章　言語と推論

　もう 1 つの典型的な推論形式は，定言推論（categorical reasoning）である。これは，定言文（categorical sentence）に関する推論である。定言文とは，「〜は〜である／でない」という断定形式の文をいい，一般に，「すべての」「いくらかの」といった限量詞（quantifier）を伴う。定言推論は，心理学の中では，伝統的に定言三段論法（categorical syllogism）の形態で扱われることが多い。定言三段論法（以下，たんに三段論法とする）は，次のような 2 つの前提と 1 つの結論からなる形式の推論である（線の上が前提，線の下が結論をそれぞれ表す）。

　　　どの M も P でない
　　　すべての M は S である
　　　したがって，いくらかの S は P でない

　前提も結論も，2 つの命題の関係についての文である。結論に出現する 2 つの命題（S と P：端名辞（end term）と呼ばれる）は，各前提の中に 1 つずつ出現し，各前提の残りの名辞は，両前提に共通に出現する名辞（M：中名辞（middle term）と呼ばれる）である。前提も結論も，次の 4 つのうちの 1 つの形式（式；mood）をとる。すなわち，

　　　「すべての X は Y である（All X are Y）」
　　　「いくらかの X は Y である（Some X are Y）」
　　　「どの X も Y でない（No X are Y）」
　　　「いくらかの X は Y でない（Some X are not Y）」

のいずれかである。また，前提や結論の文は，それぞれ主語と述語の入れ替えが可能であり，2 つの命題の位置関係としては，結論を S−P に固定すると，以下の 4 パターン（格；figure）があることになる（第 1 前提文と第 2 前提文の入れ替えは考慮しない）。

第 1 格	第 2 格	第 3 格	第 4 格
M−P	P−M	M−P	P−M
S−M	S−M	M−S	M−S
S−P	S−P	S−P	S−P

　以上より，三段論法の形式の種類は，格が 4 種類，2 つの前提と結論に式が 4

種類ずつあるので，$4^4 = 256$ 種類になる。これらのうち，論理的に正しいのは 24 個[注1]だけである。

すべての三段論法が同様に難しいわけではない。論理的な推論とは，正しい三段論法を正しいと判断し，誤った三段論法を誤っていると判断することを指すが，三段論法の種類によって推論の難しさは大きく異なる。また，前提や結論の文の意味によっても，推論の成績は大きく影響される（Ⅱ節2項の信念バイアスを参照）。

3．仮説検証と確証バイアス

帰納やアブダクションによって導いた結論は，正しいとは限らない。また，演繹の場合でも，途中の推論が複雑であるため，結論の論理的正しさがすぐにわからない場合も少なくない。そういった場合，結論は「仮説」ということになる。実際，我々が扱う命題や知識は，日常生活の中のたんなる思いつきから科学的な定説まで，ほとんどすべてが仮説であるといっても過言ではない。しかし，仮説には，「地球は太陽の周りを回っている」といったほとんど間違いのないものから，あてずっぽうに近いものまで，確からしさの違いがある。

私たちは，仮説の確からしさをどう判断しているのであろうか。それを明らかにするために考案された巧妙な課題が，ウェイソン（Wason, 1960）の2-4-6課題（2-4-6 task）である。この課題で，実験参加者は，実験者が頭の中で3つ組整数（3個1組の整数列）に関するある規則を考えており，2-4-6という数列はこの規則に合う例であると告げられる。参加者に求められるのは，実験者が考えている規則をあてることである。参加者は，自分が作った数列をいくつでも提示することが可能で，それぞれの数列に対して，実験者はそれが規則に合っているかどうかを答える。規則がわかったと思った時点で，参加者はそれ（仮説）を報告する。仮説が正しければ実験は終了し，仮説が間違っていたら同じことを繰り返す。

この課題は非常にシンプルであるが，私たちの仮説検証過程の特性を鮮やかに浮き彫りにする。たとえば，参加者は，1-3-5や8-10-12といった数列を提示して，それが規則に合うことを確認した後，「2ずつ増える数」などといった仮説を報告する。実験で明らかになったのは，このように仮説に「合う」と思わ

注1）ただし，存在指定（existential presupposition）を仮定しない場合，すなわち，前提文が「すべてのXはYである」や「どのXもYでない」のとき「Xが存在する」ことを前提としない場合，15個になる。

第 11 章　言語と推論

|　A　|　　|　K　|　　|　4　|　　|　7　|

机の上に 4 枚のカードがあります。カードの片面にはアルファベット，もう一方の面には数字が書いてあります。この 4 枚のカードに関して次の規則がありますが，これは，正しいかどうかわかりません。

「もしカードの片面が母音ならば，もう一方の面は偶数である。」

この規則が正しいかどうかを確かめたいのですが，そのために裏返す必要があるのはどのカードでしょうか。複数枚選んでもかまいませんが，最低限必要なカードだけを選んでください。

図 1　ウェイソン選択課題（Wason, 1966）

れる数個の例が実際に規則に合っていることがわかったら，それで満足して仮説が正しいと思ってしまう傾向である。この傾向，すなわち自分の仮説が正しいと確かめるだけで，自分の仮説が間違っていることを確認しようとしない傾向を確証バイアス（confirmation bias）という。つまり，2－4－6 課題は，仮説検証過程における確証バイアスを明らかにした。

じつは，この課題の正解は「増加する数列」である。これは，「2 ずつ増える数」や「同じ数だけ増える数」といった最初に思いつきやすい規則を包含する一般的な規則である。そのため，自分が考えた仮説に合う例を提示する限りは，つねに「規則に合う」という正のフィードバックが返ってくるようになっており，そのため正解を見つけるのが困難になる。

論理的にいえば，仮説を確証する事例はいくつあっても仮説が正しいことを証明しないが，仮説を反証する事例は，たった 1 つでも仮説が誤っていることを証明する。したがって，演繹においては，確証よりも反証を重視するべきといえるかもしれない。この考えを推し進めたのが，哲学者ポパー Popper, K. の反証主義である。それは，科学理論はそれが反証される状況にさらされるべきであるとする考えである。しかし，現実の私たちは，論理的な結論を求められる場面でも確証に頼る傾向がある。

図 1 は，2－4－6 課題を考案したウェイソン（Wason, 1966）が，その数年後に提示したウェイソン選択課題（Wason selection task）で，論理的な条件推論が求められるものである（第 5 章Ⅴ節参照）。この課題では，「A と 4」のカードを

選択する選ぶ人が多い。しかし，正解は「Aと7」の選択である。「4」の裏が母音なら，それは規則を確証するが，これは規則が正しいことの証明ではない。一方，「7」の裏が母音なら，それは規則を反証する（規則が誤っていることを証明する）。つまり，多くの人が「4」を選んでしまうのは，規則が確証されることを求めるからであり，「7」を選ばないのは，反証事例を求めないからということができる。

4．推論の確からしさと迅速省力ヒューリスティック

I節3項で述べた確証バイアスのような傾向は，日常生活の中で私たちに求められている推論の多くが，真や偽といった二値的ではなく，確率的であることと関係があるかもしれない。たとえば，ある事件での情況証拠やアリバイの有無などは，容疑者が犯人である可能性の判断に大きく影響しうる。しかし，証拠は犯人が誰であるかを論理的に導くわけではない。つまり，私たちは，真か偽かという二者択一の世界ではなく，どれくらい確からしいかという程度を伴う知識の世界に生きているといえる。

こうした確からしさの程度は，論理より確率論の枠組みの方が扱いやすい。たしかに，規則に合う事例（確証事例）は，どんなにたくさん存在しても論理的には規則が正しいことを証明はしない。しかし，確証は，確率論の枠組みで，ベイズの定理[注2]によって証拠に基づく信念更新の過程と捉えることが可能で，そうすると，確証事例は確信度を高めることがわかる。たとえば，情況証拠が1つしかないとき，もう1つ新しい情況証拠が加わると容疑が深まる（確信度が高まる）ことも，確率論の枠組みで定式化することができる。このことは，確証バイアスにも，（とくに仮説検証過程の初期においては）検証を効率化するという意味で合理的根拠があることを示唆する（田村ら，2010）。つまり，認知処理の負荷や時間制約，効率などを考慮すると，そこそこの精度の結果を素早く得ることには，論理的な正確さだけを追求することよりも適応的な意味での合理性があるといえる。

そこそこの精度の有益な結果を得るためには，確率論に沿った思考すら必要ないかもしれない。ギーゲレンツァー（Gigerenzer, 2007）は，きわめて単純で直観的なヒューリスティック（heuristics）こそが，優れた判断や意思決定を支えてい

注2）条件つき確率に関する定理。ある仮説の事前の確信度（主観的確率）と，仮説を支持する（支持しない）データが観察された後の仮説の確信度（主観的確率）の関係を数式で表したもの。

ると主張した。ヒューリスティックというのは，必ずしも正解にたどり着くとは限らないが，それを使えば多くの場合うまくいく方法を指す。たとえば，ある実験で「サンディエゴとサンアントニオ（いずれもアメリカの都市）はどちらが人口が多いか」という質問をアメリカ人とドイツ人の学生にそれぞれ聞いたところ，アメリカ人学生は 2/3 程度しか正解しなかったが，ドイツ人学生は全員正解した（正解はサンディエゴ）。ドイツ人学生は，全員がサンディエゴの名前を聞いたことがあったので，名前が再認可能ならそれを選ぶという単純なヒューリスティック（再認ヒューリスティックと呼ぶ）を使って正解した。しかし，アメリカ人学生は，名前はもちろん，両方の都市についてのさまざまな知識ももっていたため，考えすぎて間違える人がいたということである。

都市の人口の多さを判断するというような比較的単純な課題の場合，選択基準は，たんに名前を聞いたことがあるというようなたった 1 つの理由で十分であり，余計な知識はかえって判断を誤らせることがある。もちろん，単純なヒューリスティックでは間違えることもあるが，実際には正解に結びつくことが多い（Gigerenzer et al., 1996）。ギーゲレンツァーらは，こうした一連の迅速で努力を要しないやり方を迅速省力ヒューリスティック（fast and frugal heuristics）と呼び，そういった直観的な判断が，複雑で不確実な環境に適応するための「合理的」な知性を実現していると主張した。

II 言語と推論の相互作用

1．さまざまな影響の仕方

言語と推論は互いに影響し合う関係にある。言語が先か思考が先かという議論はさておき，ほとんどの発話が何らかの（潜在的または顕在的）推論に基づくものであることは疑いがないこと，また，おそらく言語がなければ複雑な論理的推論などは実行不可能であろうことを考えれば，言語と推論の間に何らかの相互作用があることは自明である。

言語の推論に対する影響としては，さまざまなものが考えられる。第 1 に，ラベルの影響がある。推論を構成する要素は命題であり，命題は概念に基づく。言語には，概念（カテゴリー）に対するラベルづけの機能があるため，言語がカテゴリー化に影響するなら，当然ながら，推論に対しても影響することになる（第 12 章参照）。

第 2 に，意味（知識）の影響がある。論理的な文の真偽は形式に依存するが，

単語や文には意味があり，意味が真偽の判断に影響を与える。以下では，意味の影響として信念バイアスを取り上げる。

第3に，言い方の影響がある。同じ内容でも複数の表現が可能であり，また，同じ発言でも文脈によって意味が異なることもある。以下では，表現の問題としてフレーミング効果，文脈の問題として関連性を取り上げる。

第4に，意識の影響がある。言語は意識と密接に結びついている。意識化されていないことは言語化が難しく，言語化が意識化を促進することもある。以下では，意識にまつわる言語化の影響として言語隠蔽効果を取り上げる。

2. 信念バイアス

私たちは，推論をするとき，前提文の中に現れる各命題を無機的な記号として操作するわけではない。たとえば，「試験に合格したら，週末は旅行に行く」と聞けば，「試験」が何を指すか，「合格」とは何かといったことは，努力なしに自動的に頭に浮かぶ。それと同時に，そのような背景知識が論理的な推論に少なからぬ影響を与える。推論の材料が言葉で表現されており，言葉に意味がある以上，推論が言葉の意味に左右されるのは必然かもしれない。

言葉の意味にもいろいろな側面があるが，推論に大きく影響することが知られているのは，私たちの信念である。信念（belief）とは，たとえば「私たちはどういうときに旅行に出かけるか」といった常識的な知識や暗黙の仮定などを指し，場合によっては先入観に近い意味をもつ概念である。次の三段論法推論を考えてみてほしい。

　　どの嗜好品も安価ではない
　　いくらかのタバコは安価である
　　したがって，いくらかの嗜好品はタバコではない

この三段論法推論は正しいだろうか。では，次の推論はどうだろうか。

　　どの百万長者も働き者ではない
　　いくらかの金持ちは働き者である
　　したがって，いくらかの百万長者は金持ちではない

上の2つの三段論法をよく見比べてほしい。両者は，論理的には同じ形式であ

第11章 言語と推論

り，三段論法としては正しくない。ところが，ある実験（Evans et al., 1983）では，1つ目の三段論法については誤って「正しい」と回答したのは71％だったのに対し，2つ目については10％にすぎなかった。これが信念の影響である。

「いくらかの嗜好品はタバコではない」という結論に関しては，実際にタバコ以外の嗜好品（アルコールやカフェインなど）を思い浮かべることが可能なので，私たちの常識的知識（信念）に一致する。一方，「いくらかの百万長者は金持ちではない」という結論は，明らかに信念に反する。結論が信念に一致する場合は正しいと見なされ，一致しない場合は誤っていると見なされやすい。これを信念バイアス（belief bias）という。

私たちの推論は，論理的であろうとしても信念に影響されてしまう。信念と論理が一致するときは問題ないが，一致しない場合には信念の悪影響が現れる。信念と論理の不一致のパターンとしては，論理的には誤っているが信念に合っている場合と，論理的には正しいが信念に合わない場合の2種類がある。両者のうち，とくに前者の場合に，信念の影響が強くなることが知られている。これは，信念に合わない結論を導く推論に対しては論理性のチェックが慎重になされるが，信念に合う推論に対してはチェックが甘くなるためと考えられる。

3．フレーミング効果

命題自体の意味の違いではなく，同じ命題の表現の違い（とくに肯定的に表現するか否定的に表現するかの違い）が，論理的・客観的に同じ意味の文の理解の大きな差に結びつくことがある。たとえば，英語圏で比喩的に楽観的／悲観的なものの見方を指す "half full / half empty" は，わかりやすい例であろう。客観的には同じ「コップに半分の水がある」ことの表現でも，ポジティブに「半分も入っている」と表現するのと，ネガティブに「半分しか入っていない」と表現するのでは，その後の認知的処理に違いが生じうる。実際，ある実験（Levin, 1987）では，同じひき肉でも，「75％赤身」と表示されると，「25％脂身」と表示される場合より味や品質が高く評価されることが示された[注3]。同様の効果は，ギャンブルの勝率（敗率），学生の期末試験の正答率（誤答率），治療法の生存率（死亡率）などについても確認されている（Levin et al., 1985; McNeil et al., 1982）。

論理的・客観的には同じ選択肢が，言葉の表現の違いが心理的な枠組み（フレーム）を変えることによって，異なる認知や行動を生むことをフレーミング効果

注3）この実験が実施されたアメリカでは，脂身の表示ラベルは一般的であり，また，健康志向から，脂身の少ない肉の方が好まれる。

（framing effect）という。この現象は，次のようなトヴァスキーら（Tversky et al., 1981）のアジア病問題によって鮮やかに示された。

> いま，めったに見られない伝染病が大流行する兆候があると考えてください。600人の人が死ぬと推定されています。この病気の対策として，2つの計画が提案されました。それぞれの計画の結果を厳密に科学的に推算したところ，次のようになりました。あなたなら，どちらの計画を選びますか。
>
> ・もし，計画Aが採用されれば，200人が助かります。
> ・もし，計画Bが採用されれば，600人が助かる可能性が1/3，誰も助からない可能性が2/3です。

このような問題を与えられると，多くの人（72％）が計画Aを選んだ。計画AでもBでも，200人が助かるという期待値は同じだが，確実に200人が助かる計画Aの方が好まれた。しかし，同じ問題を次のような別の枠組みで示された別の参加者は，異なる選択をした。

> ・もし，計画Cが採用されれば，400人が死ぬことになります。
> ・もし，計画Dが採用されれば，誰も死なない可能性が1/3，600人が死ぬ可能性が2/3です。

この問題では，多くの人（78％）が計画Dを選んだ。しかし，計画Aと計画C，計画Bと計画Dは，それぞれ論理的には同じである。計画Aは，死ぬ可能性がある600人のうち200人が助かるということであるので，残りの400人が死ぬということ，つまり計画Cと同じことを意味している。計画Bと計画Dの関係も同じである。ところが，生存と死亡が同時に生じる事態でも，「助かる」といった言葉を使うとそれが獲得を生む行動であることを示唆し，「死ぬ」といった言葉を使うと逆に喪失を示唆する。人は，獲得に対しては確実性を好み，喪失に対しては不確実性を好む傾向があるため，ポジティブなフレーミングでは確実な選択肢が，ネガティブなフレーミングでは不確実性な選択肢が選ばれやすくなると考えられている。

4．関連性

言語を介したコミュニケーションは，推論を基盤としている。言語はコミュニ

ケーションのための符号（コード）であり，コミュニケーションは情報の伝達を伴うが，同じ符号が伝達する意味は文脈によって異なる。それは，伝達される情報は，符号そのものの文字通りの意味だけでなく，受け手が推論する送り手の意図が加わったものとなるからである。

たとえば，「今日，朝ごはん食べた？」という質問に，相手が「今日は食べたよ！」と答えたら，質問者は「今日は」ということは「いつもは食べないのか」と思うかもしれない。回答者は，たんに「食べた」と答えるのではなく，「今日は〜」と冗長性を付加することによって，質問者に対して質問への回答以上の情報を与えることができる。こうした発話の言外の意味を扱うのが語用論（pragmatics）である（第1章Ⅱ節参照）。

語用論の有力な理論，関連性理論（relevance theory）を提唱したスペルベルら（Sperber et al., 1995）は，「すべての発話は，その発話自体の関連性を推定させる」（伝達原理）とした。つまり，言語による意図的な情報伝達とは，その発話が最適な関連性をもつということをも伝えるということであると考えた。関連性とは，伝達される情報量（認知効果；cognitive effects）である。ただし，文の認知的処理にコスト（処理労力；processing efforts）がかかるほど，関連性は割り引きされる。したがって，最適な関連性とは，できるだけ少ない処理労力で，できるだけ多くの認知効果を得ることを指す。たとえば，「今日は〜」という符号が最適な関連性をもつことを伝えるというのは，たんに「食べた」という事実以上の何かを伝達したい意図があり，そのための一番短くてわかりやすいのがこの表現であるということをも伝えるということである。その結果，文脈的意味が発生する。

言語がこうした伝達原理に基づいて運用されており，私たちの認知が自分にとって関連のある情報に注意を払うようにデザインされている（認知原理）とすれば，情報量の大きさ（認知効果）や認知負荷の小ささ（処理労力）は，当然ながら推論にも大きな影響を及ぼすはずである。

5．言語陰蔽効果

あらゆる思考に言語が必要不可欠であるかどうかについては議論があるが，両者に密接なつながりがあることは間違いない。実際，問題解決の認知過程を明らかにするために，思考過程を逐次言語報告させながら問題を解いてもらい，発話データを分析する発話思考法（think-aloud method）という実験手法もある（Ericsson et al., 1993）（第10章Ⅱ節参照）。また，言語には，思考を明確化したり考えを

定着させたりするという優れた側面もある。たとえば，漠然とした考えを言葉にすると，頭が整理されたり，論理的に考えやすくなったりするという思いは，誰にもあるのではないだろうか。

しかし，思考を言語化することは，必ずしも「よい」ことばかりではない。言語化することによって，課題の成績が低下する場合もある。少なくともある種の問題は，解決中に思いついたことを言葉にすることによって，かえって解きにくくなることが知られている。ある種の問題というのは，洞察問題（第5章参照）と呼ばれるタイプの問題で，解決にひらめきが必要なものである。ある実験（Schooler et al., 1993, 実験1）では，図形パズルなどの洞察問題を用いて，問題が解けないときに解決を中断して，振り返って自分が解決中に考えたことを言葉にすると，正答率が45.8％から35.6％に下がった。それは，事後の振り返りの場合だけではなく，問題解決中に考えていることを逐次報告させた場合も同様であった。

一般に，思考過程は，すべてが言語化可能なわけではない。たとえば，解けなかった問題の解が突然，頭に浮かぶことがあるが，その過程の詳細は通常，本人にもわからない。このように，言語化困難な過程が含まれる場合，その認知過程を無理に言語化したとしても，それが正しいかどうかわからないだけでなく，言語化という手続き自体が，本人の認知過程の中の言語報告しやすい側面に焦点をあててしまうせいで，言語化不能な側面を覆い隠してしまうと考えられている。これを言語陰蔽効果（verbal overshadowing）という。この現象は，たとえば犯人の顔の再認や，ジャムやワインなどの味の評価など，言語化の難しい側面を含む対象についての認知処理において広く観察されている。

III 推論の理論

1．メンタルモデル理論

論理的推論の手順は，命題の記号操作として表現することができるが，実際に日常生活で私たちが論理的推論を行うときは，論理式のような記号操作をしているわけではない。推論の心理学における重要な理論の1つ，ジョンソン＝レアード（Johnson-Laird, 1983）によるメンタルモデル理論（mental models theory）によれば，私たちは，推論を行うとき，心の中に前提となる事柄の具体的なモデルを構成して，それに基づいて結論を導く。

たとえば，II節2項の信念バイアスのところで示した三段論法を例に考えてみよう。第1前提文「どの嗜好品（S）も安価（M）ではない」が正しく解釈される

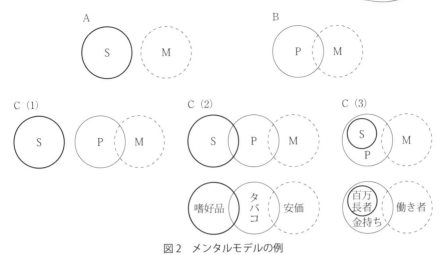

図2 メンタルモデルの例

注) Aは「どのSもMでない」，Bは「いくらかのPはMである」，Cはそれを統合したモデルを表す。

と，心の中に図2Aのようなモデルが構成されると仮定する。これは，嗜好品と安価なものが重なりのない集合として表現されるモデルである。次に，第2前提文「いくらかのタバコ（P）は安価（M）である」が理解されると，図2Bのようなモデルが構成されると仮定する。これは，タバコと安価なものが一部重なる集合として表現されるモデルである。安価なタバコが少なくとも1つ存在し，それ以外に，安価でないタバコと安価なタバコ以外のものが存在することを表している。最後に，結論が正しいかどうかを判断するために，2つのモデルを統合する。2つのモデルを統合したモデルとしては，図2C（1）〜（3）の3つの可能性が考えられる。

信念の影響が最も大きく現れるのは，この最後の統合段階である。「嗜好品（S）」と「タバコ（P）」に関する私たちの知識（信念）に最も整合的なのは，おそらく，タバコと嗜好品の一部が重なり合っている図2C（2）であろう。そこで，このモデルが採用されると，与えられた「いくらかの嗜好品（S）はタバコ（P）ではない」という結論と矛盾しないため，この結論は正しいものであると考えてしまう傾向が発生する。一方，「百万長者（S）」と「金持ち（P）」に関しては，私たちの信念に合致するのは，百万長者（S）が金持ち（P）の中に含まれる図2C（3）であろう。このモデルは，与えられた「いくらかの百万長者（S）は金持ち（P）ではない」という結論と矛盾するため，この結論が間違っていることに気づきやすい。以上が，メンタルモデル理論に基づく信念バイアスの説明である。

表1 「どのSもMでない」の真理値表

S	M	どのSもMでない
真	真	偽
真	偽	真
偽	真	真
偽	偽	真

　メンタルモデル理論の特徴は，第1に，推論が，具体的な状況を表現する「メンタルモデル」に基づいて行われると仮定していることである。人間の推論は，コンピュータがするように論理式のような抽象的な記号を操作しているわけでもなく，たんに過去に経験した具体的事例を記憶から引き出しているだけでもない。ある程度は抽象的な形でありながら，しかし依然として具体物であるモデル（心的表象）を構成して，そのモデルと矛盾しないかどうかという観点から推論結果を評価しているということである。

　第2の特徴は，認知資源の概念を取り入れて，人間の推論がアルゴリズムとして実際にどう動くかという観点から提唱された理論であることである。人間にはワーキングメモリの容量に限界があるため，一度に1つのモデルしか考えられないと仮定している。したがって，図2Cのように複数のモデルが存在するときは，順番に考慮していくしかない。そのとき，既有知識がモデルの思いつきやすさを左右するため，結果として正答率に大きな差が生まれると考える。

　第3の特徴は，モデルは基本的に「存在するもの」に基づいて構成されるということである。たとえば，図2Aは「どのSもMでない」を表すが，これを真理値表で表すと表1のようになる。この表は，SとMが，それぞれ真，偽のときの「どのSもMでない」という文の真偽を表しており，この文が「SとMが両方とも真の場合のみ偽となる」（「SかつM」［の成立］が許容されない）ことを示している。

　図2A（心的表象）と表1（論理学的表象）の違いは，SもMも偽の場合の表現である。図2Aでは「真（肯定）」が円で表現され，「偽（否定）」は円の外側である。よって，SもMも偽の場合（嗜好品でもなく安価でもないもの）は両円の外側であり，「図」ではなく「地」として非明示的に表現されている。一方，表1では真と偽は対等である。実際には，私たちが「どの嗜好品も安価ではない」というとき，嗜好品のことや安価なもののことは考えるが，「高価な非嗜好品」（たとえば家）のことは考えない。つまり，肯定と否定は，認知的に対称ではない

(Hattori et al., 2016)。メンタルモデル理論で想定されているモデル（心的表象）には，この非対称性が内包されている。このことは，従来のこの理論の紹介の中でほとんど言及されていないが重要な点である。

2．確率的アプローチ

Ⅰ節3項，4項で述べたように，ウェイソン選択課題のような論理的な課題においても，私たちは確証事例を求める傾向（確証バイアス）がある。つまり，論理的な真偽が問題となる課題を考えているときでも，確からしさに基づく判断の軸を捨てることはないといえるだろう。そうであるとするなら，人間の推論の特徴は確率論の枠組みで捉えた方が生産的かもしれない。オークスフォードら(Oaksford et al., 1994)は，ウェイソン選択課題（Ⅰ節3項）を確率論の枠組みで定式化し，多くの人が犯す「誤り」反応が，期待獲得情報量の観点からは最適な選択であることを示した。この課題では，規則の真偽を確かめることが求められているが，確証バイアス（Ⅰ節3項）のところでも触れた通り，論理的規則が真であることをデータから証明することはできない。データから証明できるのは，規則が偽であることだけである。したがって，この課題で求められていることは，データ（奇数の裏に母音が存在するという事実）によって論理的規則を反証することの試みである。

しかし，同時にこの課題は，データによって与えられた仮説が支持されるかどうかを確認して，仮説の確信度を更新する「仮説検証課題」と見なすことが可能である。各カードを裏返すことの期待獲得情報量を計算すると，論理的不正解であるはずの偶数カードの方が，正解である奇数カードよりも大きいことがわかる。期待獲得情報量とは，そのカードを裏返したときに，規則の確からしさに関して得られる情報量の期待値であり，母音カードや偶数カードの周辺確率など，いくつかの仮定をおくことによって確率論的に計算することが可能になる。このことは，論理的不正解であるはずの偶数カードを選ぶことが，むしろ，確率的な仮説検証方略としては「合理的」な選択であることを意味している。

これまでは，論理的課題は論理学の枠組みで定式化し，論理学のやり方と比較して人間の推論の特徴を明らかにするというアプローチが主流であったが，オークスフォードらの研究以降，論理学ではなく，ベイズの定理を中心とした確率論の考えに基づくアプローチが主流になってきている。

3．二重過程理論と二重合理性

Ⅲ節2項では，確率的アプローチによれば，論理的不正解が確率的には「合理的」と見なせることを述べた。また，Ⅰ節4項では，確証バイアスや直観的なヒューリスティックが，適応的観点から「合理的」である可能性について言及した。これらの合理性は，たとえば論理学に合致した規範的解答を導き出すといったこととは別の意味である。つまり，合理性の概念は1つではない。

合理性には，少なくとも，規範的合理性と適応的合理性という2つの意味がある。数学や論理学などの規範理論を駆使して，理論的に正しい答えを導き出すのが規範的合理性であるが，それを実現するには，大きな労力と長い時間がかかる。一方，現実的な制約の中で，時間や資源を節約して優れた答えを導き出すのが適応的合理性（adaptive rationality）である。この2つの合理性は，両立することもあるが，二項対立的関係になる場合も多い。

この2つの合理性の概念に対応するように，思考や認知も，2種類の過程からなると考える研究者は多い（Evans, 2010）。二重過程理論（dual process theories）と総称されるこの考えによれば，1つはタイプ1と呼ばれ，自動的，自律的，無意識的で，処理が速く，認知資源をあまり消費しない過程，もう1つはタイプ2と呼ばれ，意識的，努力的で，処理に時間がかかり，ワーキングメモリなど多くの認知資源を必要とする過程である。

これまでの研究から，私たちの認知には偏りがあり，そのせいで推論課題において多くの間違いをすることが明らかになっている。それは，私たちの認知や思考に限界があることを示している。タイプ1過程は誤りを引き起こし，その誤りは，時には重大な事故につながることもある。また，差別や偏見などのきっかけにもなりうる。しかし，別の多くの場面では，タイプ1過程は，ほとんど自動的に非常に効率的にタスクをこなすことに貢献していることを忘れてはならない。さらに私たちは，ゆっくりしたタイプ2過程を使って，自分自身の思考や行動を振り返って分析し，将来のよりよい行動に向けて環境や自分たち自身を変えることもできるのである。

■学習チェック表
☐ 推論のさまざまな形式とそれらの特徴について理解した。
☐ 推論の言語とのさまざまな相互作用について理解した。
☐ 推論についての代表的な理論や考え方について理解した。

より深めるための推薦図書

カーネマン Kahneman, D., 村井章子訳（2012）ファスト＆スロー——あなたの意思はどのように決まるか？ 上巻・下巻．早川書房．

マンクテロウ Manktelow, K., 服部雅史・山祐嗣監訳（2015）思考と推論——理性・判断・意思決定の心理学．北大路書房．

服部雅史・小島治幸・北神慎司（2015）基礎から学ぶ認知心理学——人間の認識の不思議．有斐閣．

楠見孝編（2010）現代の認知心理学 3 思考と言語．北大路書房．

文　献

Ericsson, K. & Simon, H.（1993）*Protocol Analysis: Verbal Reports as Data*, revised Edition. MIT Press.

Evans, J. St. B. T.（2010）*Thinking Twice: Two Minds in One Brain*. Oxford University Press.

Evans, J. St. B. T., Barston, J. L. & Pollard, P.（1983）On the conflict between logic and belief in syllogistic reasoning. *Memory & Cognition*, 11; 295-306.

Gigerenzer, G.(2007)*Gut Feelings: The Intelligence of the Unconscious*. Viking.（小松淳子訳(2010) なぜ直感のほうが上手くいくのか？　インターシフト．）

Gigerenzer, G. & Goldstein, D. G.（1996）Reasoning the fast and frugal way: Models of bounded rationality. *Psychological Review*, 103; 650-669.

Hattori, M., Over, D. E., Hattori, I. et al.（2016）Dual frames in causal reasoning and other types of thinking. In: N. Galbraith, E. Lucas & D. E. Over (Eds.): *The Thinking Mind: A Festschrift for Ken Manktelow*. Routledge, pp. 98-114.

Johnson-Laird, P. N.（1983）*Mental Models: Towards a Cognitive Science of Language, Inference and Consciousness*. Harvard University Press.（海保博之監修，AIUEO 訳（1988）メンタルモデル——言語・推論・意識の認知科学．産業図書．）

Levin, I. P.（1987）Associative effects of information framing. *Bulletin of the Psychonomic Society*, 25; 85-86.

Levin, I. P., Johnson, R. D., Russo, C. P. et al.（1985）Framing effects in judgment tasks with varying amounts of information. *Organizational Behavior and Human Decision Processes*, 36; 362-377.

McNeil, B. J., Pauker, S. G., Sox, H. C., Jr. et al.（1982）On the elicitation of preferences for alternative therapies. *New England Journal of Medicine*, 306; 1259-1262.

Oaksford, M. & Chater, N.（1994）A rational analysis of the selection task as optimal data selection. *Psychological Review*, 101; 608-631.

Schooler, J. W., Ohlsson, S. & Brooks, K.（1993）Thoughts beyond words: When language overshadows insight. *Journal of Experimental Psychology: General*, 122; 166-183.

Sperber, D. & Wilson, D.（1995）*Relevance: Communication and Cognition*, 2nd Edition. Blackwell.（内田聖二ら訳（2000）関連性理論 第 2 版．研究社．）

田村昌彦・服部雅史・三輪和久（2010）仮説検証過程における確信度更新と検証系列——情報獲得モデルによる検討．認知科学，17; 180-195.

Tversky, A. & Kahneman, D.（1981）The framing of decisions and the psychology of choice. *Science*, 211; 453-458.

Wason, P. C.（1960）On the failure to eliminate hypotheses in a conceptual task. *The Quarterly*

Journal of Experimental Psychology, 12; 129-140.
Wason, P. C. (1966) Reasoning. In: B. M. Foss (Ed.): *New Horizons in Psychology*. Penguin, pp. 135-151.

第12章

言語，思考，文化

今井むつみ

> **Keywords**　言語，思考，文化，言語相対説，サピア・ウォーフ仮説，色の知覚，空間関係の認識，普遍性，多様性

I　言語と思考の関係

1．言語相対説（サピア・ウォーフ仮説）

　言語はいうまでもなく，ヒト以外の動物と人間の知性を隔てる，我々人間の知性の中で最も重要な要素である。我々の思考は言語にどこまで依存しているのか。19世紀ドイツのロマン主義者フンボルト Humboldt, W. は，言語はその言語が話される国家の文化，その文化における世界観を映し出したものであるとした。その後，20世紀はじめには言語，思考，文化に関する議論の中心はアメリカに移った。アメリカでは先住民族の言語が文化人類学者や言語学者によって研究され，英語をはじめとする西洋の言語との違いが話者の思考様式や文化にもたらす影響などがさかんに議論されるようになった。言語学者のサピア Sapir, E. は，社会の現実を言語は反映しており，その意味で，異なる言語において表現される概念は，異なるものであり，単に同じ現実世界における同じ概念を異なるラベルで名づけているわけではないという言説を発表した。この考えを踏襲したウォーフ Whorf, B. L. は，アメリカ先住民の言語を研究し，彼らの行動，習慣，考え方はその言語を反映したものであると主張した。サピアとウォーフは，交流はあったものの，共著で論文を発表したことはなかった。それにもかかわらず，後の研究者たちが，「言語相対説」として彼らの論考を解釈し，「サピア・ウォーフ仮説」と名づけた。

2．言語相対説への批判

　言語相対説はさまざまな反響をもたらしたが，近年までは，支持よりも批判が大半だった。とくにウォーフへの批判は，彼の書いたアメリカ先住民の言語の記述

が間違っているという批判，理論の曖昧性に対する批判など，多岐に及んだ。これは，1960年代以降，チョムスキー Chomsky, N. の普遍文法理論の支持者たちが，人間の認知機構の文化多様性よりも普遍性を重要視していたことに起因すると考えられる。たとえば，ピンカー Pinker, S. は，エスキモーには雪の名前が20以上あるというウォーフの挙げた例を取り上げ，英語話者は，さまざまな状態の雪をそれぞれ別の名前で表すことはしなくても，雪の状態の違いを見分けることはできるとして，ウォーフ仮説を真剣に考慮する必要のない，とるに足らない言説として一蹴している。しかし，ピンカー（Pinker, 1994）をはじめとした，ウォーフ仮説を一方的に否定する研究者たちは，言語の構造的違いが思考にどのように影響するかという大きな問題を包括的に捉えたうえで批判するというよりは，人間の心の働きは普遍的であるはずだ，という信念に依拠してウォーフの挙げたエピソード的な事例の揚げ足取りをしているような印象を受ける。

3．心理学における言語と思考の関係の研究

じつは，サピア・ウォーフ仮説はサピアおよびウォーフが明確に定義を与えたものでなく，後の研究者によってさまざまに解釈されたものが一般に受け入れられている。レネバーグ Lenneberg, E. H. とブラウン Brown, R. W. は，言語相対論を心理学的に検証しようとした。その際，彼らは次のような仮説を立てた（Brown et al., 1954）。

（1）言語システムの構造的な違いは，言語コミュニティにおいて言語を使わない場合の認識，認知の違いをもたらす。
（2）母語の構造は，話者の世界観に強く影響を与え，思考を決定する。

この2つの仮説は，（1）が「言語相対論仮説（強いウォーフ仮説）」，（2）が「言語決定論仮説（弱いウォーフ仮説）」として後に広く知られるようになった。ここで見られるように，人間の性質に関する思想的，哲学的な問いや仮説を人間の心の働きのメカニズムを問う心理学の実験に落とし込む場合には，概念を検証可能な形に定義しなければならない。言語決定論，相対論をめぐる議論は，いまだに決着がついていないが，それは，研究者が言語決定論，相対論に関して，どのようなパラダイムでどのような結果が得られたら言語決定論あるいは相対論が支持あるいは否定されるかということを自分独自の解釈で行っており，知覚や認識において異なるレベルの現象や行動を取り上げて，それを言語相対論への支持・

第12章 言語，思考，文化

否定という一般的な結論を導こうとしているところに多分に依拠している。

また，言語と思考の関係を，いわゆる伝統的な言語相対説の枠組みだけで心理学的に検証しようとした場合，「言語」全体を実験的に扱うことは難しいので，特定の意味領域における概念の切り分け方の違いや，特定の文法クラスに焦点を絞り，その構造的差異が話者の行動の違いとして反映されているか否かを扱うことになる。このことにより，その特定の分野において，言語が認識や思考の違いを生み出すかという各論的な問いには答えられても，フンボルト，サピア，ウォーフなど，思想家たちが提起した，人間の思考，文化と言語の関係という深淵な問題に対して大局的かつ俯瞰的な視座から結論を導き出すことは難しい。

認知心理学においては，ウォーフが述べているような「言語が生む習慣的思考の違い」を検討する言語相対説の枠組みの中での研究のみならず，言葉の習得によって子どもの概念がどのように変化するのかという問題や，言語情報が対象物やイベントの知覚や記憶にどのような変容を与えるのかという，言語によるオンラインの情報処理の影響を検討する研究などもさかんに行われている（今井，2010）。

以下では，色の認識の領域において，言語と思考の関係を上記のような包括的視点で考えていく。

II 言語と認識の関係の心理学的研究の例

1．色の認識

言語相対説で最も注目され，研究されているのは色の知覚・認識だろう。現在では，色の知覚のメカニズムは，細胞レベルで解明されている。錐体には，3種類の細胞があり，それぞれの錐体細胞が受けた刺激は，視神経を通って脳に送られ，脳は3種類の錐体細胞が受け取った刺激の割合から色を判断する。色を識別するハードウェアやアルゴリズムはもちろん人類共通であるはずだ。しかし，色を分類し，名づける仕方は，言語によって大きく異なる。

アメリカのカリフォルニア大学のケイたちの研究グループが，世界中の言語の中から119のサンプルを取り出し，それぞれの言語における色の基礎名の数を調査した（Kay et al., 1997）。色の名前の数が最も少ないのは，パプアニューギニアのダニ族という部族の言語で，この言語には色の名前が2つしかない。最も分布で多かったのは4つ〜6つの言語が26で，日本語や英語のように10個以上の色の名前をもつ言語は，11しかなかった。たとえば，色の基礎名が3つの言語では，おおまかにいって，白っぽい色，私たちが赤と呼ぶ色から黄色にかけての

色，私たちが呼ぶ緑・青・黒にまたがる色に，それぞれ名前がつけられる。

また，この調査から，私たちが「緑」と「青」と呼ぶ色を区別しない言語は，区別する言語より多いことがわかった。119の言語のうち，緑と青を区別する言語は，30しかない。一方で，緑と青を区別するだけでなく，私たちが「緑」「青」と呼ぶ色を，さらに細かく基礎名で分ける言語もある。たとえば日本語やロシア語，ギリシア語は，薄い青と濃い青を別の語（日本語の場合には「水色」と「青」）で呼び分けている。

では，色の名前が少ない言語の話者と日本語や英語のように10以上の語で細かく言い分ける言語の話者では，色の認識は違うのだろうか？　色の名前の数が最も少ないのは前述のアフリカのダニ語で，この言語では色の名前が2つしかない。この場合，1つの名前は明るい色を指し，もう1つの名前は暗い色を指す。前者のカテゴリーで，最も典型的と判断されるのは，私たちが「白」と呼ぶ色で，後者で最も典型的とされるのは，私たちが「黒」と呼ぶ色である。そうすると，この言語を話す人たちは，私たちにとっての赤，黄色，橙色（オレンジ色）など，名前で区別しない色をみな「同じ色」と認識し，区別しないのだろうか？

この疑問に答えようとした初期の研究で有名なのは，ロッシュによる研究である（Rosch-Heider et al., 1972）。ロッシュはダニ語の話者にマンセル・カラーチップを次々に見せた。その後，さっき見たチップがどれかをダニ語話者が覚えているかどうかテストした（その詳細は後述する）。もしダニ語話者が，名前で区別しない色をみな「同じ」と思うなら，さっき見た色はみな同じ色として混同されてしまうはずだ。しかし実際には，ダニ語話者はさっき見た色に対して英語話者と遜色ない記憶を見せたのである。

また，ダニ語話者に，英語で基礎語の名前をもつ色の典型色と非典型色（たとえば英語話者が典型的な"red"と判断する色と，あまり典型的でない"red"と判断する色）に対して，実際には存在しない名前を教え，覚えるように指示したところ，英語の基礎語の典型色に対してつけられた色の名前は容易に覚えたが，非典型色につけられた名前はよく覚えられなかった。このことから，人の色の感じ方は言語に関わりなく共通で，英語で区別する色で，英語話者が典型的であると思う色（典型的な赤，典型的な青など）は，どの言語を話す人にとっても最も目立つ「典型色」であり，自分の言語では区別をしなくても，心は区別する，とロッシュは結論した。

ロッシュの研究は，サピア・ウォーフ仮説の否定と受け止められた。しかしその後，アメリカの文化人類学者のケイにより，ロッシュの結論がいささか単純に

第12章 言語,思考,文化

すぎることが示された(Kay et al., 1984)。前述のように青と緑を区別しない言語は非常に多く存在するが,その中で,メキシコの先住民の言語の1つであるタフラマラ語を母語とする人たちと,英語を母語とするアメリカ人が,マンセルのシステムで少しずつ異なる色同士の類似性を,どのように判断するかを調べた。マンセルのカラー・システムは,1つのチップとその次のチップの物理的な距離が明度,彩度,色相の3つの次元で等距離になるように作られている。そこで,(私たち「緑」と「青」を区別する言語話者にとっての)緑と青の間にある色を基準にして,等距離にある2つのチップを選び,基準とどちらがより似ているかを,アメリカ人とタフラマラ族の人たちに判断してもらった。すると,言語の影響が見られたのは,じつは緑と青を区別しないタフラマラ族の人たちではなく,緑と青を別の色として区別するアメリカ人だ,ということがわかった。英語話者は,基準のチップを「緑」と判断すると,緑側にあるチップを,基準を挟んで等距離の,しかし「青」と判断されるチップよりも,基準に対して,「より似ている」と判断した。同様に,基準のチップを「青」と判断すると,青側のチップを「より似ている」と判断した。他方,緑と青を区別しないタフラマラ語話者は,もともと基準から等距離にある2つのチップを基準と同等に似ていると判断し,2つのチップを同じ割合で選択したのである。

　隣接する2つのカテゴリーの境界にある刺激を,2つのカテゴリーの中間の曖昧な刺激として知覚するのではなく,はっきりとどちらかのカテゴリーのメンバーと見なすことを,心理学では「カテゴリー知覚」という。英語を母語とするアメリカ人の見せた判断の偏りは,まさにそのカテゴリー知覚である。つまり,言葉をもたないと,実在するモノの実態を知覚できなくなるのではなく,言葉があると,モノの認識を言葉のカテゴリーの方に引っ張る,あるいは歪ませてしまうということがこの実験からわかったのである。

　モノと結びつけられている色の名前が違うと,同じ色を見ても,その人が話す言語によって,思い出す色が違ってしまうことも報告されている。たとえば,信号機の真ん中の色は私たち日本人にとっては「黄色」だ。ドイツでも「黄色」(gelb)だ。しかしオランダではこれを「オレンジ色」(oranje)と呼ぶ。オランダの研究者によって行われた研究(Mitterer et al., 2009)では,ドイツ語を母語とするドイツ人,オランダ語を母語とするオランダ人に信号機の絵を見せた。真ん中の色は,見るときによって,典型的な黄色から典型的なオレンジの間で,6段階に変えられた。実験協力者は,見るたびごとに,その色が何色かを聞かれた。

　すると,オランダ人は,ドイツ人が「黄色」と答えた色に対して,「オレンジ」

と答える場合が多かった。しかし，それとまったく同じ色をニンジンとバナナの色として提示した場合は，両言語話者の間で違いがなかった。つまり，ニンジンの色として見れば，ドイツ人とオランダ人は，見せられた色を同じように記憶するのに，信号機の色として見せられたときには，オランダ人は，ドイツ人が（たぶん私たち日本人も）「黄色」と思う色を，「オレンジ色」として「見て」しまうのである。

2．空間関係の認識

空間の関係の言葉も，言語と思考の関係を考えるうえで非常に重要である。私たちはモノとモノの位置関係をどのように表現するだろうか。モノ同士の位置関係を表すのに最もよく使うのは「前」「後」「右」「左」という語だろう。「○○の前に車を止めてください」「○○は△△の左にあります」は，私たちがいつも使う表現である。

しかし世界には「前」「後」「左」「右」に相当する言葉をまったくもたない語が多く存在する。たとえばオーストラリアのアボリジニの言語の1つであるグーグ・イミディル語は，モノの位置をすべて「東」「西」「南」「北」で表す。私たちが「ボールは木の前にある」とか「リモコンはテレビの左にある」というとき，この言語の話者は「ボールは木の南にある」とか「リモコンはテレビの西にある」とかいうわけである（Levinson, 2003）。

では，「前」「後」「左」「右」のような，相対的関係を表す言葉を母語にもつ子どもの認識は，これらの言葉を学習することによって，変わるのだろうか。

チェンの研究（Cheng, 1986）では，長方形の部屋の1つの隅に食べ物を置いておいて，ネズミに食べ物を探させた。部屋の壁はすべて白く，向かいあった壁を区別できるような目印はない。たとえば長方形の部屋に迷路を作り，その部屋の隅に食べ物があることを学習させる。すると，ネズミは容易に学習し，そこに再び食べ物を探しにいくことができる。ただし，方向感覚を失わせ，もともとどちらを向いていたかどうかわからないようにしてしまうと，食べ物が置かれていた隅と対角線の反対側の隅を同じ割合で探す。しかし，残りの2つの隅は探さない。

つまりネズミは壁の左右の長さ（長い壁，短い壁）を手がかりに，自分の体に対して左側，右側を区別できるのだ。ネズミは「右」「左」という概念を理解しているわけではないのだが，「右」「左」という言葉を知らなくても，長い壁を見て，自分の視野のどちら側に食べ物があったかは記憶することができるのだろう。

第12章 言語，思考，文化

　人間の大人に同じことをしてみよう。すべての壁が真っ白な長方形の部屋の一隅にモノを隠し，その後目隠しをしてぐるぐるまわってもらい，方向感覚を失わせた後で，先ほどのモノをとりにいってもらうよう頼む。このとき，人間の大人もネズミと同じような行動をとる。つまり，もともとモノが隠された隅とその対角線上の反対側を同じ割合で探すのである。つまり正解率は50％となる。
　今度は，同じ形の部屋で同じ隅に同じものを隠すが，短い壁の1つを黒く塗る。すると人間の大人は方向を見失っても，ほぼ100％，正しい隅を選ぶことができる。しかしネズミにはそれができない。四面真っ白な場合と同じく，正しい隅と対角線の隅を半々に選ぶ。ネズミが白と黒の色の区別ができないわけではない。黒い壁の前に餌があることを学習させれば，容易に学習する。しかし，ネズミは部屋の形の手がかりと，壁の一面が黒であるという手がかりを同時に使うことができず，部屋の形のみに頼ってしまうので，50％の正答率になってしまうのである。
　「右」「左」という言葉を理解していない人間の2歳児に同じことをやってみると，2歳児はネズミと同じような行動を見せた（Hermer et al., 1994）。つまり，壁の一面に色が塗ってあろうとなかろうと，正しい隅とその対角線の隅をランダムに探索するのである。それが，5，6歳くらいになると，短い壁の一面が黒い場合には，大人と同じように正しい隅だけを探索できるようになる。ちなみに，もっと細かく見ていくと，4歳くらいでも「右」「左」という言葉を正しく使えるようになった子どもは，正しい隅が探索できることがわかった（Hermer et al., 2001）。このことからも，空間上のモノの位置を記憶したり，空間を探索したりするとき，大きく言語に頼っていることがよくわかる。言語が使えないと，複数の手がかりを一緒に使うことができなくなってしまうようだ。
　相対枠組みでモノ同士の空間上の位置関係を語ることが主流の言語の話者は，複数のモノが並べられているのを観察し，その後でくるりと回転して反対向きにされて，さっきと同じ順序で列を再現するよう指示されると，さっき，自分を中心に，右から左に並んでいたモノたちを，今度も同じように自分を中心に右から左に並べる。つまり180度回転したので，絶対的な方位としては，さっきと逆の方位に向かってモノが並べられることになるわけだ。それに対して，絶対的な枠組みが主流の言語の話者は，南北や東西のような方角が同じになるように並べるので，自分を中心にしたときの左右の順は逆になる。
　では，このような課題を子どもに行ったとき，絶対枠組みが主流の言語を母語とする子どもと，相対枠組みが主流の言語を母語とする子どもでは，小さいうちから反応の仕方が異なるのだろうか。

相対枠組みが主流の言語の子どもが「左」と「右」という言葉を学習する時期は，モノの名前などに比べてかなり遅く，これらの言葉を間違わずに使えるようになるのは，5，6歳であるといわれている。それより小さい子どもは上のような課題はまったくできず，ランダムな反応になってしまうのだろうか。

　これを調べるため，オランダとドイツの研究チームは，絶対枠組みが主流の言語を話す人たちと，相対枠組みが主流のオランダ語を母語とする子どもと成人を対象に実験を行った（Haun et al., 2006）。この実験の対象になった絶対枠組み言語は，アフリカのコイサン言語族の1つである，ナミビアのハイコム（Hai‖om）という言語である。この実験では，ある小さいものを，テーブルに並べてあるカップの下に隠す。その後，180度反対に向いた同じ形のテーブルの上に，同じ配置でカップを置き，さっきのものを，さっきと同じ場所にあるから探してほしい，と指示した。

　大人の場合には，すでに述べた，動物のおもちゃを一列に並べる課題と同じように，ハイコム語話者は絶対的な方角が同じだが，自分を中心にした左右は逆になる場所を，オランダ人は相対的に自分に向かって右，左が同じだが，方角は逆になる場所にあるカップの下を探した。どちらの言語でも，7歳児の子どもは，大人と同じ反応をした。しかし4歳児は，どちらの言語を話しても，ともに絶対的な方角が同じ位置を探したのである。研究者たちはさらに，同様の実験を，手続きを変えて，ゴリラ，チンパンジー，オランウータンの三種の類人猿にも行った。すると三種の類人猿すべてが，ヒト4歳児と同じように，絶対的な方角が同じ位置になるカップを選んだ。

　つまり，「左」「右」などの，相対枠組みに依拠した言葉を学習する前の子どもの場合，空間上のモノの位置の認識は，ヒト以外の動物と同様に絶対枠組みに従っている。相対枠組みを主流とする言語を母語とする大人は，「前」「後」「左」「右」のような，自分，あるいはモノを中心にした相対的な観点からモノの位置を表現することを，当たり前と思っており，実際これらの言葉を使わずに，絶対的な方位だけでモノの場所を表すことは，非常に困難である。しかし，ヒトの子どもを含め，動物全般に普遍的に共有される認識は絶対枠組みの認識で，相対枠組みに従った空間の位置の認識は言語によって作り出されたものである可能性が高い。

III 言語と思考の関係の普遍性と相対性をどう考えるか

1. 二項対立を超えて

　言語と思考の関係は，言語相対説，つまり異なる言語の話者の思考は異なるのか，それとも人類の思考は普遍的なのかという二項対立的な問いを肯定する立場と否定する立場の対立で長らく議論されてきた。しかし，II節で考察した色認知や空間関係の領域をはじめ，物体の概念認識（今井，2010）や人の動きの認識（Malt et al., 2008）の分野などにおける諸研究を俯瞰的に見ていくと，人の認識や思考は普遍的か言語・文化相対的かという二項対立の図式ではとても捉えることができないことが明らかになっている。たとえば色の知覚はもちろん人類共通の普遍的な生物学的な基盤に依拠している。どんな言語でも，知覚的な類似性をまったく無視した形で名前をつけることはしない，というのは大きな原則である。色の帯の中で，真ん中を抜いてその両隣の領域に同じ名前をつけ，真ん中に別の名前をつけるようなことはない。つまり，私たち日本人が言うところの黄色と青をひとまとめにして同じ名前で呼び，その間にある緑の領域に別の名前をつける，ということはしない。

　たしかに，色のカテゴリー化，それに伴う基礎語での色の名前のつけ方は，言語によって多種多様である。しかし，カリフォルニア大学のケイたちの研究グループは，110の地域の異なる言語の話者（ここには，近代化された産業社会と前近代的非産業社会の双方が含まれた）に，マンセルのカラー・システムの330のチップを見せ，それぞれのチップの色の名前を聞くとともに，その人のあげた色の名前のそれぞれにとって，どのチップが最も代表的かを尋ねた（カリフォルニア大学バークレー校 The World Color Survey）。各個人が「最も代表的な色」としたチップを「ヒット」として，110の言語からのデータをすべて一緒にして，「ヒット」の数を数え上げた。すると，最も多くの人が「ヒット」としたのは色相の両端で，彩度が0，つまり，英語話者が最もよい「白」と最もよい「黒」であると判断したチップの色だった（Regier et al., 2005）。

　ダニ語のように色の名前が2つしかない言語では，「明るい色」と「暗い色」というまとめ方でそれぞれに名前をつけ，それぞれの典型色は私たちの考える「白」と「黒」であるということをすでに述べたが，世界中の言語を全部まとめたときの典型色も同じように「白」と「黒」になるというのは興味深い。もう1つ面白いことに，英語話者が「白」「黒」「緑」「黄」「青」と判断したチップのまわりに，

110 の言語の話者の「ヒット」が集中した。つまり，世界中の非常に多くの言語を一緒にすると，英語が色空間を分割する分け方が現れたのである。連続的な色世界を言語で分割するとき，一見多様であるように見えながら，言語普遍的に焦点となる色というのは存在し，英語や日本語の色の名前の典型となる色はそれを反映しているのかもしれない。

2. 普遍性と多様性の共存

言語は世界を，多層的，複眼的に分類する。名詞，動詞，形容詞，形態素，前置詞などは，連続的な世界をそれぞれ異なる観点からカテゴリー化をしているが，それぞれの品詞の分類基準は抽象的で，世界をそのまま写し取って分類しているわけではない。言語は世界を分割する際に，独自の基準をもち込む。文化的に重要なものは細かく分類して別の名前で言い分ける傾向はある。極北に住むイヌイットの言語で雪の名前がたくさんあるのも，中国語では，叔父，叔母，祖父，祖母，いとこなどの血縁関係を表す名前を父系，母系で細分化して別の名前を使うのもそのためだろう。しかし，文化的重要度が分類の細かさや分類の基準を決めるすべてではなく，隣接する地域の言語からの影響も見られるし，歴史的な出来事によってこれまで交流がなかった文化から大量に書物や人が流入したことによって偶発的に新しい意味の分野が創られ，それによって，いままでの伝統的な意味分割の基準が大きく変化する場合もある。明治期の日本で，鎖国が解かれ，西洋の文化が一気に流入したときには，日本語にもそのようなことが起こった（柳父，1982）。このように，複雑かつ複合的な原因で，言語は普遍的な分類から独自の選択によって逸脱していくことが頻繁に見られる。

その結果見えてくるのは，言語の普遍性と多様性がつねに共存し，両者があるところでバランスをとっている均衡状態である（Imai et al., 2016）。言語の根幹となる文法の構造に目を向ければ，チョムスキーの指摘は大方正しく，人間の言語は，どのようなものであれ，名詞と動詞という品詞の区別をし，この2つを核として，再帰的な構造をとるという普遍的な構造をとる。

名詞を文法によってさらに分類するというのも，普遍的に見られることである。モノの名前をさらに性別で分けたり，形や機能で分けたり，数えられる・数えられないという基準で分けたりする文法上の規則について，言語の共通性がはたしてあるかといえば，すべての言語に共通の名詞の分け方はない。しかし，名詞を文法カテゴリーとしてカテゴリー化する基準は無制限，無制約に存在するわけでもない。それどころか，名詞を分類する文法は，英語のように可算性，つまり数

第12章　言語，思考，文化

えられるか数えられないかを基準にして名詞を分類する言語，イタリア語やドイツ語のように名詞を性で分類する言語，それに日本語のように助数詞で名詞を分類する言語と，大きく3つに大別できる。

　世界に存在する言語の数を考えれば，名詞を分類する文法がたった3種類に収斂するのはじつは驚くべきことである。しかも，地理的に近接している地域で同じ分け方をするわけではない。可算性，性，生物性や形，機能などは人にとってあまねく重要な特徴で，言語はそれらによって，名詞を分類する。しかし，その特徴のどれを選択するかは，それぞれの言語によって異なるのである。英語は可算性による分類を選択し，性や生物性，形による分類は選択しなかった。ドイツ語やイタリア語は可算性と性の両方を選択した。日本語は生物性，機能性，形などを基準に分類する方法を選択し，可算性や性による分類は選択しなかった。

　このように考えると，言語の間で，共通して注目し，区別する意味特徴は存在するが，全体的に見れば言語が作り出すカテゴリーの多様性は非常に大きいというのが妥当な結論だろう。それでは，このような言語の多様性と普遍性の共存は人間の思考にどのような影響を及ぼすのか。この問いに対する答えは，どのような概念領域で，どの程度の認知の粒度で「思考の違い」を定義するかによる。世界に存在する対象や動きの類似性は名づけの違いによってまったく違うということはない。たとえば，可算・不可算の区別を日本語や中国語話者が，この区別をどの名詞についても必ず標示する英語話者と違って，対象の可算性や個別性についての認識がないということはない。自動車のように個体として機能する対象物を，「鉄の塊」のように認識するということもない（Quine, 1969）。しかし，物体として見るべきか物質として見るべきか，見た目だけでは判断がつかないような知覚的な曖昧な対象を見たとき，英語話者はそれを，「数えられる物体」として見る強い認知バイアスをもっている。これは英語を話す際に，すべての名詞は，見た目ではっきりしていようと曖昧であろうと，その名詞の可算性を標示しなければならないので，堅固性があるものはすべて物体として認識するという方略を作り出したためではないかと考えられる（Imai et al., 2007）。

IV　言語と文化

　言語と思考の関係をおもに心理学として実験的に検討してきたのは認知心理学であるが，認知心理学では，言語と文化の関係について明示的に扱ったものはほとんどない。他方，社会心理学の一分野である文化心理学では，言語と認識，思考

との直接的関係というより，文化の一部としての言語が，世界の捉え方，フンボルトのいう"world view"にどのように影響を与えるかという，より抽象的で大きな粒度でこの問題にアプローチしている。言語は，その中で正面から取り上げられるよりも，文化の背景として扱われていることが多い。19世紀にフンボルトは「言語は文化を映し出す鏡」と述べたが，文化心理学の枠組みの中では，言語は同じ言語コミュニティに属する人々が文化の「ナラティヴ」(Bruner, 1990) あるいは「文化の世界観」を共有するための「媒体」であると考えられている (Nisbett, 2003)。

多くの文化心理学者は，異なる言語の話者が「文化固有にそれぞれ異なる思考」をしているかという問題を扱い，その場合に，言語の構造そのものよりは，談話スタイルや語用など，言語のマクロな部分に着目することが多い。たとえば文化の違いが，形容詞と動詞の使用頻度に反映されていると主張している研究がある。形容詞は対象物の特徴を記述するのに対し，動詞は対象物同士の関係性や文脈を記述する (Maass et al., 2006)。西洋人は対象物に注目するので，形容詞を使う頻度が東洋人よりも高い。東アジア人は人間同士，あるいは人間と世界の関係に注目するので，「人が何をしているか」つまり動詞を多く使うと報告している。

文化と言語の関係を扱うときに，文化心理学者は文化が文化固有の（つまり文化が適切とする）談話スタイルを作り出すと考える。しかし，この因果の方向性はつねに文化が先にあり，文化に会った談話スタイルが形成されるということだけではないかもしれない。言語の習得は文化にとって適切な談話スタイル（ナラティヴ）を身に着けることであるが (Chiu et al., 2007)，逆に，言語の習得が，文化にとって大事なシーンの要素に注目することに子どもを導くとも考えられる。カシマら (Kashima et al., 1998) は，文化においてどれだけ個人主義が強いかと主語脱落の関係を，29言語を対象に調べた。その結果，個人主義が強い文化のもとにある言語は代名詞脱落がほとんどなく，逆に集団主義が強い文化における言語は代名詞脱落を許す場合が多いことがわかった。この研究者たちは，代名詞は談話の中で，行動の行為者（エージェント）を見つける手がかりなるので，英語をはじめとした欧米言語のように代名詞脱落を許さない言語コミュニティは自分自身を他者から分離させることが重要だからそのような言語使用の傾向が生まれるとしている。しかし，その逆の方向性で，このような特徴をもつ言語にさらされることによってその文化の社会はより集団よりも個人に注目する力が強くなるということも可能なのではないだろうか。言い換えれば，文化と言語は切り離すことができない存在であって，両者が双方性に同時に働くことによって文化固有

の世界観が生まれ，保たれていると考える方が妥当であるように思われる。

■学習チェック
□ 言語相対説（サピア・ウォーフ仮説）の内容とその批判について理解した。
□ 言語と認識の関係に関する心理学的研究について理解した。
□ 言語と思考の関係の普遍性と相対性について理解した。

より深めるための推薦図書

今井むつみ（2010）ことばと思考．岩波書店．
サピア Sapir, E., 安藤貞雄訳（1998）言語―ことばの研究序説．岩波書店．
ウォーフ Whorf, B. L., 池上嘉彦訳（1993）言語・思考・現実．講談社．
ニスベット Nisbett, R., 村本由紀子訳（2004）木を見る西洋人 森を見る東洋人―思考の違いはいかにして生まれるか．ダイヤモンド社．

文　献

Brown, R. W. & Lenneberg, E. H.（1954）A study in language and cognition. *The Journal of Abnormal and Social Psychology*, 49; 454-462.
Bruner, J. S.（1990）*Acts of Meaning*. Harvard University Press.（岡本夏木・仲渡一美・吉村啓子訳（2016）意味の復権―フォークサイコロジーに向けて 新装版．ミネルヴァ書房．）
Cheng, K.（1986）A purely geometric module in the rat's spatial representation. *Cognition*, 23; 149-178.
Chiu, C.-Y., Leung, A. K.-Y. & Kwan, L.（2007）Language, cognition, and culture: Beyond the Whorfian hypothesis. In: S. Kitayama & D. Cohen (Eds.): *Handbook of Cultural Psychology*. Guilford, pp. 668-688.
Haun, D. B., Rapold, C. J., Call, J. et al.（2006）Cognitive cladistics and cultural override in Hominid spatial cognition. *Proceedings of the National Academy of Sciences*, 103; 17568-17573.
Hermer, L., Moffet, A. & Munkholm, P.（2001）Language, space, and the development of cognitive flexibility in humans: The case of two spatial memory tasks. *Cognition*, 79; 263-299.
Hermer, L. & Spelke, E. S.（1994）A geometric process for spatial reorientation in young children. *Nature*, 370; 57-59.
今井むつみ（2010）ことばと思考．岩波書店．
Imai, M., Kanero, J. & Masuda, T.（2016）The relation between language, culture, and thought. *Current Opinion in Psychology*, 8; 70-77.
Imai, M. & Mazuka, R.（2007）Language - relative construal of individuation constrained by universal ontology: Revisiting language universals and linguistic relativity. *Cognitive Science*, 31; 385-413.
Kashima, E. S. & Kashima, Y.（1998）Culture and language: The case of cultural dimensions and personal pronoun use. *Journal of Cross-Cultural Psychology*, 29; 461-486.
Kay, P., Berlin, B., Maffi, L. et al.（1997）Color across languages. In: C. L. Hardin & L. Maffi (Eds.): *Color Categories in Thought and Languages*. Cambridge University Press, pp. 21-56.
Kay, P. & Kempton, W.（1984）What is the Sapir-Whorf hypothesis? *American Anthropologist*, 86; 65-79.

Levinson, S. C. (2003) *Space in Language and Cognition*. Cambridge University Press.

Maass, A., Karasawa, M., Politi, F. et al. (2006) Do verbs and adjectives play different roles in different cultures? A cross-linguistic analysis of person representation. *Journal of Personality and Social Psychology*, 90; 734-750.

Malt, B. C., Gennari, S., Imai, M. et al. (2008) Talking about walking: Biomechanics and the language of locomotion. *Psychological Science*, 19; 232-240.

Mitterer, H., Horschig, J. M., Müsseler, J. et al. (2009) The influence of memory on perception: It's not what things look like, it's what you call them. *Journal of Experimental Psychology: Learning, Memory, and Cognition*, 35; 1557-1562.

Nisbett, R. E. (2003) *The Geography of Thought: How Chinese and Westerners Think Differently ... and Why*. Free Press. (村本由紀子訳（2004）木を見る西洋人 森を見る東洋人—思考の違いはいかにして生まれるか. ダイヤモンド社.)

Pinker, S. (1994) *The Language Instinct: How the Mind Creates Language*. Penguin. (椋田直子訳（1995）言語を生み出す本能 上・下. 日本放送出版協会.)

Quine, W. V. O. (1969) *Ontological Relativity and Other Essays (No. 1)*. Columbia University Press.

Regier, T., Kay, P. & Cook, R. S. (2005) Focal colors are universal after all. *Proceedings of the National Academy of Sciences*, 102; 8386-8391.

Rosch-Heider, E. & Olivier, D. C. (1972) The structure of the color space in naming and memory for two languages. *Cognitive Psychology*, 3; 337-354.

柳父章（1982）翻訳語成立事情. 岩波書店.

索　引

【事項索引】

あ行

愛着（attachment）89
アブダクション（abduction）161
アンダーマイニング効果（undermining effect）89
言い間違い（speech error）157
一語期（one-word stage）109
一語発話（one-word utterance）108
意味論（semantics）17
色の知覚（color perception）181
隠蔽（overshadowing）33
ウェイソン選択課題（Wason selection task）81, 165, 175
ウェルニッケ失語（Wernicke's aphasia）143
ウェルニッケ野（Wernicke's area）142
運動スキーマ（motor schema）51
運動プログラム（motor program）49
鋭敏化（sensitization）28
液量保存課題（liquid conservation task）125
演繹（deduction）161
延滞条件づけ（delay conditioning）30
応用行動分析（applied behavior analysis）46
音象徴（sound symbolism）141

オノマトペ（onomatopoeia）142
オペラント（operant）37
オペラント条件づけ（operant conditioning）14, 36
オペレータ（operator）73
音韻（論）（phonology）17, 102
音声の発達（development of speech）101
オンライン推論（on-line inferences）153

か行

外化（externalization）79
外的資源（external resource）80
概念形成（concept formation）124
外発的動機づけ（extrinsic motivation）89
回避学習（avoidance learning）39
会話の規則（maxims of conversation）110
格（figure）163
学習（learning）11, 25
──の生物学的基礎（biological basis of learning）26
学習科学（learning sciences）17
学習観（belief about learning）21
学習曲線（learning curve）52
学習障害（learning disabilities：LD）144
学習心理学（psychology of learning）12
学習性無力感（learned helplessness）93
確証バイアス（confirmation bias）165
加算テスト（summation test）36
仮説推論（abduction）162
価値（value）91
活性化拡散（spreading activation）135
カテゴリー化（categorization）19, 136
カテゴリー知覚（categorical perception）183
ガーデンパス文（garden path sentence）149
感覚・運動的成分（sensory and motor components）142
間歇強化（intermittent reinforcement）30
観察学習（observational learning）20, 43, 63
感情（affect）93
感性予備条件づけ（sensory pre-conditioning）33
関連性理論（relevance theory）111, 171
記憶（memory）15, 54
基礎レベル（basic level）136
期待（expectancy）91
期待×価値理論（expectancy-value theory）91
拮抗条件づけ（counterconditioning）29
帰納（induction）161
技能学習（skill learning）48

索引

逆行条件づけ（backward trace conditioning）30
強化（reinforcement）29
　——のスケジュール（schedule of reinforcement）30, 37, 40
　正の——（positive reinforcement）39
　負の——（negative reinforcement）39
強化子（reinforcer）38
共同注意（joint attention）106, 119
協働的学習（collaborative learning）22
協同的問題解決（collaborative problem solving）82
恐怖条件づけ（fear conditioning）32
クーイング（cooing）102
空間関係の認識（spatial cognition）184
空書（kusho, air writing）142
経験学習（experiential learning）58
計算機科学（computer science）16
計数（counting）124
形態論（morphology）108
ゲシュタルト心理学（Gestalt psychology）15
結果の知識（knowledge of results：KR）50
原因帰属（causal attribution）92
嫌悪条件づけ（aversion conditioning）31
限局性学習症（specific learning disorder）144
言語（language）12, 179
　——と推論の相互作用（interaction between language and reasoning）167
言語陰蔽効果（verbal overshadowing）172
言語学（linguistics）16
言語学習（learning of languages）15
言語獲得（過程）（language acquisition）113, 119
言語獲得支援システム（Language Acquisition Support System：LASS）18, 114
言語獲得装置（Language Acquisition Device：LAD）113
言語産出（language production）154
言語心理学（psychology of language）12, 19
言語相対説（theory of linguistic relativity）179
言語理解（language comprehension）148
嫌子（aversive condition）38
語彙（vocabulary）132
　——の爆発的増加（word explosion）105
　——の発達（vocabulary development）104
語彙獲得（lexical acquisition）104
好子（reinforcer）38
高次条件づけ（higher order conditioning）33
向性（tropism）26
後続事象（succeeding event）37
構築－統合モデル（construction-integration model）154
行動主義（behaviorism）14, 21
行動分析学（behavior analysis）37, 46
行動療法（behavioural therapy）45
興奮条件づけ（excitatory conditioning）35
刻印づけ（imprinting）28
固定時隔スケジュール（fixed interval schedule：FI schedule）41
固定比率スケジュール（fixed ratio schedule：FR schedule）40
古典的条件づけ（classical conditioning）13, 28
コネクショニスト・モデル（connectionist model）140
語用論（pragmatics）17, 109, 171
　——的能力（pragmatic skills）111
　——の発達（development of pragmatics）109
ゴール（goal）73
痕跡条件づけ（trace conditioning）30
コンピテンス（competence）89

さ行

サピア・ウォーフ仮説（Sapir-Whorf hypothesis）179
三項関係（triadic relations）107, 119
三項随伴性（three-term contingency）37
参照視（referential looking）119
シェイピング（shaping）39
時間条件づけ（temporal conditioning）30
式（mood）163
刺激性制御（stimulus control）37, 42
刺激般化（stimulus generalization）29, 42
思考（thinking）179
試行錯誤（trial and error）44
自己決定理論（self-determination theory）88

索引

自己効力感（feeling of self-determination）68
自己制御（self-regulation）95
自己説明（self-explanation）84
自己調整（self-regulation）69
　――学習（self-regulated learning）52
　――機能（function of self-regulation）66
実験心理学（experimental psychology）12
失語症（aphasia）143
実践共同体（community of practice）55
実践知（practical knowledge）54
自発的回復（spontaneous recovery）29
自閉症スペクトラム障害／自閉スペクトラム症（autism spectrum disorder：ASD）121
社会言語学（sociolinguistics）18
社会語用論的アプローチ（social-pragmatic approach）114
社会的学習（social learning）43, 61
弱化（punishment）38
　正の――（positive punishmen）39
　負の――（negative punishmen）40
集中練習（massed practice）52
10年ルール（10-year rule）57
熟達化（expertise）54
手段－目標分析（means-ends analysis）74
手話言語（sign language）122
手話喃語（manual babbling）123
馴化（habituation）27
順行条件づけ（forward conditioning）30
消去（extinction）29, 40
状況的学習理論（situated learning theory）20, 22, 55
状況モデル（situation model）150
条件刺激（conditioned stimulus：CS）29
条件推論（conditional reasoning）162
条件性情動反応（conditioned emotional response）31
条件性制止子（conditioned inhibitor）35
条件反応（conditioned response：CR）29
条件文（conditional）162
初期経験（初期学習）（early experience）28
初期状態（initial state）73
初語（first words）102
新行動主義（neo-behaviourism）14, 21
深層学習（deep learning）140
迅速省力ヒューリスティック（fast and frugal heuristics）167
心的辞書（mental lexicon）131
信念バイアス（belief bias）169
心理言語学（psycholinguistics）18
心理的欲求（psychological needs）88
遂行の知識（knowledge of performance）50
随伴性空間（contingency space）36
数学的等価性課題（mathematical equivalence）126
スキーマ（schema）135
スクリプト（script）152
制止条件づけ（inhibitory conditioning）35
生成文法（generative grammar）16, 113
精緻化推論（elaborative inferences）153
生得的アプローチ（nativist approaches）113
生得的解発機構（innate releasing mechanism）27
生得的行動（innate behavior）26
制約（constraint）73, 107
生理的欲求（physiological needs）87
セグメンテーション（segmentation）101
接近－回避（approach-avoidance）93
セルフコントロール（self-control）66, 96, 97
セルフハンディキャピング（self-handicapping）92
先行事象（antecedent event）37
潜在学習（implicit learning）83
全習法（whole method）52
相互作用的因果モデル（(triadic) reciprocal causation model）62
阻止（blocking）33

た行

代理的学習（vicarious learning）61
多語期（multiple-word stage）109
脱馴化（dishabituation）28
達成情動（achievement emo-

索引

tion) 94
多様性（diversity）188
談話（discourse）18, 110
知覚 - 運動学習（perceptual-motor learning）48
遅滞テスト（retardation test）35
中性刺激（neutral stimulus : NS）29
定言三段論法（categorical syllogism）163
定言推論（categorical reasoning）163
定言文（categorical sentence）163
ディスレクシア（dyslexia）145
適応的合理性（adaptive rationality）176
転移（transfer）20, 53, 77, 83
典型性（typicality）137
動因低減理論（drive reduction theory）88
動機づけ（motivation）87
道具的条件づけ（instrumental conditioning）37
統計的学習アプローチ（statistical learning approach）114
統語論（syntax）17, 108
洞察（insight）15, 45, 77, 172
同時条件づけ（simultaneous conditioning）30
統制 - 価値理論（control-value theory）94
道徳的不活性化（moral disengagement）69
逃避学習（escape learning）39
読字障害（dyslexia）145
トライアングル・モデル（triangle model）140

な行

内発的動機づけ（intrinsic motivation）89
ナラティブ（narrative）18
喃語（babbling）102
二語期（two-word stage）109
二語発話（two-word utterances）108, 119
二重過程理論（dual process theories）176
二重経路モデル（dual-route model）139
2-4-6課題（2-4-6 task）164
認識論的行為（epistemic action）80
認知科学（cognitive science）16
認知言語学（cognitive linguistics）17
認知コントロール（cognitive control）97
認知心理学（cognitive psychology）16, 22
認知的制約（cognitive constraint）22, 83
認知的徒弟制（cognitive apprenticeship）55

は行

パヴロフ型条件づけ（Pavlovian conditioning）28
罰（punishment）38
発生的認識論（genetic epistemology）16, 22
発話（speech）154
発話思考法（think-aloud method）171
ハノイの塔（tower of Hanoi）74
場の理論（field theory）90
般化（generalization）29, 42
反応形成（shaping）39
非言語的コミュニケーション（nonverbal communication）118
皮肉の理解（comprehension of irony）112
比喩（metaphor）138
ヒューリスティック（heuristics）166
表層的記憶（surface memory）150
フィードバック（feedback）50
ブーバ・キキ効果（bouba/kiki effect）141
フレーミング効果（framing effect）169
部分強化スケジュール（schedule of partial reinforcement）40
普遍性（universality）188
普遍文法（universal grammar）17, 113
プラトー（plateau）53
ブローカ失語（Broca's aphasia）143
ブローカ野（Broca's area）142
プログラム学習（programmed instruction, programed learning）21
プロトタイプ（prototype）137
文化（culture）179
　——心理学（cultural psychology）189
分化条件づけ（differential conditioning）32
分散認知（distributed cognition）56
分散練習（distributed practice）52
分習法（part method）52
文章作成（writing）157
文章理解（text comprehension）150
文法の発達（development of

grammar) 108
文理解 (sentence comprehension) 148
ヘイズらの作文モデル (Hayes and Flower's model of writing) 157
変形生成文法 (transformational generative grammar) 16
変動時隔スケジュール (variable interval schedule：VI schedule) 41
変動比率スケジュール (variable ratio schedule：VR schedule) 41
弁別 (discrimination) 32
弁別刺激 (discriminative stimulus) 37
弁別反応 (discriminative response) 42
ホームサイン (home sign) 123
本能的行動 (instinctive behavior) 27

　　　ま行

味覚嫌悪学習 (taste aversion learning) 31
身振り (gesture) 120
　発話に伴う―― (gestures during speech) 125
無条件刺激 (unconditioned stimulus：US) 29
無条件反射 (unconditioned reflex) 26
無条件反応 (unconditioned response：UR) 29
命題的テキストベース (propositional textbase) 150
メタ認知(metacognition) 22
　――的知識 (metacognitive knowledge) 55
メディア (media) 20
メンタルモデル理論 (mental models theory) 172
目標 (goal) 95
モジュール (module) 16, 146
モデリング (modelling) 63
模倣 (imitation) 63
模倣学習(imitation learning) 43
問題解決 (problem solving) 73
問題空間 (problem space) 73
問題スキーマ(problem schema) 76

　　　や行

ヤーキーズ・ドッドソンの法則 (Yerkes-Dodson' law) 88
指さし (pointing) 119
用法基盤アプローチ (usage-based approach) 115
欲求 (need) 87
欲求段階説 (need-hierarchy theory) 98
4枚カード問題 (four-card task) →ウェイソン選択課題

　　　ら行

両側性転移 (bilateral transfer) 53
臨界期 (critical period) 28
類推 (analogy) 20, 84
類推エンコーディング (analogical encoding) 84
レヴェルトの発話モデル (Levelt's model of speech) 154
レスポンデント条件づけ (respondent conditioning) 28
レディネス (readiness) 31, 127
連合選択性 (selective association) 31
練習 (practice) 48
　よく考えられた―― (deliberate practice) 51
連想プライミング効果(associative priming effect) 134
連続強化 (continuous reinforcement) 30
連続強化スケジュール (schedule of continuous reinforcement) 40

【人名索引】

あ行
アイゼンク（Eysenck, H. J.）45
アトキンソン（Atkinson, J. W.）91
今井むつみ 109
ヴァン・ダイク（van Dijk, T. A.）150
ヴィゴツキー（Vygotsky, L. S.）22
ウェイソン（Wason, P. C.）164, 165
ウォーフ（Whorf, B. L.）179, 181
ヴント（Wundt, W.）12, 13
エビングハウス（Ebbinghaus, H.）15
エリクソン（Ericsson, K. A.）54
オークスフォード（Oaksford, M.）175
小椋たみ子 108
オズグッド（Osgood, C. E.）18

か行
カーヴァー（Carver, C. S.）95
カーカム（Kirkham, N. Z.）114
嘉志摩江身子 190
ギーゲレンツァー（Gigerenzer, G.）166, 167
キャノン（Cannon, W. B.）88
キンチュ（Kintsch, W.）151, 154
クック（Cook, S. W.）127
グライス（Grice, H. P.）110
グレーサー（Graesser, A. C.）153
ケイ（Kay, P.）181, 182, 187
ケイミン（Kamin, L. J.）33
ケーラー（Köhler, W.）16, 44, 45

ケリー（Kelly, G. A.）92
ゴールディン−メドウ（Goldin-Meadow, S.）127
コルトハート（Coltheart, M.）139
コルブ（Kolb, D.）58

さ行
サイデンバーグ（Seidenberg, M. S.）140
サイモン（Simon, H. A.）16
サピア（Sapir, E.）179, 181
サール（Thal, D.）122
シャイアー（Scheier, M. F.）95
ジャスジック（Jusczyk, P. W.）104
ジョンソン＝レアード（Johnson-Laird, P. N.）172
スキナー，B. F.（Skinner, B. F.）14, 21, 37, 61
スキナー，E. A.（Skinner, E. A.）91
スペルベル（Sperber, D.）111, 171
スミス（Smith, L.）114
セリグマン（Seligman, M. E. P.）31, 93
千住淳 115
ソシュール（de Saussure, F.）119
ソーンダイク（Thorndike, E. L.）13, 14, 44, 61

た行
武居渡 123
ダラード（Dollard, J.）63
チェン（Cheng, K.）184
チャーチ（Church, R. B.）125, 126
チョムスキー（Chomsky, N.）14, 16, 17, 113, 180, 188
ティチナー（Titchener, E. B.）13
デシ（Deci, E. L.）88

寺尾康 157
トヴァスキー（Tversky, A.）170
トマセロ（Tomasello, M.）18, 106, 111, 113, 115
トールマン（Tolman, E. C.）14, 45, 61, 87

な行
ナイグリス（Naigles, L.）109
ナイサー（Neisser, U.）16
ニューエル（Newell, A.）16

は行
ハイダー（Heider, F.）92
パヴロフ（Pavlov, I. P.）13, 28, 33, 35, 36, 61
パスツール（Pasteur, L.）63
波多野誼余夫 57
ハッチンス（Hutchins, E.）56
バートレット（Bartlett, F. C.）15, 16
ハル（Hull, C. L.）14, 61, 88
ハーロウ（Harlow, H. F.）89
バンデューラ（Bandura, A.）43, 61, 62
ピアジェ（Piaget, J.）16, 22, 125
ピンカー（Pinker, S.）180
フィオリト（Fiorito, G.）43
フィリッポヴァ（Filippova, E.）112
ブラウン（Brown, R. W.）180
ブルーナー（Bruner, J.）18, 114
ブレント（Brent, M. R.）104
フロイト（Freud, S.）62, 88
フンボルト（Humboldt, W.）179, 181, 190
ヘイズ（Hayes, J. R.）157-159
ペクルン（Pekrun, R.）94, 95
別府哲 121
ペティトー（Petitto, L. A.）122

199

索引

ペリー（Perry, M.）126
ヘルムホルツ（Helmholtz, H. v.）12
ポパー（Popper, K.）165
ボールドウィン（Baldwin, D. A.）111
ホワイト（White, R. W.）89

ま行

マークマン（Markman, E. M.）107
マクレランド（McClelland, D. C.）88
マズロー（Maslow, A. H.）98
松井智子 109
マレー（Murray, H. A.）88
ミラー，G. A.（Miller, G. A.）16
ミラー，N. E.（Miller, N. E.）63

ら行

ライアン（Ryan, R. M.）88
ラマチャンドラン（Ramachandran, V. S.）141
レイヴ（Lave, J.）22
レイコフ（Lakoff, G.）17
レヴィン（Lewin, K.）58, 90, 96
レスコーラ（Rescorla, R. A.）34, 36
レッパー（Lepper, M. R.）89
レネバーグ（Lenneberg, E. H.）180
ロッシュ（Rosch, E. H.）137, 182
ロッター（Rotter, J. B.）92

わ行

ワイナー（Weiner, B.）92, 94
綿巻徹 109
ワトソン（Watson, J. B.）14, 31, 32, 61

付 録

付録
大学及び大学院における必要な科目

○大学における必要な科目
A．心理学基礎科目
　①公認心理師の職責
　②心理学概論
　③臨床心理学概論
　④心理学研究法
　⑤心理学統計法
　⑥心理学実験
B．心理学発展科目
（基礎心理学）
　⑦知覚・認知心理学
　⑧学習・言語心理学
　⑨感情・人格心理学
　⑩神経・生理心理学
　⑪社会・集団・家族心理学
　⑫発達心理学
　⑬障害者（児）心理学
　⑭心理的アセスメント
　⑮心理学的支援法
（実践心理学）
　⑯健康・医療心理学
　⑰福祉心理学
　⑱教育・学校心理学
　⑲司法・犯罪心理学
　⑳産業・組織心理学
（心理学関連科目）
　㉑人体の構造と機能及び疾病
　㉒精神疾患とその治療
　㉓関係行政論
C．実習演習科目
　㉔心理演習
　㉕心理実習（80時間以上）

○大学院における必要な科目
A．心理実践科目
　①保健医療分野に関する理論と支援の展開
　②福祉分野に関する理論と支援の展開
　③教育分野に関する理論と支援の展開
　④司法・犯罪分野に関する理論と支援の展開
　⑤産業・労働分野に関する理論と支援の展開
　⑥心理的アセスメントに関する理論と実践
　⑦心理支援に関する理論と実践
　⑧家族関係・集団・地域社会における心理支援に関する理論と実践
　⑨心の健康教育に関する理論と実践
B．実習科目
　⑩心理実践実習（450時間以上）
　※「A．心理学基礎科目」，「B．心理学発展科目」，「基礎心理学」，「実践心理学」，「心理学関連科目」の分類方法については，上記とは異なる分類の仕方もありうる。

○大学における必要な科目に含まれる事項
A．心理学基礎科目
①「公認心理師の職責」に含まれる事項
　1．公認心理師の役割
　2．公認心理師の法的義務及び倫理
　3．心理に関する支援を要する者等の安全の確保
　4．情報の適切な取扱い
　5．保健医療，福祉，教育その他の分野における公認心理師の具体的な業務
　6．自己課題発見・解決能力
　7．生涯学習への準備
　8．多職種連携及び地域連携
②「心理学概論」に含まれる事項
　1．心理学の成り立ち
　2．人の心の基本的な仕組み及び働き
③「臨床心理学概論」に含まれる事項
　1．臨床心理学の成り立ち
　2．臨床心理学の代表的な理論
④「心理学研究法」に含まれる事項
　1．心理学における実証的研究法（量的研究及び質的研究）
　2．データを用いた実証的な思考方法
　3．研究における倫理
⑤「心理学統計法」に含まれる事項
　1．心理学で用いられる統計手法
　2．統計に関する基礎的な知識
⑥「心理学実験」に含まれる事項
　1．実験の計画立案
　2．統計に関する基礎的な知識
B．心理学発展科目
（基礎心理学）
⑦「知覚・認知心理学」に含まれる事項
　1．人の感覚・知覚等の機序及びその障害
　2．人の認知・思考等の機序及びその障害
⑧「学習・言語心理学」に含まれる事項
　1．人の行動が変化する過程
　2．言語の習得における機序
⑨「感情・人格心理学」に含まれる事項

1. 感情に関する理論及び感情喚起の機序
  2. 感情が行動に及ぼす影響
  3. 人格の概念及び形成過程
  4. 人格の類型，特性等
⑩「神経・生理心理学」に含まれる事項
  1. 脳神経系の構造及び機能
  2. 記憶，感情等の生理学的反応の機序
  3. 高次脳機能障害の概要
⑪「社会・集団・家族心理学」に含まれる事項
  1. 対人関係並びに集団における人の意識及び行動についての心の過程
  2. 人の態度及び行動
  3. 家族，集団及び文化が個人に及ぼす影響
⑫「発達心理学」に含まれる事項
  1. 認知機能の発達及び感情・社会性の発達
  2. 自己と他者の関係の在り方と心理的発達
  3. 誕生から死に至るまでの生涯における心身の発達
  4. 発達障害等非定型発達についての基礎的な知識及び考え方
  5. 高齢者の心理
⑬「障害者（児）心理学」に含まれる事項
  1. 身体障害，知的障害及び精神障害の概要
  2. 障害者（児）の心理社会的課題及び必要な支援
⑭「心理的アセスメント」に含まれる事項
  1. 心理的アセスメントの目的及び倫理
  2. 心理的アセスメントの観点及び展開
  3. 心理的アセスメントの方法（観察，面接及び心理検査）
  4. 適切な記録及び報告
⑮「心理学的支援法」に含まれる事項
  1. 代表的な心理療法並びにカウンセリングの歴史，概念，意義，適応及び限界
  2. 訪問による支援や地域支援の意義
  3. 良好な人間関係を築くためのコミュニケーションの方法
  4. プライバシーへの配慮
  5. 心理に関する支援を要する者の関係者に対する支援
  6. 心の健康教育
（実践心理学）
⑯「健康・医療心理学」に含まれる事項
  1. ストレスと心身の疾病との関係
  2. 医療現場における心理社会的課題及び必要な支援
  3. 保健活動が行われている現場における心理社会的課題及び必要な支援
  4. 災害時等に必要な心理に関する支援
⑰「福祉心理学」に含まれる事項
  1. 福祉現場において生じる問題及びその背景
  2. 福祉現場における心理社会的課題及び必要な支援
  3. 虐待についての基本的知識
⑱「教育・学校心理学」に含まれる事項
  1. 教育現場において生じる問題及びその背景
  2. 教育現場における心理社会的課題及び必要な支援
⑲「司法・犯罪心理学」に含まれる事項
  1. 犯罪・非行，犯罪被害及び家事事件についての基本的知識
  2. 司法・犯罪分野における問題に対して必要な心理に関する支援
⑳「産業・組織心理学」に含まれる事項
  1. 職場における問題（キャリア形成に関することを含む。）に対して必要な心理に関する支援
  2. 組織における人の行動
（心理学関連科目）
㉑「人体の構造と機能及び疾病」に含まれる事項
  1. 心身機能と身体構造及びさまざまな疾病や障害
  2. がん，難病等の心理に関する支援が必要な主な疾病
㉒「精神疾患とその治療」に含まれる事項
  1. 精神疾患総論（代表的な精神疾患についての成因，症状，診断法，治療法，経過，本人や家族への支援を含む。）
  2. 向精神薬をはじめとする薬剤による心身の変化
  3. 医療機関との連携
㉓「関係行政論」に含まれる事項
  1. 保健医療分野に関係する法律，制度
  2. 福祉分野に関係する法律，制度
  3. 教育分野に関係する法律，制度
  4. 司法・犯罪分野に関係する法律，制度
  5. 産業・労働分野に関係する法律，制度
㉔「心理演習」に含まれる事項
  （略）
㉕「心理実習」に含まれる事項
  （略）

執筆者一覧
楠見　孝（くすみたかし：京都大学大学院教育学研究科）＝編者

嶋崎恒雄（しまざきつねお：関西学院大学文学部）
渡辺弥生（わたなべやよい：法政大学文学部）
鈴木宏昭（すずきひろあき：元・青山学院大学教育人間科学部　2023年逝去）
後藤崇志（ごとうたかゆき：大阪大学大学院人間科学研究科）
小林春美（こばやしはるみ：東京電機大学理工学部）
西尾　新（にしおあらた：甲南女子大学人間科学部）
久野雅樹（ひさのまさき：電気通信大学大学院情報理工学研究科）
猪原敬介（いのはらけいすけ：北里大学一般教育部）
服部雅史（はっとりまさし：立命館大学総合心理学部）
今井むつみ（いまいむつみ：慶應義塾大学環境情報学部）

監修　野島一彦（のじまかずひこ：九州大学名誉教授・跡見学園女子大学）
　　　繁桝算男（しげますかずお：東京大学名誉教授・慶應義塾大学）

編者略歴
楠見　孝（くすみたかし）
1959年生まれ。
京都大学大学院教育学研究科教授。
1987年，学習院大学大学院人文科学研究科博士課程単位取得退学。博士（心理学）。

主な著書：『現代の認知心理学3 思考と言語』（編著，北大路書房，2010），『ワードマップ 批判的思考―21世紀を生きぬくリテラシーの基盤』（共編著，新曜社，2015），『教職教養講座 第8巻 教育心理学』（編著，協同出版，2018）ほか

公認心理師の基礎と実践⑧［第8巻］
学習・言語心理学

2019年9月30日　第1刷
2023年9月15日　第3刷

監修者　野島一彦・繁桝算男
編　者　楠見　孝
発行人　山内俊介
発行所　遠見書房
製作協力　ちとせプレス（http://chitosepress.com）

〒181-0001 東京都三鷹市井の頭2-28-16
株式会社 遠見書房
TEL 0422-26-6711　FAX 050-3488-3894
tomi@tomishobo.com　https://tomishobo.com
遠見書房の書店　https://tomishobo.stores.jp/

印刷　太平印刷社・製本　井上製本所

ISBN978-4-86616-058-0　C3011
©Nojima, K., Shigemasu, K., & Tomi Shobo, Inc.　2019
Printed in Japan

※心と社会の学術出版　遠見書房の本※

遠見書房

みんなの精神分析
その基礎理論と実践の方法を語る
（精神分析家）山﨑 篤著
19世紀の終わりに現れ，既存の人間観を大きく変えた精神分析はロックな存在。日本で一番ロックな精神分析的精神療法家が，精神分析のエッセンスを語った本が生まれました。2,420円，四六並

新システムズアプローチの〈ものの見方〉
家族療法の実践（仮）
（龍谷大学教授）吉川 悟著
家族療法，ブリーフセラピー，ナラティヴ・アプローチの実践・研究をへてたどりついた新しい臨床の地平がここにある。名著『家族療法』を再構築した吉川臨床の最新基準。4,400円（仮），A5並

学校におけるトラウマ・インフォームド・ケア
SC・教職員のためのTIC導入に向けたガイド
卜部 明著
ブックレット：子どもの心と学校臨床（9）ベテランSCによる学校のための「トラウマの理解に基づいた支援」導入のための手引。トラウマの理解によって学校臨床が豊かになる。1,870円，A5並

臨床心理検査バッテリーの実際　改訂版
高橋依子・津川律子編著
乳幼児期から高齢期まで発達に沿った適切なテストバッテリーの考え方・組み方を多彩な事例を挙げて解説。質問紙，投映法など多種多様な心理検査を網羅しフィードバックの考え方と実際も詳述。好評につき大改訂。3,300円，A5並

学生相談カウンセラーと考える
キャンパスの心理支援
効果的な学内研修のために2
全国学生相談研究会議編（太田裕一ほか）
本書は，学生相談カウンセラーたちが日常の学生生活における学生を取り巻く問題を解説。学内研修に使える14本のプレゼンデータ付き。3,080円，A5並

対人援助職の仕事のルール
医療領域・福祉領域で働く人の1歩め，2歩め
野坂達志著
医療から行政まで幅広い仕事をしてきたソーシャルワーカー＋セラピストの野坂先生による仕事の教科書。お作法から「プロに近づくための応用編」まで，対人援助の基本を総ざらい。2,200円，四六並

思いこみ・勘ちがい・錯誤の心理学
なぜ犠牲者のほうが非難され，完璧な計画ほどうまくいかないのか
（認知心理学者）杉本 崇著
マンガをマクラに，「公正世界信念」「後知恵バイアス」「賭博者の錯誤」「反実思考」「計画の錯誤」といった誤謬の心理学が学べる入門書。1,980円，四六並

事例検討会で学ぶ
ケース・フォーミュレーション
新たな心理支援の発展に向けて
（東京大学名誉教授）下山晴彦編
下山晴彦，林直樹，伊藤絵美，田中ひな子による自験例に，岡野憲一郎らがコメンテーターの事例検討会。臨床の肝をじっくり解き明かす。3,080円，A5並

「かかわり」の心理臨床
催眠臨床・家族療法・ブリーフセラピーにおける関係性　（駒澤大学）八巻 秀著
アドラー心理学，家族療法，ブリーフセラピー，催眠療法を軸に臨床活動を続ける著者による論文集。関係性や対話的な「かかわり」をキーワードに理論と実践を解説。3,080円，A5並

学校が求めるスクールカウンセラー　改訂版
アセスメントとコンサルテーションを中心に
村瀬嘉代子監修・東京学校臨床心理研究会編
ベテランたちによって書かれたスクールカウンセリングの実用書を大改訂！「アセスメント」と「コンサルテーション」をキーワードに，"学校が求めるSCの動き"を具体的に示す。3,520円，A5並

価格は税込みです

※心と社会の学術出版　遠見書房の本※

遠見書房

中学生・高校生向け
アンガーマネジメント・レッスン
怒りの感情を自分の力に変えよう
S・G・フィッチェル著／佐藤・竹田・古村訳
米国で広く使われるアンガーマネジメント・プログラム。自身の人生や感情をコントロールする力があることを学べる。教師・SCにお勧め。2,200円，四六並

外国にルーツをもつ子どもたちの学校生活とウェルビーイング
児童生徒・教職員・家族を支える心理学
松本真理子・野村あすか編著
ブックレット：子どもの心と学校臨床（8）日本に暮らす外国にルーツを持つ子どもたちへの支援を考える。幸福な未来のための1冊。2,200円，A5並

喪失のこころと支援
悲嘆のナラティヴとレジリエンス
（日本福祉大学教授）山口智子編
「喪失と回復」の単線的な物語からこぼれ落ちる，喪失の様相に，母子，障害，貧困，犯罪被害者，HIVなど多様なケースを通して迫った1冊。喪失について丁寧に考え抜くために。2,860円，A5並

乳幼児虐待予防のための多機関連携のプロセス研究——産科医療機関における「気になる親子」への気づきから
（山口県立大学）唐田順子著
【質的研究法M-GTA叢書2】看護職者の気づきをいかに多機関連携につなげるかをM-GTA（修正版グランデッドセオリーアプローチ）で読み解く。2,420円，A5並

職業リハビリテーションにおける認知行動療法の実践
精神障害・発達障害のある人の就労を支える
池田浩之・谷口敏淳 編著
障害のある方の「働きたい思い」の実現のため，就労支援に認知行動療法を導入しよう。福祉・産業・医療各領域の第一人者による試み。2,860円，A5並

ポリヴェーガル理論で実践する子ども支援
今日から保護者・教師・養護教諭・SCがとりくめること
（いとう発達・心理相談室）伊藤二三郎著
ブックレット：子どもの心と学校臨床（6）ポリヴェーガル理論で家庭や学校で健やかにすごそう！　教室やスクールカウンセリングで，ノウハウ満載の役立つ1冊です。1,980円，A5並

親と子のはじまりを支える
妊娠期からの切れ目のない支援と心のケア
（名古屋大学教授）永田雅子編著
産科から子育て支援の現場までを幅広くカバー。本書は，周産期への心理支援を行う6名の心理職らによる周産期のこころのケアの実際と理論を多くの事例を通してまとめたもの。2,420円，四六並

図解　ケースで学ぶ家族療法
システムとナラティヴの見立てと介入
（徳島大学准教授）横谷謙次著
カップルや家族の間で展開されている人間関係や悪循環を図にし，どう働きかけたらよいかがわかる実践入門書。家族療法を取り入れたい，取り組みたいセラピストにも最適。2,970円，四六並

子どもと親のための
フレンドシップ・プログラム
人間関係が苦手な子の友だちづくりのヒント30
フレッド・フランクル著／辻井正次監訳
子どもの友だち関係のよくある悩みごとをステップバイステップで解決！　親子のための科学的な根拠のある友だちのつくり方実践ガイド。3,080円，A5並

よくわかる学校で役立つ子どもの認知行動療法
理論と実践をむすぶ
（スクールカウンセラー）松丸未来著
ブックレット：子どもの心と学校臨床（7）子どもの認知行動療法を動機づけ，ケース・フォーミュレーション，心理教育，介入方法などに分け，実践的にわかりやすく伝えます。1,870円，A5並

価格は税込みです

※心と社会の学術出版　遠見書房の本※

遠見書房

臨床心理学中事典
（九州大学名誉教授）野島一彦監修
650超の項目、260人超の執筆者、3万超の索引項目からなる臨床心理学と学際領域の中項目主義の用語事典。臨床家必携！（編集：森岡正芳・岡村達也・坂井誠・黒木俊秀・津川律子・遠藤利彦・岩壁茂）7,480円，A5上製

ひきこもりと関わる
日常と非日常のあいだの心理支援
（跡見学園女子大学准教授）板東充彦著
本書は、居場所支援などの実践を通して模索してきた、臨床心理学視点からのひきこもり支援論です。コミュニティで共に生きる仲間としてできることは何かを追求した一冊です。2,530円，四六並

新しい家族の教科書
スピリチュアル家族システム査定法
（龍谷大学教授）東 豊著
プラグマティックに使えるものは何でも使うセラピスト東豊による家族のためのユニークな1冊が生まれました！　ホンマかいなと業界騒然必至の実用法査定法をここに公開！　1,870円，四六並

「新型うつ」とは何だったのか
新しい抑うつへの心理学アプローチ
（日本大学教授）坂本真士 編著
新型うつは怠惰なのか病いなのか？ この本は、新型うつを臨床心理学と社会心理学を軸に研究をしたチームによる、その原因と治療法、リソースなどを紐解いた1冊。2,200円，四六並

あたらしい日本の心理療法
臨床知の発見と一般化
池見 陽・浅井伸彦 編
本書は、近年、日本で生まれた9アプローチのオリジナルな心理療法を集め、その創始者たちによって、事例も交えながらじっくりと理論と方法を解説してもらったものです。3,520円，A5並

世界一隅々まで書いた
認知行動療法・問題解決法の本
（洗足ストレスコーピング・サポートオフィス）伊藤絵美著
本書は、問題解決法についての1日ワークショップをもとに書籍化したもので、ちゃんと学べる楽しく学べるをモットーにまとめた1冊。今日から使えるワークシートつき。2,860円，A5並

シンリンラボ
Clinical Psychology Laboratory

〈フリーアクセス〉〈特集＆連載〉心理学・心理療法・心理支援に携わる全ての人のための総合情報オンライン・マガジン「シンリンラボ」。https://shinrinlab.com/

公認心理師の基礎と実践　全23巻
野島一彦・繁桝算男 監修
公認心理師養成カリキュラム23単位のコンセプトを醸成したテキスト・シリーズ。本邦心理学界の最高の研究者・実践家が執筆。①公認心理師の職責〜㉓関係行政論 まで心理職に必須の知識が身に着く。各2,200円〜3,080円，A5並

N:ナラティヴとケア
ナラティヴがキーワードの臨床・支援者向け雑誌。第14号：ナラティヴ・セラピーがもたらすものとその眼差し（坂本真佐哉編）年1刊行，1,980円

公認心理師の基礎と実践シリーズ 全23巻の電子版が読み放題！
全23巻（最新版）のすべてを、いつでも、どこでも、さまざまなデバイス（PC、タブレット、スマホ）で読める。検索可能。各種試験対策に。1年目29,700円，2年目以降年額11,000円。https://ebook.tomishobo.com/

価格は税込みです